ILS ONT ÉCRI
LA SECONDE GU
À TRAVERS DES ÉCRI
CANADIENS-FRANÇAIS
de Sébastien Vincent
est le neuf cent dix-septième ouvrage
publié chez
VLB ÉDITEUR
et le quatre-vingt-neuvième de la collection
« Études québécoises »
dirigée par Robert Comeau.

Qu'il me soit permis de remercier ceux qui ont concouru à la gestation et à l'achèvement de cet essai. J'ai bénéficié d'une subvention du Conseil des Arts du Canada grâce à laquelle j'ai pu me consacrer à temps plein à mes recherches pendant quelques mois. J'ai aussi obtenu une aide financière de la défunte Chaire Hector-Fabre d'histoire du Québec de l'Université du Québec à Montréal (UQAM), dont l'axe de recherche sur les Québécois face aux guerres a permis une (trop brève) avancée en histoire militaire au Québec. Ma reconnaissance sincère va aussi à Robert Comeau, directeur de mon mémoire de maîtrise, et à l'historien Stéphane Audoin-Rouzeau. Serge Bernier, directeur de la Direction-Histoire et Patrimoine (DHP) de la Défense nationale du Canada, a révisé mon manuscrit ; il avait apporté, avec Magda Fahrni, professeure au département d'histoire de l'UQAM, de judicieux commentaires lors de l'évaluation du mémoire. J'ai aussi bénéficié des commentaires judicieux de Robert Laliberté, responsable des essais chez VLB éditeur, du journaliste et historien Pierre Vennat et de Pierre Schoentjes, professeur de littérature à l'Université de Gand et lecteur attentif de la littérature de la Grande Guerre. Mon appréciation va aussi au major Michel Litalien et à l'historienne Béatrice Richard pour des références généreusement fournies lors d'un colloque tenu à l'UQAM, ainsi qu'au journaliste et romancier Richard Hétu pour les informations qu'il m'a transmises sur la vie de l'écrivain Jean Vaillancourt. Merci à Mélanie Hubert, Amélie Saint-Germain et Daniel Vincent pour leurs commentaires pertinents ainsi qu'à Dominic Valois, pour son soutien technique. Enfin, j'ai une tendre pensée pour ma douce Marie-France, autre lectrice qui, une fois encore, a accepté de jouer le rôle de veuve de l'histoire et de mère de famille monoparentale lors de mes longues séances d'écriture, de jour comme de nuit !

Vous pouvez joindre l'auteur à l'adresse électronique suivante :
svincent16@hotmail.com

Tout au long de l'ouvrage, j'emploie le nom « Canadien français » et l'adjectif « canadien-français », utilisés à l'époque de la Seconde Guerre mondiale pour désigner les francophones du Québec et ceux du reste du Canada. Le terme « Québécois » s'étant répandu durant la Révolution tranquille, son emploi s'apparenterait ici à un anachronisme.

VLB éditeur bénéficie du soutien de la Société de développement des entreprises culturelles du Québec (SODEC) pour son programme d'édition.

Gouvernement du Québec – Programme de crédit d'impôt pour l'édition de livres – Gestion SODEC.

Nous reconnaissons l'aide financière du gouvernement du Canada par l'entremise du Programme d'aide au développement de l'industrie de l'édition (PADIÉ) pour nos activités d'édition.

Nous remercions le Conseil des Arts du Canada de l'aide accordée à notre programme de publication.

ILS ONT ÉCRIT LA GUERRE

Du même auteur

Laissés dans l'ombre. Les Québécois engagés volontaires de 39-45, Montréal, VLB éditeur, 2004.

Sébastien Vincent

ILS ONT ÉCRIT LA GUERRE

LA SECONDE GUERRE MONDIALE À TRAVERS DES ÉCRITS DE COMBATTANTS CANADIENS-FRANÇAIS

vlb éditeur

Une compagnie de Quebecor Media

VLB ÉDITEUR
Groupe Ville-Marie Littérature inc.
Une compagnie de Quebecor Media
1010, rue de La Gauchetière Est
Montréal (Québec) H2L 2N5
Tél.: 514 523-1182
Téléc.: 514 282-7530
Courriel: vml@sogides.com

Maquette de la couverture: Anne-Maude Théberge
Photo de la couverture: *Personnel of the Stormont, Dundas and Glengarry Regiment writing letters*, Bibliothèque et Archives Canada, Ken Bell, Collection Canada Dept. of National defence, PA-177596.

Catalogage avant publication de Bibliothèque et Archives nationales du Québec et Bibliothèque et Archives Canada

Vincent, Sébastien, 1972-
    Ils ont écrit la guerre
    (Études québécoises)
    Comprend des réf. bibliogr.
    ISBN 978-2-89649-078-3

    1. Guerre mondiale, 1939-1945 – Récits personnels canadiens. 2. Guerre mondiale, 1939-1945 – Participation des Canadiens français. 3. Militaires – Québec (Province) – Biographies. 4. Écrits d'anciens combattants canadiens. I. Titre. II. Collection: Études québécoises.

D811.A2V562 2010   940.54′81714   C2009-942720-6

DISTRIBUTEURS EXCLUSIFS:

• Pour le Québec, le Canada
  et les États-Unis:
LES MESSAGERIES ADP*
2315, rue de la Province
Longueuil (Québec) J4G 1G4
Tél.: 450 640-1237
Téléc.: 450 674-6237
*filiale du Groupe Sogides inc.,
  filiale du Groupe Livre Quebecor Media inc.

• Pour la Belgique et la France:
Librairie du Québec / DNM
30, rue Gay-Lussac
75005 Paris
Tél.: 01 43 54 49 02
Téléc.: 01 43 54 39 15
Courriel: direction@librairieduquebec.fr
Site Internet: www.librairieduquebec.fr

• Pour la Suisse:
TRANSAT SA
C. P. 3625, 1211 Genève 3
Tél.: 022 342 77 40
Téléc.: 022 343 46 46
Courriel: transat-diff@slatkine.com

Pour en savoir davantage sur nos publications,
visitez notre site: **www.edvlb.com**
Autres sites à visiter: www.edhexagone.com • www.edtypo.com
www.edjour.com • www.edhomme.com • www.edutilis.com

© VLB ÉDITEUR et Sébastien Vincent, 2010
Dépôt légal: 1er trimestre 2010
Tous droits réservés pour tous pays
Bibliothèque et Archives nationales du Québec, 2010
Bibliothèque et Archives Canada
ISBN 978-2-89649-078-3

Préface

L'histoire de la guerre a décidément beaucoup changé : c'est ce que je me suis dit spontanément en découvrant le beau livre que Sébastien Vincent a consacré aux souvenirs de guerre de combattants canadiens-français du Second Conflit mondial. Avant de publier le texte que l'on va découvrir, ce dernier avait édité un très intéressant essai d'histoire orale, consacré à quatorze combattants québécois francophones ayant accepté d'évoquer, avec l'auteur, leur expérience de volontaire de guerre entre 1939 et 1945[*]. Histoire orale, disions-nous : le parti pris méthodologique, en même temps que mémoriel, n'échappera pas au lecteur. Cette fois, il s'agit au contraire d'un corpus de sources écrites, elles-mêmes très variées : journaux intimes, souvenirs rédigés après coup, correspondances, romans. Toute la gamme de l'écriture de l'expérience de guerre est ainsi sollicitée, et le parti pris historiographique et méthodologique n'est pas moins marqué que dans l'ouvrage précédent : il s'agit pour l'auteur de tenter une histoire de la guerre « au ras du sol », une histoire de la guerre qui parte des acteurs sociaux – les soldats, ici –, et qui prenne enfin en compte l'expérience guerrière telle qu'elle s'est dite, dans l'instant comme après coup. Bref, une histoire de la guerre qui évite toute posture de surplomb, tout récit de bataille ou d'opération, et qui, partant d'en bas, adopte une posture résolument compréhensive de l'expérience vécue par les acteurs eux-mêmes. Une expérience qu'en même temps leurs écrits interprètent. Car Sébastien Vincent le sait bien : aucune source ne donne un accès direct et transparent à la violence de guerre : sa restitution écrite constitue par elle-même une interprétation qui lui donne sens en la

[*] Sébastien VINCENT, *Laissés dans l'ombre. Les Québécois engagés volontaires de 39-45*, Montréal, VLB éditeur, 2004.

constituant précisément en « expérience », comme l'a bien montré l'historien américain Leonard Smith.

À ce titre, Sébastien Vincent s'inscrit dans un courant de redécouverte de la guerre très inspiré par ce grand pionnier qu'a été John Keegan, mais aussi par toute l'historiographie récente de la Première Guerre mondiale regroupée notamment, en France, autour de l'Historial de la Grande Guerre de Péronne (Somme) et de son centre de recherche. De ces renouvellements historiographiques, Sébastien Vincent n'ignore rien. Il en fait son profit en transposant des outils et des cadres d'analyse destinés à l'origine à l'étude des écrits de combattants du Premier Conflit mondial, vers des sources du même type, mais issues cette fois du conflit suivant.

Le résultat est de mon point de vue une réussite. Après avoir nettement indiqué ses options méthodologiques et historiographiques, et analysé les contextes de production des textes (on lira avec un intérêt particulier son analyse des dédicaces des ouvrages : celui-ci sait voir qu'un texte est toujours nécessairement adressé…), il me paraît frappant que ce soit par le combat que l'historien commence, que ce soit donc par le champ de bataille qu'il entre dans son sujet, avant d'en venir aux conséquences immédiates sur les corps : la blessure, la mort, la peur. Il me paraît très frappant également que ce soit par la « force de tenir », comme disent les historiens de la Première Guerre mondiale, que s'achève le livre, avant que soit abordée la sortie de guerre des hommes étudiés. Comme Sébastien Vincent le dit en conclusion, c'est l'expérience corporelle des soldats qui a d'abord retenu son attention (mais, ajouterais-je, leur expérience psychique également), à travers leur manière de dire l'une et l'autre.

Pourquoi les chercheurs innovants, dont fait partie Sébastien Vincent, ont-ils désormais choisi d'étudier la guerre comme cela ? La réflexivité, de ce point de vue, ne doit jamais être exclue de l'opération historique. Il me semble, en fait, que cette manière nouvelle d'écrire l'histoire du fait guerrier a beaucoup à voir, en Occident, avec la disparition de la guerre à notre horizon d'attente le plus immédiat. Certes, nous savons que la guerre reste présente, nous savons également que des armées occidentales continuent de mener des opérations militaires un peu partout dans le monde : mais celles-ci sont « extérieures », lointaines, menées par des soldats professionnels assez peu nombreux, et dont le métier est désormais fort enclavé dans leurs sociétés d'origine. Rien de commun avec les immenses recrutements des deux guerres mondiales (131 000 Canadiens français – et *avec eux des Canadiennes – se sont ainsi portés volontaires pendant la Seconde Guerre mondiale, dont près de 100 000 pour l'infanterie et l'artillerie, dont 55 000 Québécois). Rien de commun non plus entre les pertes induites par la conflictualité lors du « premier vingtième siècle », et celles d'aujourd'hui. Et dès lors, la question qui nous taraude peut-être, historiens et non-historiens confondus, a bien trait aux conditions de possibilité de l'épreuve humaine que constitue l'immersion dans l'univers de la guerre.* Comment ont-ils pu ? *Voilà, je crois, la question que l'on trouve en filigrane du beau livre de Sébastien Vincent, et à laquelle il tente de répondre. Il le fait d'ailleurs avec une grande modestie, sachant bien, comme il le dit lui-même, que la vraie guerre ne sera jamais dans les livres.*

STÉPHANE AUDOIN-ROUZEAU

Directeur d'études à l'École des hautes études
en sciences sociales (Paris)
Codirecteur du Centre de recherche de l'Historial
de la Grande Guerre de Péronne (Somme-France)

Le cœur humain, pour employer le mot du maréchal de Saxe, est point de départ en toutes choses de la guerre ; pour connaître, il le faut étudier.

Charles ARDANT DU PICQ,
Études sur le combat, 1880

La vraie guerre ne sera jamais dans les livres.
Walt WHITMAN

Liste des sigles

ARC Aviation royale canadienne, connue sous l'abréviation anglaise RCAF, pour Royal Canadian Air Force.

BBC British Broadcasting Corporation

BC Bomber Command

BAnQ Bibliothèque et Archives nationales du Québec

CABTC Canadian Army Basic Training Centre

CEOC Corps-école des officiers canadiens, connu sous l'abréviation anglaise COTC, pour Canadian Officers Training Corps

DCA Défense contre avions, *Flak* est l'abréviation de l'allemand *Flieger abwehrkannone*, «batterie antiaérienne»

FMR Fusiliers Mont-Royal

FTU Ferry Training Unit

LMRN Loi sur la mobilisation des ressources nationales promulguée le 21 juin 1940 par le gouvernement canadien

HMCS Her Majesty Canadian Ship, Navire canadien de Sa Majesté (NCSM)

MRC Marine royale du Canada, connue sous l'abréviation anglaise RCN, pour Royal Canadian Navy

OTU Operational Training Unit, connu sous la désignation française d'Unité d'entraînement opérationnel (UEO)

PIAT Projector Infantry Anti-Tank

PPC Parti progressiste conservateur

R22eR Royal 22e Régiment

RAF Royal Air Force britannique

RCA Royal Canadian Artillery, Artillerie royale du Canada

RCCS   Royal Canadian Corps of Signals, connu sous la désignation française de Corps royal canadien des signaleurs

YMCA   Young Men's Christian Association

Avant-propos

Ce livre explore un nombre restreint mais néanmoins repré-
sentatif de témoignages publiés par des combattants canadiens-
français de la Seconde Guerre mondiale. Ces œuvres appartiennent à des genres littéraires variés : souvenirs, journaux et
carnets, lettres du front et romans de guerre. Ils ajoutent détails
et précisions à l'histoire militaire officielle produite par le Service
historique de la Défense nationale du Canada, remplacé en 1996
par Direction – Histoire et patrimoine, et à celle, pas toujours critique et souvent colorée, des unités de l'armée qui s'attache à
écrire le récit de ceux qui y ont servi. Ils présentent la guerre
dans sa dimension factuelle, mais aussi comme une aventure
personnelle et subjective. Les considérer en tant que « lieux de
mémoire » n'a rien d'une hypothèse farfelue[1].

Les témoignages présentés dans cet essai se vouent au
maintien du souvenir et au partage d'une expérience collective. Environ 94 000 Canadiens français, dont près de 55 000
Québécois, se seraient portés volontaires dans l'armée canadienne (infanterie et artillerie), 25 000 dans l'Aviation royale
canadienne (ARC) et 13 000 dans la Marine royale du Canada (MRC), pour un total estimé à 131 000 hommes et femmes, tous corps d'armée confondus[2]. Ces individus compo-
saient plus de 19 % des 730 000 volontaires de l'effectif total
de l'armée canadienne déployé hors du Canada en mars
1944[3]. Il s'agit d'un groupe social non négligeable dans
l'histoire du XXᵉ siècle du Canada français et de la province
de Québec. Ces hommes et ces femmes ont vécu une expérience collective et individuelle marquante : la guerre. Pourtant, un nombre infiniment petit d'entre eux, uniquement

des hommes, ont pris la plume pour faire œuvre de témoignage.

De cette rareté naît, en partie, la valeur de ces témoignages. Ceux qui ont connu les combats « au ras du sol » offrent une lecture de la guerre complémentaire à celle transmise par l'histoire militaire officielle. Ils abordent, à des degrés de précision et d'évocation variables, l'essence brutale de la guerre : la violence subie et infligée sur le champ de bataille, l'inévitable et souvent terrifiant contact avec l'ennemi, la vie quotidienne au front, les moyens pour tenir et, parfois, les séquelles physiques et psychologiques engendrées par l'exposition prolongée au feu. Animés peut-être d'une « pulsion de silence[4] », certains sont demeurés discrets sur des aspects douloureux de leur vécu, en se réfugiant dans le silence, l'ellipse ou l'implicite. Les écrits de combattants portent sur l'expérience de la guerre un éclairage incomparable, voire irremplaçable. Ils font de la guerre une réalité vécue à hauteur d'homme. Une réalité cependant infléchie par des conventions, une distance chronologique, des stratégies d'écriture et de mise en scène. En les publiant, leurs auteurs ou leurs descendants aspiraient certainement à éviter que leur vécu ne bascule dans l'oubli. Ils ont pourtant peu intéressé les historiens du Québec et demeurent souvent méconnus du grand public.

*

* *

Dans une perspective socio-militaire et culturelle, cet essai arpente le quotidien et l'imaginaire de combattants qui ont choisi, à des moments différents de leur vie, de coucher sur papier leur itinéraire dans le conflit. Mon propos concerne essentiellement les individus, plutôt que la conduite proprement dite des opérations militaires puisque l'histoire de ces manœuvres a déjà été faite, et bien faite. Il se fonde sur 26 ouvrages recensés dans la collection de Bibliothèque et Archives nationales du Québec (BAnQ), le 1er août 2008, date de la remise du manuscrit final à l'éditeur[5].

Parus entre 1946 et 2007 chez des éditeurs marginaux, reconnus ou à compte d'auteur, ils sont l'œuvre de fantassins et d'artilleurs pour la plupart, mais aussi de trois aviateurs, de deux marins et d'un infirmier. Deux auteurs décrivent leur terrible détention dans les camps japonais à la suite de la bataille de Hong Kong, en décembre 1941. Un seul met en scène le raid de Dieppe du 19 août 1942, alors que six autres ont participé à la campagne d'Italie, entre juillet 1943 et le printemps 1945. Onze auteurs ont pris part à la campagne de libération de l'Europe de l'Ouest, entre le 6 juin 1944 et le 8 mai 1945. Deux d'entre eux ont été prisonniers de guerre des Allemands. Bien que rien ne garantisse que leur expérience de la guerre ait été identique à celle de dizaines de milliers d'autres militaires, l'échantillon limité se veut suffisant pour décrire l'expérience de ceux qui ont servi outre-mer au sein de l'armée canadienne, de l'Aviation royale canadienne (ARC) ou de la Marine royale du Canada (MRC).

J'ai dû me soumettre au douloureux exercice des choix en laissant de côté le roman *Deux portes… une adresse* de Bertrand Vac. Cette fiction offre peu d'éclairage sur la vie du soldat au front[6]. Les souvenirs d'agent d'exfiltration de Lucien Dumais (*Un Canadien français face à la Gestapo*) ne cadraient pas avec la définition du terme de « combattant » à laquelle j'avais décidé de me tenir. J'ai aussi délaissé trois témoignages tardifs recensés à BAnQ dont la chronologie s'avère si hasardeuse que la vérification des propos des auteurs devenait difficile, voire impossible[7].

Je ne tiens pas compte des correspondances de militaires qui n'ont pas combattu outre-mer[8], des correspondances privées non publiées et des ouvrages non répertoriés à BAnQ[9], puisque ceux-ci demeurent souvent confidentiels. Leur découverte repose davantage sur la bonne fortune ou les heureuses rencontres que sur une véritable méthodologie visant à rendre accessible des textes que le lecteur pourra consulter.

Les biographies[10], les ouvrages commémoratifs[11], les histoires régimentaires[12], les recueils de témoignages[13], les documents audiovisuels, les sites Internet[14] ainsi que les chroniques de correspondants de guerre[15] ont aussi été exclus, car les combattants s'y expriment à travers un interlocuteur.

Finalement, j'ai omis les récits de civils ayant connu la guerre en Europe ou en Asie ainsi que ceux de citoyens français ayant élu domicile au Québec pendant ou après le conflit. Bien qu'elles aient connu la guerre, ces personnes n'étaient pas des combattants. Enfin, je souhaitais initialement aborder la question de l'entraînement militaire, mais j'ai abandonné cette piste, car Yves Tremblay a amplement traité du sujet dans un livre récemment paru[16].

L'analyse que je déploie opère un va-et-vient continuel entre l'histoire et la mémoire, entre le témoin et l'historien, entre les sources et les données historiographiques. Je suivrai le fertile sillon tracé par Charles Ardant du Picq, John Keegan, Paul Fussell et Stéphane Audoin-Rouzeau. Ces historiens proposent une approche innovatrice du fait guerrier, en plaçant le combat, la violence et le corps au centre de leur étude de l'expérience combattante, invitant du coup à « retrouver la guerre[17] » à hauteur d'homme, la guerre de l'avant, celle des affects et des émotions.

Je m'appuie également sur les réflexions de Jean Norton Cru qui a analysé, non sans créer la controverse, des centaines de témoignages de soldats français des tranchées dans *Témoins* (1929). J'ai retenu aussi certains éléments propres aux études littéraires et à la psychologie. Au fil des pages, je cite largement les œuvres. Ce sont elles, avant tout, qui immergent le lecteur dans l'action et les vicissitudes du quotidien sur le champ de bataille.

Les questions fusaient au fil de mes lectures. Certaines constituent la charpente de cet essai : comment les historiens en sont-ils venus à étudier spécifiquement les militaires des petites unités ? À quels genres littéraires appartiennent les témoignages ? Comment le lecteur doit-il aborder des textes qui tentent de dire l'expérience de la guerre au prix d'un complexe processus de construction/reconstruction des souvenirs ? Cette vaste question fait du témoignage de guerre « un des sujets les plus complexes et les plus controversés de l'historiographie actuelle du phénomène guerrier[18] ». Quels sont les ouvrages que l'on peut consulter à BAnQ ? Qui sont leurs auteurs ? Quelle a été la guerre du fantassin, de l'artilleur, du marin et de l'aviateur ? Comment les témoins décrivent-ils la vie de prisonnier à Hong Kong et en Allemagne ? Comment représentent-ils l'ennemi japonais, italien et allemand ? Que nous apprennent-ils sur la vie quotidienne au front, les moyens de tenir face à l'incertitude et à la peur, le retour au pays et les séquelles physiques et psychologiques de la guerre ? Enfin, je me suis demandé quels aspects de l'expérience étaient moins souvent abordés dans les textes.

Le lecteur trouvera deux annexes en fin de volume. La première présente le profil des auteurs. Pour chacun, lorsque j'ai pu retrouver l'information, j'ai mentionné le lieu et la date de sa naissance, ses études, l'année de son enrôlement, sa profession, son métier ou son occupation au moment de l'enrôlement, le nom de son unité ainsi que sa fonction. La seconde annexe présente une biographie succincte des 26 auteurs.

Plus de soixante-cinq ans après la fin du conflit, les derniers acteurs disparaissent inexorablement, au Québec comme ailleurs. Les témoignages recensés à BAnQ, et peut-être ceux que les descendants d'anciens combattants accepteront de publier dans l'avenir, participent à la constitution d'une histoire des militaires canadiens-français de la Seconde Guerre mondiale, laquelle survivra aux témoins oculaires. Ils en constituent le relai essentiel.

Cet essai souhaite modestement accéder au vécu et à l'imaginaire de ceux qui ont choisi de prendre la plume pour relater leur expérience du feu ou de la détention. Il se veut davantage une étude de cas, une enquête auprès de sources souvent méconnues, qu'un panorama achevé.

Ouverture

Dans sa monumentale étude des écrits de combattants français des tranchées parue en 1929 sous le titre *Témoins*, Jean
Norton Cru écrit :

> L'homme s'est toujours glorifié de faire la guerre, il a embelli l'acte de
> bataille, il a dépeint avec magnificence les charges des cavaliers, les
> corps à corps des soldats à pied ; il a attribué au combattant des senti-
> ments surhumains : le courage bouillant, l'ardeur pour la lutte, l'impa-
> tience d'en venir aux mains, le mépris de la blessure et de la mort, le
> sacrifice joyeux de sa vie, l'amour de la gloire. Les siècles, les millénai-
> res ont ancré la réalité de cette conception dans l'esprit des citoyens qui
> n'ont pas combattu[1].

Norton Cru fait référence ici à ce qu'on appelle le récit de
bataille traditionnel. Celui-ci décrit « d'en haut » les opérations
militaires en présentant le point de vue de l'état-major. Il insiste sur la discipline et les grandes manœuvres des corps
d'armée et présente les faits d'armes des grands hommes.
L'angle choisi a eu pour effet de reléguer pendant des siècles
les combattants au rôle de pions sur l'échiquier des champs de
bataille. Ce chapitre montre qu'il aura fallu les travaux de
Charles Ardant du Picq au XIXᵉ siècle, puis ceux de John Keegan, Paul Fussell et de la nouvelle génération d'historiens
français de la Grande Guerre pour que le militaire des unités
primaires, au sein desquelles les auteurs ont combattu, de-
vienne objet d'histoire. Il présente ensuite les différents types
d'écrits de combattants.

Comment les historiens en sont-ils venus à s'intéresser aux combattants des petites unités ?

À partir de la seconde moitié du XIXᵉ siècle, les guerres occidentales prennent une tournure industrielle et technique. Lors de la guerre de Sécession (1861-1865), puis de celles de 14-18 et de 39-45, les États mobilisent d'importantes ressources afin de mettre sur pied d'immenses armées de conscrits et les moyens de les soutenir sur de longues périodes. Parallèlement, les avancées technologiques entraînent le développement vertigineux des moyens de communication et de transport des troupes. L'essor de l'artillerie et des armes individuelles automatiques rend l'acte de tuer plus anonyme. Le chemin de fer, puis les avions aident au déplacement de troupes toujours plus nombreuses sur de grandes distances. La conjugaison de ces phénomènes entraîne la dilatation progressive du champ de bataille et l'augmentation de la mortalité de masse.

Dans ce contexte, le combattant qui fait la guerre « au ras du sol », le plus souvent un civil conscrit, commence progressivement à intéresser les militaires et les historiens. La première tentative d'analyse du moral des troupes sous le feu revient à Charles Ardant du Picq (1821-1870), un colonel français du Second Empire (1852-1870). Ses *Études sur le combat* (1880) reposent sur un postulat simple, mais rarement considéré en son temps, selon lequel l'humain se trouve au centre du combat. Pour Ardant du Picq, la peur, sujet tabou dans l'armée, est souvent la cause principale de la défaite. D'où l'importance de la contrôler par la discipline, la cohésion organisationnelle, la confiance et la solidarité entre combattants, ce qu'il appelle l'esprit de corps. En s'intéressant au point de vue du combattant individuel et des unités primaires, Ardant du Picq ouvre la voie à l'étude de la violence guerrière et du rôle des facteurs psychologiques au sein des formations militaires[2].

La pensée d'Ardant du Picq trouve écho dans le monde anglo-saxon. L'historien John Keegan pose les bases d'une anthropologie historique de la guerre dans *The Face of Battle* (1976) traduit partiellement et tardivement sous le titre *Anatomie de la bataille*. Keegan déplore que les historiens officiels négligent délibérément l'affectif, cet aspect essentiel de l'homme au combat dont l'historien doit se saisir pour cerner la vérité historique d'une bataille[3]. Il propose d'enrichir l'histoire militaire traditionnelle en reportant «l'effort d'analyse historique des arrières vers le front[4]». En adoptant le point de vue des participants, il examine les questions stratégiques et tactiques en fonction de l'usage des armes, de leur maniement et de la violence qu'elles génèrent. Pour ce faire, il recourt à des documents d'archives, des correspondances, des journaux et des témoignages individuels.

En plaçant les conditions matérielles et psychologiques des combattants au centre de sa description «au ras du sol» des batailles d'Azincourt (1415), de Waterloo (1815) et de la Somme (1916), l'historien s'approche au plus près de ce que les hommes vivent durant un affrontement. Le point de vue adopté présente leur lutte pour survivre dans un environnement instable, irrationnel et chaotique et nous fait percevoir le champ de bataille «d'en bas», à l'échelle de *leur* guerre, de *leur* perception du courage, de l'esprit de sacrifice, de la discipline et de la peur[5].

L'anthropologie historique de la guerre développée par John Keegan a fait école dans le monde anglo-saxon, notamment avec les travaux de Richard Holmes[6], de Joanna Bourke[7] et de Paul Fussell qui explore les comportements des militaires américains et des civils britanniques durant la Seconde Guerre mondiale[8]. Il s'intéresse entre autres aux rumeurs de guerre, à la «langue fraîche» des combattants, aux privations imposées par le quotidien, à l'entraînement des soldats américains, aux stéréotypes que ces derniers ont véhiculés sur les ennemis japonais, italiens et allemands. Il se penche aussi sur les types de blessures subies, les séquelles psychologiques de la guerre et la littérature produite par des militaires.

L'histoire culturelle de la Grande Guerre, qui connaît un véritable essor depuis les années 1990 dans les pays européens, repose sur ces assises historiographiques. Elle s'inscrit dans la suite de l'étude du déroulement du conflit[9]. Une nouvelle génération d'historiens, notamment ceux réunis autour de l'Historial de la Grande Guerre de Péronne[10], met dorénavant l'accent sur «les cultures de guerre» des pays ex-belligérants[11]. Elle cherche à comprendre la façon dont les populations européennes occidentales ont donné sens à la guerre, tant au front qu'à l'arrière.

En se fondant sur les acquis établis par les générations précédentes d'historiens, l'histoire culturelle de la guerre aspire à faire se rejoindre l'histoire militaire, l'histoire sociale et l'anthropologie. Pour ce faire, elle propose un élargissement du champ chronologique et elle recourt aux objets et aux images autant qu'aux archives écrites, notamment la littérature de guerre. L'historiographie qu'elle propose accorde une place prépondérante à l'étude de la bataille, ce qui nous ramène à une indispensable histoire du corps des combattants qui ont imposé et subi la violence[12]. Elle se penche aussi sur la commémoration, la «formation de l'opinion publique et des imaginaires sociaux, la construction de la figure de l'ennemi, l'accommodation face à la violence, la gestion individuelle et collective de la souffrance, de la mort et du deuil[13]».

Comme on le constate, les nouveaux angles d'étude du phénomène guerrier permettent d'aller au-delà de l'histoire militaire officielle et de la plupart des mémoires de généraux qui décrivent «d'en haut» les opérations militaires, offrant du coup une vision aseptisée et désincarnée du comportement humain sur le champ de bataille. Le soldat des unités primaires constitue aujourd'hui un objet historique.

Typologie des écrits de combattants

Personne avant Jean Norton Cru (1879-1949) n'avait spécifiquement étudié les écrits de combattants. Dans ce désert historiographique, son livre *Témoins* (1929) a constitué et demeure encore aujourd'hui une oasis fertile, bien que sa rigidité méthodologique ait été maintes fois condamnée. Ancien combattant français des tranchées, l'auteur a trié, analysé et critiqué 300 témoignages publiés entre 1915 et 1928. Chaque ouvrage est présenté comme une source à décrire et à comprendre. Norton Cru délaisse le récit émanant de l'état-major, dénué à son sens de ce qui fait l'essentiel de la guerre : l'expérience personnelle[14].

En passant du fait tactique au fait psychologique, en s'intéressant à la façon dont le combattant perçoit sa propre participation, Norton Cru propose un changement radical de perspective. Le témoignage devient un objet d'histoire clairement délimité[15]. Le titre de l'ouvrage, *Témoins*, se veut lui-même novateur : il reconnaît le statut d'acteur principal au soldat et fait entrer son témoignage dans l'espace public[16]. La méthode déployée par son auteur, essentielle pour mon propos, se veut un héritage scientifique légué aux générations d'historiens confrontés aux témoignages[17].

Dans l'introduction générale de *Témoins*, Norton Cru définit le « combattant » comme « tout homme qui fait partie des troupes combattantes ou qui vit avec elles sous le feu, aux tranchées et au cantonnement, à l'ambulance du front, aux petits états-majors : l'aumônier, le médecin, le conducteur d'auto sanitaire sont des combattants[18] ». La définition se fonde sur le degré d'exposition au danger plutôt que sur le port d'arme. Elle exclut donc le prisonnier de guerre et l'officier du haut état-major, car ces derniers ne se trouvent pas en première ligne. J'ai cependant inclus les témoignages de prisonniers compte tenu de l'éclairage qu'ils apportent sur la vie dans les camps allemands et japonais.

L'auteur de *Témoins* définit ce qu'il entend par « écrit de combattant » : « tout carnet de route, journal de campagne, souvenirs de guerre, lettres du front, pensées, réflexions ou méditations sur la guerre, récits fictifs, mais seulement lorsque la fiction n'est qu'un léger voile sous lequel on peut distinguer la personne de l'auteur, son expérience de la guerre, son unité, les secteurs qu'il a occupés, en un mot les faits réels de sa propre campagne[19] ». Peu importent leurs genres littéraires, les écrits de combattants s'insèrent dans un ensemble textuel appelé « le biographique ». Ils traitent ou s'inspirent de l'expérience personnelle de leurs auteurs et ils évoquent des personnes, des lieux et des événements ayant un référentiel direct avec l'époque de la guerre[20].

Les souvenirs de guerre

Ce genre littéraire a connu son apogée durant la Grande Guerre. Les souvenirs de guerre prennent la forme de récits rétrospectifs en prose, à la première personne, écrits de mémoire ou inspirés de lettres et/ou de notes. Ils mettent l'accent sur le parcours militaire et l'expérience personnelle et contiennent parfois une critique de la guerre. C'est ce type de récit qui a inspiré le plus grand nombre d'auteurs.

Plusieurs indices permettent l'identification de l'auteur au narrateur et au personnage[21]. C'est ce que Philippe Lejeune appelle le « pacte autobiographique ». Il y a correspondance entre la personne grammaticale (*je*) utilisée dans le texte et l'auteur dont le nom apparaît sur la couverture du volume[22]. Schématiquement, ce « je soussigné » se définit par rapport à un « nous » inclusif, c'est-à-dire les autres (peloton, compagnie, régiment, navire ou escadron, armée canadienne, Alliés). Ce « je » et ce « nous » se définissent en opposition à un « ils » ou à un « eux », les ennemis à combattre.

L'auteur atteste de la réalité des événements auxquels il dit avoir assisté, d'où l'impression de vraisemblance qui se dégage souvent des souvenirs de guerre. Ces derniers peuvent-ils pour autant tous aspirer au statut de document historique ? Pour ce faire, ils doivent contenir des repères temporels et spatiaux permettant de mesurer leur authenticité. Force est d'admettre que les souvenirs de guerre transmettent en fait une *représentation* du passé dont le degré de précision varie selon les auteurs. Ils sont avant tout un récit. Les artifices rhétoriques qui s'y déploient mettent en lumière la subjectivité du langage et le complexe processus de construction/reconstruction des souvenirs.

Il importe ici de distinguer les phases d'élaboration du souvenir[23]. Les phases de perception et de rétention correspondent au moment où la personne enregistre les événements. Des facteurs influencent l'inscription initiale des souvenirs : la personnalité du témoin, sa sensibilité et sa position sur le terrain[24]. Ainsi, les souvenirs d'un fantassin ayant directement fait face à l'ennemi diffèrent de ceux d'un artilleur se trouvant, au même moment, à des kilomètres derrière le front. La guerre décrite par un aviateur ne ressemble en rien à celle d'un marin ou à celle d'un prisonnier de guerre.

La phase d'élaboration correspond à la narration du souvenir, c'est-à-dire à sa mise en récit. Le témoignage, travail de mémoire, s'inscrit dès lors dans l'ordre du discours. Le témoin peut, volontairement ou involontairement, contaminer son récit par ce qu'il a lu, vu et entendu après les événements qu'il relate. Les témoignages publiés des décennies après les événements peuvent travestir les représentations du passé sous l'effet de celles qui prévalent au moment de leur rédaction.

Des bribes de discours social et des clichés risquent alors de contaminer les souvenirs.

L'acte de témoigner reconfigure nécessairement le temps à partir d'épisodes clés de l'expérience, davantage qu'à partir des dates qui n'occupent pas toujours une fonction déterminante dans les souvenirs de guerre. Une liberté est prise parfois avec la chronologie pour compenser les trous de mémoire. De plus, l'acte de témoigner reconfigure le passé par effet de censure ou d'autocensure, par tri et ordonnancement des souvenirs. L'auteur peut, volontairement ou non, fournir des dates ou mentionner des faits erronés, sélectionner, occulter, simplifier, embellir, taire, déformer, voire ajouter ou inventer des détails afin de peaufiner l'image qu'il souhaite montrer de lui-même. Tout au long de la narration, l'auteur utilise un ton et des procédés rhétoriques par lesquels il imprime sa marque, implicite ou explicite, au témoignage dans le but de stabiliser son identité. C'est ce qu'on appelle l'élaboration de l'image de soi dans le discours[25].

Dire ou tenter de dire l'expérience de la guerre revient à se placer sous la dépendance de la mémoire et de la subjectivité du langage. Aucun témoignage n'est complètement «pur»: il n'y a que des individus qui déplacent «la mémoire de [leur] propre expérience du côté de l'écriture[26]». Ce constat met en lumière le défi de la narration: l'auteur aspire à dire la vérité, objectif aussi nécessaire que difficile à atteindre.

Écrivains, historiens, éditeurs, lecteurs et réalisateurs de films font preuve d'une véritable obsession quant à connaître les relations existant entre les récits de guerre et l'authenticité. Mais jusqu'où cette dernière peut-elle aller? N'est-elle pas impossible à atteindre, car la guerre, menace directe à l'intégrité de l'individu, fait perdre le sens de ce qui est certain? Il faut reconnaître la difficulté de transcrire fidèlement des impressions spontanées durant un combat. Devant l'obstacle, la tentation est grande de renoncer à écrire la violence, les mots devenant impuissants à traduire l'intraduisible. On se trouve confronté à la limite du langage servant à désigner les choses pour montrer la guerre et ses effets. Cela amène à penser que dans les souvenirs, ce n'est pas tant l'expérience de la guerre elle-même qui est décrite, mais plutôt l'expérience *d'écrire sur* la guerre.

Les journaux personnels, les carnets et les lettres du front

Les journaux et les carnets, parfois publiés à titre posthume sans révision ultérieure, répondent au besoin de fixer la mémoire des événements vécus. Ils incarnent des «éclats de vie[27]», des fragments d'existence composés de détails de la vie quotidienne et des combats. Ils ne contiennent aucune intrigue, mais une série de faits distincts. Tenir un journal ou un carnet exige nécessairement des sauts dans le temps qui marquent des coupures dans la relation de l'expérience. Cela confère à la guerre un mode elliptique.

Les journaux et les carnets adoptent presque toujours une conception linéaire du temps rendue visible par l'ordre chronologique propre à l'agenda. La notation du lieu et de la date rend directement compte de l'expérience vécue. Étant donné leur interdiction sur «les théâtres d'opérations de peur qu'ils ne tombent aux mains de l'ennemi et ne révèlent des secrets, les journaux n'étaient ni lus ni censurés par aucune autorité, et offrent donc l'un des accès les plus prometteurs à la réalité[28]». Ces écrits clandestins deviennent de précieuses sources pour quiconque cherche à s'approcher de la «vraie guerre».

Les lettres portent également mention de dates et de lieux en principe authentiques et, parfois, des raisons justifiant leur rédaction. Publiées dans leur état original ou corrigées et annotées *a posteriori*, elles donnent à penser que les faits rapportés et les sentiments exprimés l'ont été à la date de leur rédaction.

L'existence de certains filtres doit cependant être gardée à l'esprit, dont la censure de la correspondance imposée par les autorités militaires canadiennes. Entre le 28 mai et le 12 juillet 1940, elle est exercée entre les unités déployées outre-mer seulement. Les missives envoyées au Canada en demeurent exemptes, sauf si elles sont acheminées par la poste civile anglaise. À compter du 23 août, la correspondance des soldats, sous-officiers et officiers envoyée au pays par l'entremise de la poste civile canadienne tombe sous le coup de la censure, de même que tout envoi de pièces jointes telles que des photographies. Il existe «trois façons pour les militaires canadiens [postés outre-mer] de faire parvenir leur courrier au pays. La poste civile (transport par mer) qui pratique une censure partielle, la poste civile (transport par air) qui pratique une censure complète et la poste de l'armée canadienne qui ne pratique aucune censure et qui expédie environ 70 000 lettres par semaine[29]. » La mention de l'endroit où l'auteur de la lettre se trouve et les déplacements passés ou à venir de son unité retiennent particulièrement l'attention des autorités.

Les lettres perdent en précision quant aux manœuvres, mais gagnent en spontanéité et en intimité, bien qu'un second filtre doive être pris en considération : l'autocensure de l'auteur qui, par exemple, ne livre pas tous ses états d'âme afin de ne pas inquiéter ses proches.

Les journaux, les carnets et les lettres constituent un gisement archivistique considérable, susceptible d'être enrichi par l'éventuelle publication de matériaux inédits.

Les romans de guerre

Les romans de guerre occupent une place marginale dans la fiction canadienne-française[30] : seuls trois romans se déroulent spécifiquement sur les champs de bataille de la Seconde Guerre mondiale. Dans ces œuvres, l'attention est portée sur le quotidien, sur le rôle modeste des protagonistes dans la grande machine de la guerre. La participation au conflit est dépeinte comme une expérience personnelle exempte ou presque de toute motivation patriotique. Animée d'un goût de l'aventure, d'une quête d'idéal et d'un dépassement de soi, l'expérience des personnages se veut irréductible à toute mémoire officielle.

Les romans de guerre ne peuvent être considérés comme des fictions pures en opposition aux journaux personnels et aux recueils de lettres du front. Ils évoluent au milieu des rapports compliqués entre histoire et création littéraire. Ils s'avèrent, en partie, autobiographiques, car leur mise en intrigue incorpore des fragments de l'expérience militaire des romanciers[31]. Cette injection de réalité confère un caractère authentique aux intrigues. Le narrateur ne peut cependant être directement assimilé à l'auteur dont le nom figure sur la couverture du roman. C'est ce qu'on appelle le « pacte fictionnel ou romanesque ».

Ces œuvres littéraires mettent en scène des personnages fictifs appartenant à la même unité. Ces derniers correspondent à des types précis : le héros, le peureux, le traître, le sérieux, le dégourdi, le pieux, le malchanceux, l'inquiet, le farceur, le déserteur, l'idéaliste, le rêveur, etc. Ces personnages types incarnent des militaires ordinaires, souvent de simples soldats, parfois des sous-officiers, lieutenants ou capitaines. Ce sont des « hommes de la rue », évoluant dans un univers renversé. Ils connaissent le froid, la chaleur, la peur, les privations et la faim. Leur psychologie s'apparente à celle d'autres combattants ayant réellement vécu l'époque dans des circonstances analogues. S'ils survivent à l'épreuve, plusieurs personnages deviendront des inadaptés incapables de réintégrer la vie civile.

Les auteurs de romans de guerre évoluent dans un espace de création littéraire, ce qui permet une contestation et une liberté d'expression généralement censurées sous le poids de la pudeur, de l'orgueil et des conventions sociales. Ainsi ces romans adoptent souvent un point de vue partiel et non héroïque dépeignant la confusion, la démesure, l'horreur et le caractère déshumanisant des combats. L'attention se porte sur l'ampleur de la destruction du paysage et des hommes, sur la brutalité des échanges, sur l'omniprésence des privations, des souffrances, de la menace et du feu. Les chairs déchirées et putréfiées agissent comme métaphore du bouleversement du monde alors que les blessures, la fumée, les flammes et les projectiles composent l'atmosphère du roman de guerre. Le spectacle des combats semant la mort est montré avec un réalisme qui, par l'accumulation de détails souvent horribles, cherche à rendre le caractère chaotique de la guerre. D'où l'omniprésence du champ lexical du regard et de la destruction. Les figures de style (métaphores, hyperboles, etc.) témoignent de la démesure du champ de bataille. Tout concourt à mettre le lecteur dans la position du témoin oculaire à qui la confusion et l'absurdité de la guerre sont *montrées* sous forme d'images apocalyptiques. Décidément, le champ de bataille moderne n'a rien de glorieux dans l'univers littéraire du roman de guerre !

Comment aborder les écrits de combattants ?

Travailler à partir de souvenirs, de journaux personnels, de recueils de lettres du front et de romans de guerre relève de la gageure. Leur utilisation soulève une incontournable question : comment lier reconstruction objective du passé et transmission subjective de l'expérience combattante ? Bien que le témoignage soit souvenirs, émotions, traces du passé, et donc partiel et subjectif, il s'avère irremplaçable. Pour sa part, le discours historien se veut une tentative objective, indispensable et incontournable, pour comprendre le passé. Comment faire se rejoindre histoire et mémoire, discours historien et discours des témoins ?

La relation entre témoin et historien a donné lieu à de longs débats. Lequel paraît le mieux placé pour rendre compte d'un événement : le témoin qui a vu ou l'historien qui l'explique *a posteriori* ? Voilà soulevée la question des relations entre *voir* et *savoir*, c'est-à-dire entre vécu subjectif et connaissance objective du passé. Le témoin n'est pas historien, faute de recul ; et l'historien produit le récit d'événements auxquels il n'a pas nécessairement assisté. Comme il existe entre les deux, entre document et témoignage, une relation de complémentarité, il faut « mettre ensemble l'historien et le témoin, soit rassembler la connaissance et le vécu [...]. L'un et l'autre ont raison, et ce ne sont pas pour les mêmes raisons [...][32] ». Il n'y a pas d'histoire sans document ; il n'y a pas d'histoire sans témoin[33].

Les objections les plus courantes portant sur l'utilisation des témoignages en histoire concernent l'instabilité de la mémoire. Le lecteur doit demeurer conscient de la subjectivité du langage, des stratégies de construction de l'image de soi et des effets diluants du temps, sans oublier les traumatismes de guerre ayant pu influencer la perception et la rétention des souvenirs. Faut-il rappeler l'état psychique des hommes sous le feu ? Confrontés à la mort, à la violence des explosions, ils ont probablement subi des états de confusion et de stupeur. Mais surtout, ils ont connu l'ennui, la peur, l'angoisse, l'isolement et l'incertitude du lendemain[34]. Certes, les événements ont laissé chez les témoins une « empreinte affective ». Cela dit, il s'agit d'éviter un obstacle méthodologique de taille : celui de l'empathie avec le sujet traité[35]. Le lecteur doit plutôt déployer une « argumentation du doute[36] ». Devant tout témoignage, il faut constamment osciller entre confiance et méfiance, tout en gardant à l'esprit que le témoin demande à être cru.

Un témoignage, peu importe sa forme, doit être considéré pour ce qu'il est : une trace du passé transformée par le travail du temps et celui de la parole. Les risques inhérents au genre autobiographique ne doivent ni décourager ni repousser le lecteur. Les inévitables écarts et distorsions au cœur de tout témoignage, aussi authentique soit-il, ne devraient en aucun cas être associés au mensonge, mais plutôt être considérés comme inhérents à l'ordre du discours où se situent les œuvres. Un témoignage relève «d'abord de l'intime. Les historiens doivent le traiter comme un artefact, un ensemble de textes opaques aux significations cachées, et non distincts à la manière des débris éparpillés sur le champ de bataille et que l'archéologue aurait découvert[37]. »

CHAPITRE PREMIER

Présentation des sources et des auteurs

Longtemps, la figure de l'engagé volontaire a occupé une place marginale dans la mémoire collective du Québec par rapport à celle du déserteur et de l'opposant à la conscription, perçus comme de véritables héros ayant résisté à l'armée canadienne, symbole britannique par excellence. La perspective change progressivement à compter des années 1980, mais surtout 1990, décennie abondante en commémorations d'événements liés à la Seconde Guerre mondiale. Dorénavant, l'ancien combattant, au soir de sa vie, est considéré comme un porteur de mémoire tandis que le public s'intéresse de plus en plus au phénomène des guerres et à ceux qui les ont traversées.

Ce chapitre présente succinctement le climat sociopolitique dans lequel les combattants se sont insérés au Québec depuis 1946. Il aspire ensuite à répondre aux questions suivantes : qui sont les auteurs ? Pourquoi ont-ils volontairement choisi de s'engager dans une guerre impopulaire au Canada français et dans la province de Québec ? Pour qui ont-ils choisi de témoigner ? À ce sujet, l'étude des dédicaces fournit quelques réponses.

Contexte de publication (1946-1980)

Entre 1946 et 1980, le conflit renvoie à un souvenir douloureux qui rend difficile, voire impossible, toute commémoration hors des cercles régimentaires. À l'époque de la guerre déjà, les Canadiens français se sentent peu concernés par l'institution militaire canadienne majoritairement anglophone. Ils éprouvent un sentiment d'appartenance à l'Amérique, non à l'Angleterre, et un puissant sentiment nationaliste anti-impérialiste.

La plupart d'entre eux ont l'impression de former une société particulière, à laquelle le gouvernement libéral fédéral s'était engagé à ne plus ordonner de conscription après 1917[1]. La majorité des Canadiens français votent « non » au plébiscite national d'avril 1942. Le premier ministre canadien W. L. Mackenzie King demandait alors à la population canadienne de le libérer de sa promesse électorale de 1940 de ne pas imposer la conscription pour le service militaire outre-mer : « Ce "non" exprime une ignorance maintes fois soulignée. Le Québec ne se rend pas compte que cette guerre est un conflit mondial, une guerre de survivance, une croisade moderne pour la justice et la liberté des peuples. Les gens ne connaissent pas vraiment les causes et les conséquences de cette guerre[2]. »

Les années 1960 à 1980 sont marquées par les soubresauts de la Révolution tranquille et par le premier référendum sur la souveraineté du Québec (1980). Tout au long de ces années, les porte-étendard de l'affirmation nationale québécoise rejettent la portion canadienne de l'histoire du Québec, marginalisant du coup les institutions fédérales comme l'armée[3]. Dans une province au passé militaire douloureux (plaines d'Abraham, rébellions de 1837-38, conscription de 1917, raid de Dieppe), la figure de l'engagé volontaire et ses faits d'armes tendent à s'effacer de la mémoire collective au profit de celle du déserteur, figure emblématique du résistant à une guerre jugée impérialiste par les tenants du néonationalisme québécois.

La participation au conflit est présentée comme imposée et subie, voire comme un vaste « complot » fomenté par le Canada anglais pour lequel les Canadiens français auraient servi de chair à canon. Durant ces années, s'être porté « volontaire pour le service outre-mer [c'était] appuyer des valeurs anathèmes pour les Canadiens français, comme l'impérialisme britannique, les banquiers juifs, le communisme, le matérialisme américain et le protestantisme[4] ».

Dans ce contexte, le discours des engagés volontaires continue de se développer en marge des aspirations nationales. Entre-temps, la mémoire des combattants continue tout de même à s'exprimer, mais en circuit très fermé, au sein des

Ouvrages parus entre 1946 et 1980

1946
Pierre Sévigny, *Face à l'ennemi*
J.-L.-G. POULIN, *696 heures d'enfer avec le Royal 22ᵉ régiment*

1948
A.-C. Laboissière, *Journal d'un aumônier
militaire canadien 1939-1945*
Jean-Jules Richard, *Neuf jours de haine*

1954
Jean Vaillancourt, *Les Canadiens errants*

1959
Maurice Gagnon *Les chasseurs d'ombre*

1964
Pierre Vallée *Prisonnier à l'oflag 79*

1968
Lucien Dumais, *Un Canadien français à Dieppe*

1975
Jacques Gouin, *Lettres de guerre d'un Québécois 1942-1945*

1980
Maurice Juteau, *Ma drôle de guerre*
Gérard Marchand, *Le Régiment Maisonneuve
vers la victoire 1944-45*

légions, des régiments et des cérémonies organisées chaque 11-Novembre.

Les engagés volontaires ont formé un groupe relativement important au Canada français et dans la province de Québec. Mais leur participation à un conflit largement impopulaire et plutôt mal connu a certainement eu pour effet de rendre leur expérience difficilement transmissible. À leur retour du front, ces hommes réintègrent une société demeurée traditionnelle qui semble vouloir gommer les années de guerre. Parce qu'ils ont servi dans l'armée canadienne, certains d'entre eux éprouvent vraisemblablement le sentiment d'être jugés comme des « traîtres » à la solde de l'Angleterre. Revenus à la vie civile, d'autres combattants, certainement nombreux, ne ressentent pas nécessairement le besoin de revenir sur leur passé, sur ce qu'ils estiment une expérience radicalement incommunicable et intransmissible[5]. Le choix légitime de taire une expérience souvent intense et bouleversante par refoulement ou déni a certainement contribué à la mise à distance entre combattants et population civile. Comme on le verra, ce souvenir perdra peu à peu de sa vivacité avec le temps tout en demeurant présent chez nombre de vétérans. La distance temporelle aidant, plusieurs choisiront finalement de témoigner au crépuscule de leur vie.

Ainsi, dans ce contexte assez défavorable, 11 combattants, tous des engagés volontaires, prennent la plume sur une période de trente-cinq ans pour exprimer ce qu'eux et leurs frères d'armes ont vécu. Ces œuvres se veulent un « vecteur de contestation[6] », une mémoire atypique dont le discours évolue en marge des mentalités de l'époque.

Contexte de publication (1981-2007)

Comme ailleurs en Occident, les années les plus éloignées du conflit s'avèrent paradoxalement les plus riches quantitativement en témoignages. À partir des années 1980, l'heure est à la conservation du patrimoine et à « la revitalisation des mémoires ». Les survivants de la Shoah prennent progressivement la parole dans l'espace public après un long silence. Ils sont la voix, le visage et la mémoire de l'expérience concentrationnaire. Des musées et des organismes recueillent et conservent leurs témoignages. Auschwitz, lieu de pèlerinage et de tourisme de la mémoire, devient le symbole de l'ignoble et de la souffrance. L'Holocauste occupe l'imaginaire américain et laisse sa marque dans le cinéma hollywoodien[7]. À « l'ère du témoin[8] » reconnu, recherché, omniprésent dans une économie médiatique qui carbure à l'aura de la compassion, le « devoir de mémoire » occupe une place grandissante dans l'espace public. L'injonction invite à ne pas oublier le passé au nom des générations futures.

La décennie 1990 marque un moment fort en commémorations d'événements charnières de la Seconde Guerre mondiale et en publications de témoignages tardifs. Le cinquantième anniversaire du débarquement de Normandie, en 1994, marque le retour en force du conflit dans l'actualité de plusieurs pays. Le sursaut mémoriel touche le Québec avec l'affaire Bernon-

Ouvrages parus entre 1981 et 2007

1985
Jean Victor Allard, *Mémoires*

1987
Claude Châtillon, *Carnets de guerre.*
Ottawa-Casa Berardi 1941-1944

1988
Léon Balcer, *Léon Balcer raconte*

1992
Roland Bernier, *Carnet de guerre*

1993
Gabriel Taschereau, *Du salpêtre dans le gruau.*
Souvenirs d'escadrille 1939-1945
Georges Verreault, *Journal d'un prisonnier*
de guerre au Japon 1941-1945

1994
J. S. Benoît Cadieux, *Mémoires de campagne*
d'un officier d'artillerie. Ma guerre 1944-1945
Charly Forbes, *Fantassin. Pour mon pays,*
la gloire et... des prunes

1995
Lucien A. Côté, *Je les ai vus mourir*

1997
Ludger Houde, *1939-45 Ma guerre, mon implication*
personnelle et générale. Récit anecdotique

2000
Paul Brisson, *Coq-à-l'âne de mes souvenirs*

2003
Émilien Dufresne, *Calepin d'espoir*

2005
Bernard Castonguay, *Prisonnier de guerre au Japon (1941-1945)*

2006
Gilbert Boulanger, *L'alouette affolée. Un adolescent à la guerre*

2007
André J. Duchesnay, *Les anges de la guerre. Mémoires*
d'un vétéran de la Seconde Guerre mondiale

terminé, Maurice Juteau a poursuivi sa carrière dans l'armée
canadienne. Charly Forbes et lui ont participé à la guerre de
Corée (1950-1953).

L'aumônier Laboissière était le plus âgé au moment du déclenchement de la guerre en septembre 1939. Les deux plus
jeunes étaient Émilien Dufresne et Jean Vaillancourt. Plus de
19 auteurs sur 26 sont nés entre 1916 et 1923 : leur âge oscillait
donc entre 16 et 23 ans en septembre 1939. Six sont originaires
de Montréal, cinq de Québec, quatre de la Gaspésie, sept
d'ailleurs au Québec, un de Winnipeg et un d'Ottawa. Il m'a
été impossible d'identifier le lieu de naissance de J. S. B. Cadieux et de Maurice Juteau.

Pour l'armée de terre (infanterie et artillerie), on dénombre
quatre soldats (Bernier, Castonguay, Dufresne, Richard Vaillancourt) et cinq sous-officiers, soit trois caporaux (Brisson, Côté,
Houde), un sergent (Juteau) et un sergent-major (Dumais). Du
côté des officiers, on recense quatre lieutenants (Cadieux, Châtillon, Forbes, Gouin), trois capitaines (Marchand, Sévigny, Vallée), deux majors (Laboissière, Poulin) et un lieutenant-colonel
promu brigadier général (Allard). Les trois aviateurs étaient des
officiers : deux sous-lieutenants d'aviation (Boulanger, Duchesnay) et un commandant d'aviation (Taschereau). Pour la marine,
on compte un lieutenant (Balcer). Je n'ai pu identifier le grade
de Maurice Gagnon et de Georges Verreault (qui était probablement caporal, selon l'historien Serge Bernier qui a signé la préface du *Journal*).

Les officiers s'avèrent plus nombreux que les soldats ou les
sous-officiers. De fait, pour combler leur tâche de meneurs
d'hommes et de décideurs, les officiers devaient avoir bénéficié
d'une plus longue scolarité, notamment de niveau universitaire
ou à tout le moins du cours classique. On peut alors supposer
que pour eux, le recours à l'écriture et le réflexe de prendre des
notes étaient plus naturels, ce qui n'empêche pas bien sûr que
certains militaires, notamment Jean-Jules Richard et Jean Vaillancourt, aient couché sur papier leur aventure militaire avec un
talent reconnu par la critique littéraire.

Cinq auteurs relatent leur expérience de prisonniers de
guerre : les journaux de Bernard Castonguay et de Georges
Verreault décrivent les conditions de détention au Japon. Lucien
Dumais consacre un chapitre à sa courte détention à la suite du

raid de Dieppe (il parviendra à s'évader). Émilien Dufresne, pour sa part, a connu les geôles allemandes et a travaillé dans une usine. Pierre Vallée, en tant qu'officier, a vécu sa détention dans un oflag (*Offizier Lager*). On remarque la disproportion d'écrits de prisonniers de guerre, 5 sur 26, ce qui excède de beaucoup le pourcentage de militaires ayant connu la détention. Deux aumôniers ont publié leurs aventures outre-mer : A.-C. Laboissière a suivi le Royal 22ᵉ Régiment (R22ᵉR) en Italie et Gérard Marchand, le régiment de Maisonneuve en Europe de l'Ouest.

Les écrits de combattants offrent une diversité de points de vue, présentant l'infanterie, l'artillerie, l'aviation et la marine. La majorité des auteurs ont combattu dans l'infanterie et, dans une moins large proportion, l'artillerie. Les œuvres d'auteurs issus de l'armée de terre comptent pour près des trois quarts de l'ensemble des ouvrages. Cela s'accorde avec le fait que les Canadiens français s'enrôlaient majoritairement dans l'armée de terre, et spécialement dans les régiments d'infanterie. On dispose aussi de rares témoignages d'aviateurs et de marins. Un auteur a servi dans une unité sanitaire et un autre en tant que signaleur et monteur de lignes.

Plus de 15 auteurs sur 26 ont servi dans des unités d'infanterie ou d'artillerie de langue française (régiment de la Chaudière, régiment de Maisonneuve, R22ᵉR, Fusiliers Mont-Royal (FMR) ou 4ᵉ régiment d'artillerie moyenne). Ces quatre unités étaient réparties dans quatre brigades différentes, de sorte que les communications entre leur poste de commandement et leur quartier général de brigade respectif s'effectuaient uniquement en anglais, le français étant réservé à la sphère sociale[22].

Il en allait de même dans les unités bilingues. Bernard Castonguay s'est enrôlé dans les Royal Rifles of Canada, un régiment bilingue de la région de Québec qui comptait entre 30 % et 40 % de Canadiens français. Jean-Jules Richard a servi dans le Black Watch of Canada (Royal Highland Regiment), un régiment d'infanterie mobilisé en septembre 1939 qui a servi à Terre-Neuve, en Angleterre et dans le nord-ouest de l'Europe, notamment à Falaise et dans le Beveland[23]. Il comptait environ 20 % de francophones. Georges Verreault, signaleur du Royal Canadian Corps of Signals (RCCS), était rattaché au quartier général de la brigade envoyée à Hong Kong avec les Royal Rifles et les Winnipeg Grenadiers. Deux des trois aviateurs ont servi dans le 425e escadron, une unité bilingue. Enfin, un aviateur a servi dans un escadron anglophone et les marins ont tous deux combattu uniquement en anglais, la Marine royale canadienne (MRC) ne comportant pas d'équipage francophone.

Les quatre bataillons d'infanterie canadiens-français sont surreprésentés dans le corpus par rapport aux unités anglophones qui ont accueilli des Canadiens français dans leurs rangs. De fait, en mars 1942, sur les 55 000 volontaires provenant du Québec (chiffre estimé) qui servent dans l'armée de terre, « plus de la moitié doivent le faire dans des unités anglophones par suite du système utilisé pour le service outre-mer. En effet, seulement 5 des 16 bataillons de langue française du Québec ont été désignés pour le service outre-mer contre 6 des 7 unités anglophones. En conséquence, un grand nombre de Canadiens français se sont enrôlés, faute de place, dans les unités de langue anglaise. » Hormis les auteurs mentionnés, les fantassins provenant d'une unité bilingue ou anglophone ont laissé peu de témoignages, ce qui nous prive de connaître leur perception.

Les textes couvrent l'ensemble des théâtres d'opérations où la majorité des Canadiens français ont combattu, soit Hong Kong, Dieppe, l'Italie et surtout l'Europe de l'Ouest. C'est en sol italien, en France, en Belgique, en Hollande et en Allemagne que l'essentiel de l'effort de l'armée canadienne a été porté contre l'ennemi allemand. Pour la majorité des auteurs, il s'agissait du premier contact direct avec l'armée, l'Europe et ses populations. Près de 100 000 hommes rattachés à la 1re armée canadienne se sont préparés à l'invasion de la France en juin 1944, mais moins du tiers d'entre eux ont été impliqués dans des combats rapprochés[24]. Il s'agissait tous de volontaires assez jeunes : plus des deux tiers étaient âgés de 18 à 25 ans, soit la tranche d'âge correspondant à celle de nos auteurs au moment de leur service. La différence entre soldats et officiers ne résidait pas tant au niveau de l'âge que de l'éducation. Tous les officiers, sauf de rares exceptions, possédaient au moins un diplôme d'études secondaires ; plusieurs étaient des universitaires. Par contre, plus du tiers des soldats n'avaient pas com-

plété leur primaire et un autre tiers avaient terminé leur sep-
tième année. Seulement un huitième d'entre eux avaient terminé leurs études secondaires.

Des raisons pour s'enrôler

Les raisons justifiant l'enrôlement des auteurs rappellent celles
évoquées par d'autres engagés volontaires canadiens-français[25].
Animé par une quête d'idéal et de dépassement de soi, J.-L.-G.
Poulin précise que la guerre annonçait pour lui une épreuve
à travers laquelle l'homme qu'il était allait se révéler à lui-
même, une grande aventure qui le mènerait vers des horizons
nouveaux :

> Ce n'était pas le patriotisme qui me poussait, ce n'était pas non plus que
> je fusse bien convaincu dans le temps qu'il fallait aller vaincre l'hitlé-
> risme loin de nos portes ; j'étais plutôt poussé par un goût inné d'aven-
> ture, un désir avide de vivre enfin cette vie guerrière dont j'avais tant lu
> de descriptions, une curiosité intense de voir le combat, ses atrocités. Je
> voulais me connaître, je voulais voir si j'aurais peur de la mitraille, de la
> mort. Je ne me connaissais pas sous ce jour et je voulais savoir[26].

Le goût de l'aventure, le jeune Émilien Dufresne l'éprouve
aussi fortement au moment de s'enrôler à 18 ans. Pour lui, la
guerre apparaît comme une réalité lointaine, floue : « Mon analyse politique des grands enjeux de ce conflit devait être assez
sommaire. Peut-être que la fougue naturelle et la curiosité, le
goût de bouger, de voyager résonnaient plus fort dans ma tête.
Tuer ou être tué, je crois que cela ne m'a pas véritablement ef-
fleuré l'esprit à ce moment-là[27]. » Lucien Dumais, militaire de
carrière, explique que la vie de troupe l'a toujours attiré par
son côté aventureux et actif. L'aumônier Gérard Marchand
ajoute au goût de l'aventure celui « du risque, ainsi qu'une volonté ferme d'aider les miens où qu'ils soient[28] ».

Le père Laboissière, pour sa part, se souvient de l'influence
des récits édifiants de la Grande Guerre. Il écrit dans son journal, le 3 septembre 1939 : « Si le Canada envoie une armée
outre-mer, je m'offrirai comme aumônier militaire. C'est le
rêve de ma jeunesse, depuis qu'en 1914, j'ai lu la vie héroïque
du Père Michel, franciscain, aumônier au Maroc et mort mar-
tyr de sa foi[29]. » Il écrit plus loin qu'il lui est essentiel de prendre

part au conflit afin de se porter à la défense de la justice, de Dieu et de la Patrie[30]. Servir son pays et vivre l'aventure, telles sont les raisons motivant André J. Duchesnay à se porter volontaire[31].

Les romanciers Richard et Vaillancourt présentent le conflit comme une expérience personnelle exempte ou presque de toute motivation patriotique :

> La plupart des auteurs vétérans présentent l'enrôlement pour le service outre-mer comme un geste positif de contestation, non comme un acte de lâcheté. Leurs romans mettent en scène des êtres de chair et de sang, débouchent sur une critique parfois acerbe, mais toujours lucide, de la guerre et de l'armée, les grands idéaux de départ se délitant inexorablement dans l'ironie et la dérision[32].

Pierre Sévigny recherche aussi l'aventure, mais il est surtout animé de la « nécessité de se liguer contre la tyrannie afin de sauver le monde et les générations futures. Nous étions fiers d'être les soldats du grand combat. Nous marchions vers un idéal, celui de la liberté[33] ». Il ajoute plus loin : « À cette période d'exaltation succéda un immense calme causé par la certitude que lutter contre une doctrine engendrant des actes aussi monstrueux était véritablement participer à une nouvelle croisade[34]. » Jacques Gouin emploie aussi le mot « croisade » dans l'introduction de son recueil de lettres : « Je dois ajouter, en toute sincérité, que le sentiment de participer à une espèce de croisade contre l'hitlérisme ne fut pas étranger à ma décision [de m'enrôler]. […] Pour ma part, je le répète, le sentiment de combattre une espèce de nouveau fléau de Dieu, c'est-à-dire l'hitlérisme, joua un rôle de premier plan dans ma décision "de participer à la guerre"[35]. » On retrouve une motivation semblable chez Claude Châtillon :

> Indéniablement, il se passe là-bas des choses qui touchent le plus profond de moi-même, mes principes, mes convictions. Cette réalité, je ne peux, je ne veux plus l'éviter. Il se fait là-bas une grande chasse à l'homme mais surtout une guerre d'idées ; un foulage des croyances, de la liberté, du droit, sans discrimination d'origine, d'âge ou de couleur. […] Sur l'autre continent, les Nazis, en rouleau compresseur, écrasent toute résistance à leur idéologie dominatrice, primitive, inhumaine ; ils se moquent des traités, des frontières ; où vont-ils s'arrêter ? L'Europe aujourd'hui ; le Canada, demain… […] Dans cette perspective, la petite

vie d'ici ne m'est plus possible; elle me devient d'une écœurante bana-
lité. Je m'enrôle[36]!

Les lieutenants Cadieux, Châtillon, Gouin, le capitaine Sévigny, le major Poulin et le lieutenant-colonel Allard insistent
sur la nécessité de combattre le nazisme, c'est-à-dire le Mal
absolu, le «mal d'Europe», le «mauvais règne» mené par
Adolf Hitler, présenté comme un mégalomane aliéné[37]. Ils expliquent que l'expérience de la guerre, bien que constituant
une redoutable épreuve à surmonter, a répondu à une exi-
gence morale, à une nécessaire condition au rétablissement de
la justice internationale. En attribuant une signification profonde à leur engagement, ils mettent en relation l'expérience
de la guerre avec une mobilisation rhétorique et idéologique
qui n'est pas sans rappeler certains traits du récit de bataille
traditionnel[38]. De leur point de vue, la guerre est un sacrifice
nécessaire devant conduire au triomphe de la liberté et de la
démocratie face au fascisme hitlérien.

Le mythe de la «croisade», mot qui figure aussi dans le titre des mémoires du général américain Dwight Eisenhower[39],
sert à rationaliser, à justifier et à donner un sens supérieur à
l'engagement des combattants et au sacrifice des camarades. Il
évoque, en plus de l'horreur de la guerre et son absurdité tragique, sa grandeur et son sens supérieur. Le besoin de justifier
leur engagement dans une guerre impopulaire au Canada
français a peut-être incité ces auteurs à transformer l'expérience
douloureuse en quelque chose d'acceptable et de réconfortant
qui répond au «besoin d'investir l'expérience de la guerre
d'un sens supérieur, de trouver une justification aux sacrifices
et aux pertes, surtout chez les anciens combattants déchirés
entre leurs souvenirs d'horreur et de gloire[40]». Cela a pour effet de transformer la réalité quotidienne du champ de bataille
en un tout doté d'un sens presque sacré. Sans évoquer la croisade, Gilbert Boulanger mentionne que les images des camps
de la mort diffusées par les *Pathé News* durant l'hiver 1945 ont
certainement aidé à donner sens à son engagement: «Si j'ai
douté un seul instant de la nécessité de la guerre, ce doute s'est
dissipé aux premières images de ces atrocités commises contre
l'humanité par une nation chrétienne comme l'Allemagne. Je
suis incapable d'absorber ce que je vois et j'entends[41].»

Les auteurs qui confèrent un sens supérieur à leur enga-gement ont une propension à attribuer à l'ensemble des com-battants canadiens-français les qualités d'une rare noblesse que sont le courage et l'héroïsme. Ces hommes ont participé à ce que les auteurs estiment des moments charnières de l'his-toire que l'oubli ne doit surtout pas effacer. C'est pourquoi ils s'en font les historiens : « Le récit qui va suivre est essentiel-lement vrai, les personnages qui y sont mentionnés ont réelle-ment existé et ceux qui vivent encore aujourd'hui peuvent en confirmer la véracité », écrit J.-L.-G. Poulin[42]. Pierre Vallée note dans la préface de *Prisonnier de guerre à l'oflag 79* : « Pour nous, il est beaucoup plus douloureux qu'on semble le croire, de raconter toutes ces choses, car en nous rappelant la capti-vité, l'angoisse à nouveau nous étreint. Mais nous croyons qu'il est bon que l'expérience que nous avons eue ne s'éva-nouisse pas, que nous n'oubliions pas la leçon reçue […][43]. » Il évoque en ces termes les instants précédant le débarquement en Normandie :

> Il y a donc chez nous un malaise très difficile à exprimer… malaise mêlé encore une fois de peur, mais aussi de joie et de hâte… joie de mettre le pied sur la terre ferme, sur ce sol français qui s'avance rapidement vers nous… joie de combattre avec ces forces dites libératrices… heureux de prendre part à ce drame de la libération de la mère patrie, et à cette in-vasion qui, nous le savons, demeurera dans l'histoire du monde, un fait d'armes mémorable… hâte que tout soit fini… hâte de voir cette guerre enfin terminée pour retourner vers ceux que nous aimons et vivre dans la paix[44].

J.-L.-G. Poulin insiste sur la nécessité de souligner le cou-rage et le sacrifice des fantassins volontaires lors de la cam-pagne d'Italie qui, pour un peu plus d'un dollar par jour, « allaient jeter leur vie entière dans la balance, presque sans hésitation, sans murmure[45] ». De son point de vue, tout fantas-sin qui a vu le feu et fait son devoir jusqu'au bout est un héros qui mérite décoration. Il cite un exemple parmi d'autres de ce courage :

> Picard partit immédiatement et quelques minutes plus tard il s'élançait à l'attaque à la tête de ses hommes. Un repli de terrain assez considéra-ble les cachait à notre vue. Cet acte héroïque, posé par un tout jeune homme d'à peine 21 ans, devait être son premier et dernier. Plus tard,

nous devions le retrouver, lui et ses hommes, tous les sept, face contre terre, percés de balles. Picard avait eu une balle dans la tête. La bravoure n'est pas une chose dont on peut facilement parler ou écrire, c'est quelque chose qui s'accomplit! Ces jeunes gens étaient tombés en braves! Combien s'en souviendront de ces vaillants gars tombés pour la liberté et l'humanité, tombés pour garder loin du Canada et des leurs, le danger et la menace d'une tyrannie qu'il fallait vaincre à l'étranger. Ils ont donné leur vie, eux et des milliers d'autres, tandis que plusieurs de leurs compatriotes refusaient de venir faire le coup de feu avec eux, de leur prêter main-forte[46].

Dans sa description du débarquement en Normandie, Pierre Vallée écrit : « [...] la résistance avait été dure et opiniâtre, mais nos hommes bien entraînés et possédant le sang-froid qu'on reconnaît à tous les soldats canadiens avaient rempli leur devoir avec fermeté, bravoure et honneur[47]. » Pierre Sévigny se souvient que les militaires auprès desquels il a combattu en Normandie ont manifesté un courage exemplaire : « Jamais nos soldats ne se laissèrent abattre ; ils surent toujours trouver un mot spirituel, même dans les situations les plus tragiques[48]. » Lors de l'opération Totalize en août 1944, il soutient que le « soldat canadien a fait face à l'épouvante, à la faim, à une lassitude mortelle. Contre la vermine, il a tenu ; contre le sommeil, contre la douleur, contre la peur, il a tenu. Le plus humble de nos soldats fut, dans cet enfer, un héros[49] ». Le caporal Houde, évoquant la libération de la ville de Dieppe le 1er septembre 1944 par les FMR, écrit :

Les Allemands ont tout simplement plié bagage et levé les feutres ! Pourquoi ont-ils agi ainsi ? Ils avaient sans doute su que notre Brigade s'avançait, avec une détermination sans équivoque, vers Dieppe. Ils se souvenaient, aussi, de l'opiniâtreté et du courage démesuré des hommes qu'ils avaient dû combattre jusqu'à la plus complète extermination, avant que les derniers survivants se décident à récupérer quelques blessés et tenter de retourner en Angleterre. Est-ce par respect envers ces merveilleux ennemis ? Ou bien, qu'ils ne voulaient tout simplement pas nous affronter de nouveau, surtout à Dieppe ? [...] On se souvient de tous ces braves, ces héros qui ont généreusement offert leur vie avec courage et honneur, pensant que leurs efforts pourraient servir à rendre leur liberté à tous les peuples conquis et opprimés par l'ennemi connu[50].

À lire ces passages, on en vient à croire que la peur était étrangère aux Canadiens français. Les mots choisis illustrent

une caractéristique des récits de guerre traditionnels soulignée par John Keegan[51]. Les hommes semblent présenter une
unité de comportements guerriers : ils paraissent galvanisés
par la fougue et la fureur de vaincre l'ennemi ; on les croirait
manifester une incroyable ardeur au combat, un courage à
toute épreuve. L'impression nous gagne parfois qu'unanimement ils souhaitent en découdre avec l'ennemi pour en finir
avec lui[52]. Cette généralisation un peu naïve des comportements de courage met en valeur des combattants qui semblent posséder une égale force morale et une noble bravoure.
Ces caractères, réactions et motivations évidemment simpli-
fiés font parfois sourire et se délitent dans ce que fut la réalité
des combats décrite dans les prochains chapitres.

Cela dit, les souvenirs, journaux personnels, lettres du
front et romans, tout comme la littérature produite par les soldats de la Grande Guerre, réfutent le culte du soldat mort au
champ d'honneur, sauf peut-être dans les souvenirs de Lucien
Dumais : « Nous étions prêts, écrit-il, à faire le sacrifice de notre vie à la cause commune et à nous battre jusqu'au bout[53]. »

Les personnages du roman *Les Canadiens errants*, pour leur
part, sont loin de partager le sentiment de participer à une
croisade. Pour Lanoue, « héros » du roman, qui finit dans les
bras d'une prostituée, la guerre s'est avérée un sacrifice inutile,
une expérience vaine appelée à sombrer dans l'oubli. On retrouve
un sentiment semblable chez Charly Forbes, cinquante ans
après les événements, alors qu'il relate son passage en Hollande
peu de temps avant sa blessure subie à Groesbeek. Pour lui, la
guerre a été une expérience éprouvante et absurde :

> La guerre est une folie inexplicable, le fruit de la démence : les villes en
> ruine ; les frères belges et hollandais, divisés entre royalistes et national-
> socialistes, se couillonnaient, se vendaient, se tuaient. J'étais écœuré.
> « Truth, Duty, Valour », des mots pour quoi et pour qui ? Y a-t-il de la
> « Valour » à tuer ? Est-ce un devoir de tuer ? Est-ce un acte de bravoure
> que de détruire et de tuer ? Y a-t-il une définition de la victoire ? J'ai
> perdu le goût de me battre. Je n'ai plus l'étincelle des premiers jours.
> Plus rien ne va[54].

Plutôt que de recourir à de nobles raisons, d'autres auteurs
expliquent leur engagement par des raisons terre à terre. Pour
Roland Bernier, enrôlé en vertu de la LMRN, il s'agit de re-

pousser le plus loin possible ce qu'il estime être l'inévitable départ outre-mer : « [...] si nous acceptons de signer volontairement, nous aurons peut-être la chance de demeurer à Montmagny un peu plus longtemps[55]. » Ludger Houde insiste sur la situation économique difficile en Gaspésie qui ne semblait pas vouloir montrer le moindre signe d'amélioration depuis la crise de 1929, contraignant les jeunes hommes, en désespoir de cause, à envisager l'enrôlement comme solution à leur misère et au manque d'emploi. Même son de cloche chez Émilien Dufresne qui, en s'enrôlant, cherche à tromper la monotonie de sa vie gaspésienne peu occupée[56]. Gilbert Boulanger n'a pas 20 ans le jour de son enrôlement dans l'ARC. Il étudie alors à l'École technique de Québec, ce dont il ne raffole pas particulièrement. Pour lui, l'engagement volontaire satisfait son rêve de jeunesse de vivre la vie d'aventures d'un aviateur et répond à une nécessité pratique : son père ne dispose pas des moyens financiers pour l'envoyer dans un collège privé afin d'y poursuivre des études correspondant davantage aux intérêts du fils[57]. L'expérience du feu transforme son initial goût de l'aventure en une progressive prise de conscience de la juste place de son engagement personnel face à l'immensité du conflit : « Personne ne m'a forcé à aller à la guerre. Si au départ, je n'y voyais qu'aventures, je sais maintenant que ma participation ne représente qu'une infime partie des grands enjeux historiques qui m'ont amené en Afrique du Nord[58]. »

Les auteurs affirment s'être enrôlés pour des raisons prosaïques ou idéologiques. Hormis Roland Bernier et un personnage du roman *Les chasseurs d'ombres*, aucun ne mentionne avoir été influencé par la propagande, les promesses de promotion et de primes, voire l'intimidation ou le chantage, dans son choix de se porter volontaire[59]. Ces éléments ont pourtant fait partie de la réalité de l'époque[60]. Certains ont-ils choisi de ne pas en parler afin de justifier leur engagement par de plus nobles raisons ?

Témoigner pour qui ? Les dédicaces

La dédicace informe souvent sur les raisons qui ont incité l'auteur à prendre la plume. La dédicace est une pratique ancienne remontant au moins à la Rome antique. Elle consiste « à faire l'hommage d'une œuvre à une personne, à un groupe réel ou idéal, ou à quelque entité d'un autre ordre[61] ». Le nom du ou des dédicataires (celui, celle ou ceux à qui l'auteur offre son œuvre) se trouve généralement en tête d'ouvrage, sur la première belle page après la page de titre. La dédicace est un énoncé autonome prenant la forme d'une simple mention du dédicataire et de ce qui le caractérise ou une forme plus développée l'apparentant à un court texte. Dans sa forme moderne, la dédicace se veut un geste d'estime, non plus une marque d'obédience comme cela était le cas à l'âge classique. Elle s'adresse au moins à deux destinataires : la personne à qui l'auteur dédie son œuvre et le lecteur pris à témoin. « La dédicace d'œuvre relève toujours de la démonstration, de l'ostentation, de l'exhibition : elle affiche une relation, intellectuelle ou privée, réelle ou symbolique, et cette affiche est toujours au service de l'œuvre, comme argument de valorisation […][62]. » Je me suis demandé à qui les auteurs avaient dédicacé leurs ouvrages afin de connaître celles et ceux qui avaient été pour eux source d'inspiration.

Une première catégorie de dédicataires appartiennent à la famille ou aux amis de l'auteur. La volonté des auteurs est souvent d'enrichir le patrimoine familial. Ludger Houde honore « nos ancêtres de France. Ils ont fait de nous ce que nous sommes aujourd'hui. À la mémoire de nos racines françaises et de tous ceux et celles qui, partant de ces racines restées en France, ont pris souche dans notre cher Québec et qui sont devenus nos ancêtres[63] ». Jacques Gouin, Claude Châtillon, Gilbert Boulanger, André J. Duchesnay, Gabriel Taschereau et Pierre Vallée dédient leur prose aux membres de leur famille proche, soit leur mère, épouse, enfants, petits-enfants, et à leurs amis intimes. Émilien Dufresne espère que ses souvenirs enrichiront le patrimoine familial. L'écriture a été pour lui un exercice apparemment éprouvant par moments. Au cours de la description qu'il fait de son débarquement en Normandie, il note, non sans émotion : « Ma mémoire est en feu et les souvenirs douloureux refont surface. […] Je revois encore tout le scénario se dérouler lentement comme si le temps ne m'offrait plus de repère[64]. » Pour sa part, Pierre Vallée souhaite que ses enfants « saisissent bien que le sacrifice ne conduit pas nécessairement à la gloire, mais qu'il procure toujours la satisfaction du devoir accompli[65] ». Charly Forbes offre son travail à un large éventail d'individus allant de ses ancêtres familiaux à leurs descendants. L'auteur offre la partie sur les armées « aux jeunes officiers et aux soldats qui font la guerre sans l'avoir déclarée ».

La seconde catégorie de dédicataires concerne les frères d'armes. Les combattants d'un groupe primaire appartiennent au même petit noyau qui affronte le feu, les blessures et la mort. Du sang versé, se développe entre eux une véritable consanguinité combattante extrêmement concrète, créatrice de liens fraternels entre les survivants et les disparus. Les dédicaces offertes à titre posthume expriment une filiation dans l'expérience du feu. Elles ont pour fonction principale d'honorer et de conserver la mémoire des disparus. Maurice Gagnon dédie son roman *Les chasseurs d'ombre* à « tous les équipages disparus en service commandé », tandis que Lucien Dumais dédie son livre à ses courageux camarades de combat. L'édition originale et la réédition de 1968 de *Neuf jours de haine* de Jean-Jules Richard s'ouvrent sur un « Hommage aux victimes et en souvenir de Herbert Fischer (tué en Normandie), Dan Osatchuk, camarade de combat et Jean-Paul Turcotte (tué en Hollande) ». Ludger Houde a aussi une pensée pour les morts de 14-18 : « À la mémoire de tous mes proches qui ont donné leur vie sur les champs de bataille d'Europe durant les guerres de 1914/1918 et de 1939/1945, prêtant secours à nos cousins de France afin de rétablir la paix et la liberté dans notre chère Mère-Patrie[66]. » Jean Vaillancourt dédie *Les Canadiens errants* « À ceux qui ne sont pas revenus, et aux autres ». Claude Châtillon offre ses *Carnets* « à ceux qui sont allongés comme moi, mais qui ne bougent plus. Sans doute sont-ils plus heureux là où ils sont que nous autour de la Casa Berardi[67] ». Lucien A. Côté dédie son livre à son frère, son inséparable compagnon d'armes, mais aussi :

> à mes amis du R22eR qui ont fait le sacrifice suprême pour la patrie. Une pensée toute spéciale va à nos deux héros de la compagnie D, le major J. C. Ovila Garceau et son vieil ami, le sergent Louis M. Carreau. J'exprime toute ma gratitude au brigadier Bernatchez et surtout au général J. V. Allard, qui a su si bien diriger notre régiment durant les pires batailles de cette campagne. Enfin, je salue tous nos compagnons revenus de cet enfer, maintenant parvenus à un certain âge, mais perclus de

rhumatismes [...] et d'autres maladies inhérentes au service prolongé en zone de combat.

Une troisième catégorie regroupe les dédicaces adressées au grand public afin que les sacrifices du passé ne sombrent pas dans l'oubli. J.-L.-G. Poulin rappelle les misères endurées au front afin, écrit-il, d'assurer la victoire de la paix et de la liberté. De son point de vue, le fantassin, unité de base de l'infanterie, n'est pas suffisamment reconnu:

> J'espère qu'on se souviendra, avant de s'attabler devant un plantureux repas, que bien des nôtres ont été jusqu'à deux ou trois jours sans manger du tout, jusqu'à quatre à cinq jours parfois, avec pour toute nourriture, quelques boîtes de bœuf graisseux, froid, et des biscuits aussi durs que des cailloux. J'espère que l'on songera parfois avant de s'étendre sur un lit soyeux pour une nuit de repos, que le soldat au front est parfois presque cinq nuits sans dormir, pataugeant dans l'eau et la boue, pouilleux, moralement épuisé, fourbu, mais devant sans cesse être en alerte pour protéger sa vie et celle de ses compagnons, devant sans cesse pousser de l'avant pour hâter la victoire qui assure au monde la paix et la liberté. La vie du fantassin au front n'est pas rose. [...] Je trouve qu'on ne reconnaît pas l'infanterie à sa juste valeur et je voudrais qu'on réalise que, sans elle, la victoire n'existe pas. On aura beau bombarder par mer et par l'air, il faudra toujours recourir à l'infanterie pour l'assaut[68].

Lucien A. Côté se donne pour mission à la fois de commémorer les soldats qui ont survécu ou qui sont morts à la guerre, mais aussi d'instruire les jeunes qui n'ont pas connu les horreurs de la guerre[69]. Émilien Dufresne dédie son *Calepin d'espoir* « à la jeune génération pour lui donner le goût, la motivation d'apprendre l'histoire de leur pays [...]. D'apprendre aussi l'histoire de leurs grands-parents, afin de conserver ces souvenirs, parfois dramatiques, comme des messages d'espoir pour leur avenir[70] ». Chez ces deux auteurs, le devoir de mémoire s'accompagne d'un devoir d'histoire.

CHAPITRE II

Fantassins et artilleurs

Les ouvrages de fantassins et d'artilleurs s'avèrent très nombreux. Ce chapitre les présente tous, tandis que l'Annexe II regroupe les biographies de leurs auteurs. Six d'entre eux décrivent leur parcours en Italie : ils ont servi dans le R22eR qui compose, avec le West Nova Scotia Regiment et le Carleton and York Regiment, la troisième brigade de la 1re division d'infanterie canadienne placée sous le commandement de la 8e armée britannique. Les ouvrages traitant en tout ou en partie de la campagne de libération de la France, de la Belgique, de la Hollande et de l'Allemagne sont les plus nombreux. Entamée lors du débarquement en Normandie, le 6 juin 1944, la campagne s'achève avec la reddition de l'Allemagne nazie, le 8 mai 1945. Selon l'historien C. P. Stacey, il s'agit d'une des « opérations les plus décisives de l'histoire militaire des temps modernes. L'invasion du nord-ouest de l'Europe marque le début de la phase finale de la guerre contre les Allemands et aboutit, moins d'un an plus tard, à l'effondrement de l'Allemagne. Les Canadiens ont joué un rôle de premier plan dans cette opération compliquée et de grande envergure[1] ».

Les témoignages de fantassins

Le fantassin, mot apparu au xvie siècle[2], constitue l'unité de base de l'infanterie. Celle-ci concerne l'ensemble des militaires qui combattent à pied, parfois jusqu'au corps à corps, pour conquérir, occuper et défendre le terrain. Issu de la langue italienne (*infante*), le terme d'infanterie signifie jeunesse ou soldat à pied, par opposition aux chevaliers des temps anciens qui étaient plus âgés[3].

Un fantassin ordinaire, sans grade, porte le nom de soldat (*private*). Le groupe primaire de combat est la section, composée de 11 soldats, commandée par un caporal. Trois sections composent un peloton commandé par un lieutenant, assisté par un sergent. Trois pelotons forment une compagnie, normalement dirigée par un major, assisté d'un capitaine. Commandé par un lieutenant-colonel, un régiment canadien compte quatre compagnies (A, B, C, D) et une autre de soutien, pour un total de 38 officiers et 812 hommes lorsque les effectifs sont complets. La compagnie de soutien comprend six mortiers de trois pouces, 13 véhicules de type Bren Carrier, six canons antichars de six livres ou Projector Infantry Anti-Tank (PIAT)[4].

Au cours de la Seconde Guerre mondiale, l'infanterie demeure l'arme la plus importante numériquement. En outre, elle combine intimement ses actions sur le terrain avec les blindés, l'artillerie, le génie et l'aviation. Elle participe à des opérations amphibies tels le raid de Dieppe et le débarquement en Normandie. Elle manœuvre sur des terrains difficilement accessibles aux blindés, comme c'est le cas en Italie.

La campagne d'Italie (juillet 1943 – printemps 1945)

Les souvenirs du major J.-L.-.G. POULIN parus en 1946 s'intitulent *696 heures d'enfer avec le Royal 22ᵉ Régiment*. Précédés d'une introduction du major général T.-L. Tremblay, colonel honoraire du régiment l'année de la publication du livre, et d'un avant-propos présentant l'origine du texte, les deux premiers chapitres traitent de la prise des points 105 et 131 de la ligne Gothique par la compagnie commandée par le major[5]. Les deux chapitres suivants racontent l'avancée vers la ville de Rimini, puis les combats menés près de la rivière Marano et l'attaque de la crête de Coriano, du 14 au 18 septembre. Le chapitre final évoque l'attaque du mont San Fortunato, le 19. Le style du major Poulin est simple, dépouillé et direct. Il semble par moments un peu naïf : sous sa plume, les protagonistes semblent tous manifester un courage admirable et héroïque lors des charges menées contre les positions adverses. Cela dit, ces souvenirs constituent un précieux document présentant les conditions de combat et la mentalité des fantassins du R22ᵉR à ce moment de la campagne.

Publié deux ans après les souvenirs du major Poulin, le *Journal d'un aumônier militaire canadien* du père ALPHONSE-CLAUDE LABOISSIÈRE comprend huit parties couvrant la période du 1ᵉʳ septembre 1939 au 11 août 1945. Les notes qui le composent, écrites à la hâte sur le champ de bataille, n'étaient pas initialement destinées à la publication. Le prêtre les a retouchées après son retour au Canada. Dans ces notes prises avec une régularité surprenante, l'aumônier a consigné ce qu'il a fait, senti et souffert avec les soldats au Canada et en Écosse, puis en Algérie et en Italie. Le journal traite du désir de combattre le nazisme et des splendeurs européennes. Il y est aussi amplement question de messes, de confessions, de communions, ce qui fait de ce journal un livre d'amour et de souffrance, parfois édifiant, mais surtout un document authentique et instructif quant aux fonctions de l'aumônier militaire sur le champ de bataille.

La décennie 1980 s'avère fertile en témoignages de Canadiens français en Italie. Les souvenirs du sergent MAURICE JUTEAU, parus à compte d'auteur en 1980 sous le titre *Ma drôle de guerre*, se composent de 23 courts chapitres faisant fi de la chronologie. Il s'agit d'instantanés présentant des moments marquants pour le sergent durant ses premiers mois de service, sa traversée en Europe, sa participation à la campagne d'Italie (six chapitres) et d'Europe de l'Ouest (trois chapitres), puis à la guerre de Corée. Le sergent condamne l'opération Bluebird menée, non pas comme il l'écrit le 17 avril 1944 en plein jour, mais bien le 17 février, en pleine nuit. Il mentionne la présence d'un « grand général anglais », mais l'histoire officielle et régimentaire n'en fait pas état[6]. Outre ses nombreuses altercations avec ses supérieurs, le sergent raconte entre autres une visite dans une chaumière allemande et sa rencontre avec la belle Heida avec laquelle il a entretenu une relation en Hollande en 1945. Ce livre caustique veut montrer l'envers de la guerre, l'incompétence supposée de certains officiers de l'armée canadienne en Italie, en Corée et au Canada. L'auteur n'hésite pas à interpeller le lecteur en le tutoyant et se dépeint lui-même comme un insoumis. Il refuse tout compromis face à la machine militaire vis-à-vis de laquelle il éprouve du cynisme qui se transforme parfois en mépris. Un livre de rage et de rancœur qui ne fait pas dans l'ironie subtile. Mais un livre fort personnel qui a le mérite d'exprimer clairement la position de son auteur face à la guerre et à l'institution militaire canadienne.

Cinq ans après le vitriolique opus du sergent Juteau paraissent les *Mémoires* beaucoup plus posés et nuancés du général JEAN V. ALLARD. Rédigés en collaboration avec l'historien Serge Bernier, ils consacrent deux chapitres aux mouvements du régiment et aux décisions prises au niveau de la brigade lors de la campagne d'Italie, au cours de laquelle le général, alors lieutenant-colonel, a commandé le R22eR pendant environ un an (janvier 1944 – janvier 1945). Bien qu'il y soit peu question de la vie quotidienne du fantassin, le général fait souvent état de ses sentiments à l'égard des hommes du R22eR et de l'esprit de famille qui semble y régner durant la campagne. Après l'Italie, il participe à la campagne de libération de l'Europe de l'Ouest, en tant que commandant de la 6e brigade. Les *Mémoires* accordent une vingtaine de pages aux opérations ayant mené à la prise de Beilen, les 11 et 12 avril 1945, en Hollande, à la reddition de la garnison allemande de Groningen, le 15 avril 1945, et aux combats dans le secteur d'Oldenbourg avant le cessez-le-feu ordonné le 5 mai dans cette région.

Les *Carnets de guerre. Ottawa-Casa Berardi* du lieutenant CLAUDE CHÂTILLON arrivent en librairie en 1987. Les 13 chapitres du livre s'inspirent d'un journal tenu du 21 décembre 1941 au 24 mai 1944[7]. Ils s'ouvrent le jour du vingt-quatrième anniversaire de l'auteur qui précède de quelques jours sa décision de s'enrôler, le 13 janvier 1942. Les souvenirs évoquent avec précision et style l'affectation au camp de Saint-Jérôme, la traversée vers l'Angleterre et le séjour sur le sol anglais. Les chapitres VII à XI reviennent sur le parcours du lieutenant à titre de commandant de peloton en Italie jusqu'en février 1944. Des cartes, un organigramme de la 8e armée britannique et quelques photographies de militaires du R22eR complètent l'ouvrage qui a remporté en 1988 le Prix littéraire *Le Droit*. Ce prix vise à encourager la création littéraire d'expression française dans l'Ouest québécois et l'Est ontarien.

Le dernier ouvrage paru traitant de la campagne d'Italie est l'œuvre du caporal Lucien A. Côté. Ayant pour titre *Je les ai vus mourir*, ces souvenirs paraissent en 1995, en pleine période de commémorations du cinquantième anniversaire du débarquement. Ils se veulent le « témoignage d'un jeune soldat qui a vécu jour après jour les servitudes, les atrocités et les grandeurs de la vie militaire[8] ». Fort étayé, le livre s'inspire des centaines de lettres envoyées à sa famille pendant le conflit. En neuf chapitres au style humoristique et cynique à l'égard de l'institution militaire canadienne en Italie, le caporal décrit avec précision son parcours militaire depuis le Canadian Army Basic Training Camp (CABTC) 55 de Rimouski jusqu'aux batailles menées avec le R22eR à titre de fantassin, puis d'infirmier. L'ouvrage traite longuement des combats, des états d'âme de celui qui les vit et des conditions de vie au front. Plusieurs photographies complètent le livre. Un second tome de souvenirs était prévu, mais il ne semble pas avoir vu le jour.

La campagne de libération de l'Europe de l'Ouest

Écrit en deux mois, le roman de guerre *Neuf jours de haine* de Jean-Jules Richard a initialement paru aux Éditions de l'Arbre en 1948, puis il a été réédité en 1968 et en 1999 en format poche. Ce premier roman canadien-français à transposer en fiction l'expérience vécue d'une guerre à peine terminée présente le journal de bord de la compagnie C, une unité d'infanterie canadienne fictive. Composée de jeunes soldats venus de partout au Canada, la compagnie incarne le rêve d'un pays réconcilié, uni et fort. Tenu pendant neuf jours entre le 6 juin 1944 et le 6 juin 1945, le journal décrit le point de vue de Frisé, Noiraud, Martedale, Prairie Miller, Donshire, Kouska et Lerner. Ceux-ci participent au débarquement en Normandie, capturent des prisonniers, libèrent des villages normands, prennent part, comme l'auteur, à l'assaut de l'île de Walcheren et occupent l'Allemagne défaite. Le roman dépeint, dans un style incisif et elliptique, un univers apocalyptique d'attaques souvent mal préparées et mal dirigées où fourmillent des hommes noirs de boue et de suie qui meurent inutilement, la plupart du temps. Il met crûment en scène la violence et la haine des belligérants, ainsi que l'absurdité de la guerre, ce « mal d'Europe ». *Neuf jours de haine* est aussi le récit du compagnonnage entre francophones et anglophones, catholiques et agnostiques, et celui de l'opposition entre l'amour et la haine, entre dominant et dominé. Un critique a vu dans cette œuvre de fiction certainement inspirée de l'expérience de fantassin de Jean-Jules Richard « le témoignage le plus proche qui soit de la réalité » des combats[9]. Un autre affirme : « [...] l'historien futur qui voudra connaître l'état d'âme de ceux des nôtres qui ont servi de 1944 à 1945 devra y référer comme à un document psychologique de première valeur[10]. »

Le roman *Les Canadiens errants* est le second roman de guerre à paraître au Québec. Publié en 1954 sous la plume du soldat JEAN VAILLANCOURT, il met en scène le régiment du Saint-Laurent, un bataillon d'infanterie fictif composé essentiellement de Canadiens français ayant probablement pour modèle le Maisonneuve. Il présente la guerre du point de vue du soldat. La première partie décrit le baptême du feu du régiment lors de l'attaque d'un faubourg en Normandie durant l'été 1944. La seconde partie se déroule en pleine opération Véritable, qui a réellement eu lieu, entre autres dans la forêt de la Reichswald en février 1945. Le Maisonneuve, régiment dans lequel Jean Vaillancourt a combattu, a participé à ces opérations. La dernière partie évoque les événements survenus dans un hôpital militaire britannique, puis le difficile retour à Montréal du caporal Richard Lanoue, le personnage principal. Dans les deux premières parties, Lanoue se bat avec courage et intelligence, bien qu'il soit opposé à la conscription et à tout carriérisme militaire. Après trois opérations à la jambe, des mois de récupération et six années passées outre-mer, Lanoue rentre au pays. Il souhaite étudier la poésie à l'Université de Montréal ; il échoue et trouve consolation dans les bras d'une prostituée au milieu d'une population indifférente au « revenant » qu'il est devenu. De fait, il ne parvient pas à s'enraciner chez lui, dans son propre pays, après avoir parcouru l'Europe. Pour lui, l'expérience de la guerre aura été inutile et destructrice. Le manuscrit des *Canadiens errants* a remporté le prestigieux prix du Cercle du livre de France, le « Goncourt canadien », créé en 1949 par l'éditeur Pierre Tisseyre, qui s'accompagnait d'une promesse de publication et d'une bourse de 1000 dollars. L'œuvre primée était assurée d'une grande visibilité dans la presse écrite et à la radio.

Le Régiment Maisonneuve vers la victoire de l'aumônier Gé-RARD MARCHAND lancé quelques semaines après le décès de l'auteur en 1980 repose sur des recherches historiques et sur quelque 1000 lettres que le religieux a écrites à sa famille entre août 1943 et juillet 1945. Bien que trente-cinq ans séparent les faits et leur mise en écriture, les sources utilisées confèrent fiabilité et précision à ces souvenirs, les apparentant presque au journal. L'aumônier détaille son périple avec le Maisonneuve en Europe de l'Ouest et met en lumière, comme l'a fait le père Laboissière, le rôle de l'aumônier militaire. Des photographies, des cartes et la liste nominative des militaires du Maisonneuve morts durant la campagne complètent les 10 chapitres. Un seul bémol à signaler dans ce riche ouvrage : les trop nombreuses coquilles typographiques (Pas-de-Callais, *Fürher* au lieu de Führer ; forêt de *Lalonde* plutôt que la Londe ; île *Walkeren* ou *Waleheren* plutôt que Walcheren, forêt de la Hockwald, plutôt que Hochwald, etc.).

Carnet de guerre de l'infirmier ROLAND BERNIER a été rédigé en 1992 à partir de notes prises durant la guerre. L'ouvrage couvre en un seul chapitre la période comprise entre août 1943 et le 6 février 1946. Il relate le parcours de l'infirmier depuis le CABTC 54 de Montmagny jusqu'en Europe de l'Ouest. Ce court ouvrage de souvenirs, disponible sous forme de photocopies, contient quelques détails, trop rares peut-être, sur l'histoire de l'hôpital et la fonction d'infirmier. Il comporte cependant des passages intéressants sur la traversée vers l'Angleterre et les endroits visités par l'infirmier lors de ses permissions.

Deux ans après l'infirmier Bernier, au milieu de la fièvre commémorative qui marque l'année 1994, le lieutenant CHARLY FORBES partage ses souvenirs de guerre dans *Fantassin. Pour mon pays, la gloire et… des prunes*. La première des 12 parties du volume revient sur les ancêtres d'origine écossaise du lieutenant, la seconde, sur son enfance. Les parties III à V présentent la vie au Collège militaire de Kingston et aux camps de Brockville, de Petawawa et de Valcartier, la traversée en Angleterre, puis la campagne de libération de l'Europe de l'Ouest au cours de laquelle le lieutenant commande un peloton de la compagnie D du Maisonneuve. Celui-ci combat dans le nord de la France, en Belgique et en Hollande, notamment lors de l'assaut de l'île de Walcheren, avec le Black Watch. Les parties VI à IX abordent sa participation à la guerre de Corée : avec celui de Maurice Juteau, il s'agit d'un des rares témoignages publiés de Canadiens français ayant participé à ce conflit. Le livre décrit avec précision et émotion les combats, en insistant sur les conditions de vie au front et sur les sentiments du fantassin, notamment autour de la difficile question de la réadaptation à la vie civile.

Toujours dans la foulée des commémorations, le caporal Ludger Houde est convié au printemps 1995 à partager ses souvenirs de guerre lors d'une fête organisée dans son village natal de Petite-Vallée, en Gaspésie. De ces notes couchées sur papier au gré de la mémoire naît deux ans plus tard un recueil d'anecdotes plus ou moins détaillées, précises et liées chronologiquement intitulé *1939-45 Ma guerre, mon implication personnelle et générale. Récit anecdotique.* Mis bout à bout, ces fragments très partiels abordent, en six parties, des moments du parcours du caporal en Angleterre et en Europe de l'Ouest. Le caporal est conscient qu'il propose un témoignage tardif qui l'a confronté aux limites de sa mémoire[11].

Encore plus vagues sont les souvenirs du caporal Paul Brisson présentés en format traitement de texte dans une reliure. *Coq-à-l'âne de mes souvenirs* est un document artisanal qui porte bien son titre. Destiné à un membre de sa famille, il présente de façon très décousue, en un seul chapitre, le service au pays de 1942 à 1944, puis en Angleterre, en Hollande et dans le nord de l'Allemagne en 1945, où le caporal a travaillé dans les cantonnements avec les militaires en attente de démobilisation. Ce témoignage, écrit dans un français rudimentaire plus de six décennies après les événements, présente une chronologie parfois difficile à suivre qui ne concorde pas toujours avec les dates fournies dans les documents officiels reproduits en fin de volume. Cela dit, Paul Brisson décrit sommairement la vie d'un mobilisé en vertu de la LMRN dans les camps canadiens et en Allemagne, une fois la guerre terminée et que les troupes canadiennes occupent le nord du pays.

Les témoignages d'artilleurs

L'artillerie se compose des régiments ayant pour arme le canon. D'origine française lointaine, le terme «artiller» signifie armer ou équiper[12]. Un régiment d'artillerie se compose de batteries. Un régiment d'artillerie de campagne compte trois batteries, chacune comportant deux groupes de 4 canons de 25 livres, pour un total de 24. Un régiment d'artillerie moyenne dispose de 16 canons de 5,5 pouces organisés en deux batteries ayant chacune deux groupes de 4 canons[13].

Le lieutenant Gouin et le capitaine Sévigny relèvent du 4e régiment d'artillerie moyenne, le seul régiment de langue française de la Royal Canadian Artillery (RCA) durant le conflit. Leurs fonctions se veulent très différentes. Le capitaine Sévigny, en tant qu'officier d'observation avancée (*forward observation officer*), partage le sort et les risques des fantassins qu'il accompagne en première ligne. À partir de ses observations, il communique aux batteries situées légèrement à l'arrière des lignes les positions adverses à pilonner, tout en essuyant le feu de l'infanterie et de l'artillerie ennemies. Le lieutenant Gouin, quant à lui, est responsable du tir d'un canon. Pour sa part, le lieutenant Cadieux appartient au 4e régiment d'artillerie de campagne de la RCA. Il occupe la fonction d'assistant de l'officier responsable d'une des trois batteries du régiment. La position occupée par les lieutenants Gouin et Cadieux présente relativement moins de risque d'être atteint par le feu ennemi, sauf si la position qu'ils tiennent est soumise au pilonnage de l'artillerie ou des mortiers de l'adversaire. C'est ce qui survient au lieutenant Cadieux, le 24 août: «Un obus, puis un autre, encore un autre. [...] Tout à coup un bruit de vitres brisées; ça vole partout sur mon lit, un éclat d'obus me sile aux oreilles et s'enfonce dans la muraille à environ huit pouces au-dessus de ma tête: Ouf! Si j'avais été assis au lieu de couché, je n'écrirais pas ces lignes[14].» Ainsi, toutes proportions gardées, le métier d'artilleur en Europe de l'Ouest, comme ailleurs, comporte un degré d'exposition au danger moindre que celui du fantassin.

Les souvenirs du capitaine PIERRE SÉVIGNY paraissent d'abord en feuilleton dans *La Presse*, puis en livre en 1946 sous le titre *Face à l'ennemi*. En neuf chapitres, ils relatent l'arrivée du régiment à Courseulles-sur-Mer, le 9 juillet 1944, les combats près de Caen et les affrontements du 18 au 22 août sur les positions polonaises de la côte 262 (Maczuga) en Normandie[15]. Après son passage en Belgique et en Hollande, le capitaine décrit la blessure subie dans la forêt de la Hochwald qui a forcé l'amputation de sa jambe gauche. Il dépeint les paysages désolés de la Normandie, la débâcle de l'armée allemande en Belgique, la vie militaire quotidienne en Hollande et les combats en Allemagne. Il s'attarde aussi sur la peur ressentie, la bravoure des soldats canadiens, le sort des civils rencontrés et les réceptions organisées en l'honneur des libérateurs en Europe de l'Ouest. L'ouvrage est couronné par le prix Ferrières de l'Académie française en 1950 avec la mention suivante :

> Le prix Ferrières rend hommage à M. Pierre Sévigny qui, venu en 1940 du Canada, sa terre natale – où sa famille a un important rôle officiel – pour défendre, sur le sol de France, la liberté du monde, y a combattu vaillamment et en est reparti avec une double mutilation. Dans un livre fort émouvant, intitulé *Face à l'ennemi*, il nous dit les impressions ressenties parmi les paysages français, auprès de nos soldats en action dans la bataille. Il nous raconte sobrement ce qu'il a fait et, avec une plus généreuse abondance, ce qu'il a vu faire.

Quelques photographies complètent le livre.

Le premier et unique recueil de lettres du front publiées sous forme de volume par un Canadien français paraît en 1975. L'initiative n'a rencontré aucun écho par la suite. *Lettres de guerre d'un Québécois* du lieutenant JACQUES GOUIN contient 222 lettres choisies adressées à sa famille et à sa conjointe par le lieutenant, entre juillet 1942 et octobre 1945. Elles comptent pour environ la moitié de celles récupérées après la guerre, le reste demeure déposé dans un fonds à son nom à l'Université d'Ottawa. À travers cette correspondance régulière, on suit son parcours, depuis sa période d'instruction jusqu'à la libération de l'Europe et les premières semaines d'occupation de l'Allemagne défaite. Les missives abordent le quotidien du lieutenant, ses pérégrinations, ses inquiétudes et l'ennui qui le rongent, lui qui a laissé derrière lui une nouvelle épouse qui lui apprend peu de temps après son départ qu'elle se trouve enceinte de leur premier enfant. Le lieutenant s'en confesse dans la présentation du recueil, la correspondance avec son épouse restée au pays est aseptisée, dénuée des images et des odeurs de la vraie guerre et se veut toujours imprégnée d'un optimisme de commande. Par contre, celle adressée à son frère se montre un peu plus franche, bien que soumise à la censure militaire partielle ou complète, selon qu'elle parvenait par bateau ou par avion.

Dernier témoignage écrit par un artilleur recensé à BAnQ : *Mémoires de campagne d'un officier d'artillerie* du lieutenant J. S. Benoît Cadieux, parus l'année du cinquantième anniversaire du débarquement. Lire ces volumineux souvenirs est une expérience immersive complète dans le quotidien d'un officier artilleur en Europe de l'Ouest. Tout ce qui compose son existence se trouve détaillé méticuleusement : la routine, les ordres et contre-ordres, les déplacements, les moments de relâchement passés à ne rien faire, à faire de l'artisanat ou à creuser un abri, la censure du courrier des hommes du régiment, la méconnaissance de ce qui se déroule sur le front, les rumeurs, les situations momentanément embrouillées, les permissions, les horaires chamboulés, les questions sans réponses, les retards, le sommeil morcelé, les repas, les civils rencontrés, les films présentés pour désennuyer les troupes, la météo, les pilonnages harassants sur l'ennemi aussi. Bref, la guerre d'un artilleur, en vrac.

Le document, présenté sous forme de manuscrit relié, compte deux parties écrites dans un français impeccable : la première évoque le parcours du lieutenant entre le 22 avril 1944 et le 31 juillet 1945. La seconde, intitulée «Coups de plume», présente 18 courts textes anecdotiques à travers lesquels l'artilleur se remémore ses aventures sur le front. Le document contient aussi une liste exhaustive des lieux par lesquels l'auteur est passé, des schémas et un glossaire, essentiel à la compréhension du texte qui regorge d'abréviations. L'ouvrage repose sur des notes prises quotidiennement, réunies par la suite en un récit qui prend la forme d'un journal méticuleusement daté. Le souci avec lequel le lieutenant rend scrupuleusement compte des jours qui passent, parfois sans heurts, et des combats, décrits sans prétention, sur un ton totalement dénué d'ironie, d'héroïsme ou d'humour, rend ces souvenirs immédiatement crédibles. Loin d'offrir un condensé de la guerre, ces souvenirs multiplient les détails accumulés au jour le jour, les faits bruts, les petites choses qui font l'ordinaire de la vie d'un artilleur durant la campagne de libération de l'Europe de l'Ouest.

*

* *

Les souvenirs, les carnets, les lettres du front et les romans de guerre de fantassins et d'artilleurs abordent, à des degrés de précision et d'évocation variables, le champ de bataille. Ils traitent notamment de l'équipement du fantassin, des types d'armes qui engendrent la violence, de la mort, de la vie quotidienne au front, de l'ennemi italien et allemand, et des moyens de tenir face à l'incertitude du lendemain, aux privations et à la peur suscitée par la menace constante de subir une blessure mutilante ou de rencontrer ultimement la mort. C'est à ces lectures multiples que je convie maintenant le lecteur.

ans la charge de la mitrailleuse légère jusqu'à ce que mort s'en-
suive, disaient les copains pour l'encourager[15]. » La Bren est
« la meilleure amie du fantassin. Cette phrase mille fois enten-
due lors de l'entraînement revient à l'esprit de Lanoue quand
il se trouve sous le feu ennemi[16]. »

Un intense rapport d'intimité un peu trouble se noue entre
le fantassin et son arme. Elle devient sienne ; il apprend à l'utiliser et à l'entretenir. Le soldat Goyette « soigne son arme comme
s'il s'agissait d'un Stradivarius et il ne laisse personne s'en approcher », écrit le sergent-major Dumais[17]. Pour le caporal
Côté, l'arme à feu se fond avec le fantassin. Ce dernier en devient dépendant tout en la maîtrisant :

> On voyait des mouvements furtifs, un regard inquiet sur leur carabine,
> leur mitrailleuse, une tape sur leur arme pour être bien sûr qu'elle était
> près d'eux. On sentait que l'instinct de tuer les habitait, on sentait l'in-
> quiétude que les hommes éprouvaient vis-à-vis de leur arme : va-t-elle
> me protéger ? Va-t-elle me laisser tomber au moment où j'aurai le plus
> besoin d'elle ? Saura-t-elle m'être fidèle ? Dans ces moments critiques,
> l'arme, la carabine du soldat devient comme sa femme[18].

Une femme qu'il possède en homme viril et dominant par
la puissance qu'elle lui confère[19]. Pendant le débarquement en
Normandie, le soldat Dufresne n'a qu'une idée à l'esprit : « Je
suis dans l'eau jusqu'aux épaules avec mon fusil levé bien au
bout de mes bras. Je sais que le fusil doit être protégé à tout
prix, ma vie en dépend[20]. » Pour Noiraud, personnage de *Neuf
jours de haine*, la mitrailleuse incarne un « trophée » nécessaire
au maintien de son aura de héros aux yeux de Kouska, un
autre personnage du roman. Que le soldat se fasse enlever sa
mitrailleuse, qu'il la perde ou se retrouve avec une arme non
fonctionnelle, il a le sentiment de perdre une partie de son
corps, car « se la faire voler, c'est subir une amputation[21] »,
source d'anxiété à l'approche de l'attaque. Bien que cette mys-
tique autour de l'arme s'apparente à un cliché littéraire,
« [l'arme] est ici investie d'affects puissants. Mieux : elle *vit*,
littéralement, puisque par le contact tactile, le bruit de sa chute
surtout, elle appelle en quelque sorte son propriétaire, qui ne
peut envisager l'abandonner sans la trahir. Sa perte, son oubli
même momentané, était et reste d'ailleurs une faute gravissime,
et nettement perçue comme telle par tout un chacun[22] ».

Les balles infligent des blessures sérieuses, mutilantes ou mortelles, en raison de leur force de pénétration. Elles font leur lot de victimes dans les rues de Dieppe :

> Maréchal tombe, une rafale lui a ouvert le ventre et il tient ses entrailles sanglantes à pleines mains. [...] La mitrailleuse a cessé son tir et on entend maintenant Maréchal se plaindre sourdement. Simard ne peut laisser son camarade là. Il bondit dans la rue. Malgré sa petite taille il parvient à charger Maréchal sur ses épaules. [...] Son courage est bien inutile ! Maréchal va mourir là. Les tripes lui sont sorties du ventre et Simard a marché dessus. Le blessé meurt dans d'atroces souffrances[23].

Se préserver des balles demande une attention de tous les instants. La mort par balle peut survenir à cause d'un manque d'expérience, d'une consigne mal comprise ou mal appliquée ou d'un relâchement momentané de l'attention du fantassin. Elle s'avère foudroyante et chirurgicale : « Une balle en plein front. Y'a même pas su ce qui lui arrivait, le pauvre diable », dit Lanoue dans *Les Canadiens errants*[24]. En tout temps, les projectiles d'armes à feu peuvent venir de n'importe quelle direction, ce qui provoque un vif sentiment d'angoisse : « Les balles sifflaient et frappaient les branches avec un claquement sec qui donnait à réfléchir », écrit le major Poulin[25]. Le son qu'elles émettent s'apparente à celui de la grêle, selon le sergent-major Dumais[26], à des abeilles qui veulent piquer, de l'avis du lieutenant Châtillon[27].

Les chars d'assaut

Développé pendant la Grande Guerre, le char d'assaut a pour fonction d'appuyer l'infanterie dans une guerre de mouvement de plus en plus fluide en Europe de l'Ouest. Peu d'auteurs lui accordent de longs développements. On ne dispose malheureusement d'aucun témoignage de membre d'une unité blindée. Les chars de type Churchill, puis Sherman remplissent leur rôle de soutien lorsque, après une longue attente, ils arrivent enfin et parviennent à faire reculer l'ennemi : « Un cri de joie partit de toutes les poitrines à la vue réconfortante de ce renfort inattendu et surtout à la vue de ces bien-aimés monstres d'acier, note le major Poulin. Nous allions enfin pouvoir enfoncer l'ennemi[28]. » En outre, les tanks maintiennent les fantassins ennemis à distance et ceux-ci ne peuvent résister à leurs tirs rapprochés[29]. Enfin, les troupes apprécient la capacité des blindés à neutraliser l'attaque ennemie en tirant à coups de canon et de mitrailleuse, ce qui a pour effet de faire immédiatement cesser le feu hostile[30]. Le lieutenant Cadieux apprécie le feu du Churchill : « Ça vous crève une casemate en cinq secondes ; c'est très efficace et aussi redoutable que redouté par les boches qui apprirent vite à le connaître[31]. » Il voit pour la première fois à Reviers, le 4 juillet 1944, un tank allemand Tigre : « il est vraiment imposant, formidable même, mais on a bien su trouver le défaut de leur cuirasse ; on a leur numéro comme je m'en apercevrai plus tard[32]. » Il n'en demeure pas moins le plus redoutable des blindés allemands, écrit-il plus loin avec raison.

Le sergent Juteau assimile les chars et les véhicules à chenillettes à des « chevaux fougueux[33] ». Le lien de parenté entre le blindé et le cheval paraît évident : « Le rapprochement avec le cheval est [...] explicite avec le choix du terme « *chars de combat* » [...] (de même, le terme allemand *Panzerwagen* signifie char ou charrette). [...] Leur blindage est une peau de métal, à l'abri de laquelle le corps du tankiste peut ne faire qu'un avec celui de sa machine[34]. »

Les grenades

La grenade, devenue un des instruments majeurs du combat d'infanterie depuis 1918, est une arme offensive et défensive adaptée au contexte de combat en Italie et en Europe de l'Ouest. Une mauvaise utilisation peut entraîner des blessures graves[35]. La grenade permet l'infiltration et le nettoyage d'une position adverse. En Normandie, par exemple : « Nous arrêtons examiner une grotte où deux francs-tireurs s'étaient cachés pour abattre quelques-uns des nôtres, il y a à peine quelques jours ; on découvre des habits déchiquetés, tachés de sang [...] vraiment on ne les a pas manqués en les délogeant de là, à la grenade[36]. » Ou une maison : « Quand on sent la soupe un peu trop chaude, on lance une couple de grenades par les fenêtres, plutôt que de défoncer tout bonnement la porte. Cette méthode, plutôt brutale, a le privilège d'être beaucoup moins dangereuse pour nous et plus expéditive que de frapper directement à la porte», écrit le caporal Houde[37]. Cette technique, dite du *house cleaning* est utilisée dans un contexte de guerre urbaine ou nettoyage de petites maisons juchées dans les montagnes italiennes.

Le lance-flammes

Un passage des *Canadiens errants* met en scène cette arme d'une extrême violence :

> La première maison sur la droite prit feu au moment où le plus avancé des tanks arrivait à sa hauteur. Il allait la dépasser pour s'occuper de la suivante, lorsqu'un Allemand, les bras au ciel, en surgit comme un diable. Il avait le feu à ses vêtements et à ses cheveux. Il hurlait en courant droit sur le tank, aveuglé par l'épouvante. Un long jet de flamme jaillit tout à coup du char, dans un grondement bref et terrible. L'Allemand, atteint, croula au sol comme un paquet de chiffons enflammés. – Sacrament !… murmura le premier gars de la file à droite[38].

Le lieutenant Forbes souligne les saisissants effets visuels de l'arme lors d'une embuscade dans le bois de Groot-Meer :

> [L']énorme châssis de char Churchill traîne un réservoir de 400 gallons de napalm. Les paras allemands n'ont que leurs fusils et des grenades pour se défendre. La scène est épouvantable. La forêt s'embrase devant nous. De longs jets d'essence en feu sont projetés. […] À travers les arbres qui brûlent et les cadavres calcinés, nous chargeons à la baïonnette. Les paras se rendent. Appuyé à un arbre, je vomis mes sardines et ma gorge se remplit d'un liquide verdâtre et amer. Mes jambes se mettent à trembler. Je m'écroule[39].

L'invention de cette arme terrible – barbare diront certains – date de la Grande Guerre. La vulnérabilité de son opérateur à pied, couplée à la courte portée de l'arme, a imposé l'idée d'en faire un armement secondaire, notamment sur les chars d'assaut Churchill et Sherman. Le lance-flammes exerce un effet résolument dissuasif sur l'ennemi : «Quand j'ai vu votre lance-flammes, j'ai pris la décision humanitaire de capituler avec mes hommes. On ne se bat pas contre le feu !», dit le commandant allemand au capitaine Dumont dans *Les Canadiens errants*[40]. L'appareil crée un effet de panique instantané chez ceux qui doivent en affronter le feu. Le sergent Juteau écrit :

Les lance-flammes s'approchèrent des positions ennemies et les aspergè-
rent généreusement de feu liquide. Plusieurs Allemands, pris de panique,
tentèrent de fuir ce mur de flammes pour devenir en un clin d'œil des
torches vivantes. L'un d'entre eux se jeta en hurlant comme un cochon
qu'on égorge dans un étang à la droite des bâtiments et continua à griller
et à bouillir dans son linceul enflammé[41].

Pas plus que chez l'adversaire, le lance-flammes ne paraît
apprécié des artilleurs canadiens à cause de sa dangerosité,
précise le lieutenant Cadieux:

Dans le courant de la soirée [du 11 octobre 1944], trois Carrier lance-
flammes viennent se garer dans notre cour. Ils sont tous munis d'un
gros réservoir contenant cent gallons de gazoline gélatineuse excessive-
ment inflammable. On a tôt fait de les faire déguerpir et ils vont station-
ner à quelques centaines de verges plus loin, dans un champ vacant en
bordure d'une haie. Ce n'est pas qu'on veut être mal à main, mais on ne
peut tolérer un tel risque si près de notre poste de commande. Les hommes qui les conduisent, conscients du danger qu'ils représentent, s'en
éloignent pour dormir[42].

Les mines terrestres

Elles occupent une place relativement importante dans les
écrits de combattants issus de l'infanterie. Les mines terrestres
et les pièges explosifs s'avèrent capables de tuer ou de mutiler
hors de toute présence. Elles figurent parmi les agents vulné-
rants importants du conflit, même si «la généralisation de son
emploi chez tous les antagonistes a sans doute causé au total
moins de pertes humaines que l'artillerie ou les bombardements aériens[43]». Les mines sont une arme de défense contre
les chars et les fantassins dans le contexte d'une guerre de positions, comme cela est le cas en Italie. Elles se caractérisent par
leur faible coût de production, leur souplesse d'utilisation et
leur efficacité à courte distance.

Les mines antipersonnel et antichar de la Seconde Guerre
mondiale peuvent être déclenchées par l'ennemi lui-même,
lors de l'avancée en territoire miné, précise le lieutenant Cadieux:

Pour atteindre le champ qui m'est assigné, j'emprunte une petite route
vierge, à date, de tout trafic militaire. Gare aux mines, on se tient en

plein centre de la route puis on file à la grâce de Dieu. C'est ainsi que dans l'artillerie de campagne, trop souvent hélas, on se rend compte s'il y a des mines ou pas ; c'est certainement plus rapide que le détecteur de mines polonais, mais combien plus dangereux[44] !

La menace sournoise et le danger permanent que représentent les mines exercent un effet psychologique important sur le fantassin et l'artilleur. Et pour cause, le caractère indétectable des mines allemandes à partir de 1942 en fait d'invisibles menaces provoquant des blessures mutilantes, voire la mort :

> Dans l'herbe haute, le haut d'un corps, un bras étendu, une main, un doigt portant un anneau. Sur l'épaule, l'insigne du régiment. Je regarde la plaque matricule. Nous croisons deux branches sur ce qui reste du corps. C'est bien clair : le pied sur une mine inaperçue dans l'obscurité, l'explosion, les billes d'acier qui jaillissent… La guerre de Pellerin a duré trente-six heures[45].

Circuler dans un champ miné où les engins posés par les Allemands sont parfois espacés d'un mètre seulement l'un de l'autre, exige précaution et agilité, même après le passage des ingénieurs démineurs : « Je devais faire attention de ne pas mettre le pied en dehors du sentier balayé, écrit le major Poulin, car j'aurais fort pu passer sur une mine et me réveiller aux portes du paradis avec une jambe ou deux de moins[46]. »

La présence de mines influence immanquablement le rythme des tactiques d'infanterie et de blindés :

> L'avance à travers les mines fut longue et pénible. Il fallait suivre une lanière de coton que les ingénieurs avaient déroulée à mesure qu'ils balayaient le sentier [menant au point 131 de la ligne Gothique]. De temps à autre, dans la demi-obscurité, peu s'en fallait que nous marchions sur une mine, qu'ils avaient déterrée et placée à côté du gallon dans leur grande hâte de finir avant le jour[47].

Les mines parsèment également le sol en Europe de l'Ouest, rappelle le personnage Xavier Gagnon dans *Les Canadiens errants* : « Ben sûr que la route est minée, toutes les routes sont minées. […] J'sais pas, dit le chauffeur avec beaucoup de réserve. Le champ est peut-être miné aussi[48]… »

Surnommés *booby trap*, les pièges explosifs représentent une menace assimilable à celle des mines. Ceux-ci se déclenchent à tout moment à l'intérieur d'un bâtiment ou d'une installation militaire. Ils explosent à l'ouverture d'une porte, d'une boîte, voire d'une lettre, en coupant une corde à linge ou en défaisant celle qui retenait un objet, se rappelle l'aumônier Marchand au sujet de son passage dans la région de Dolhens en Allemagne en avril 1945[49].

Les accidents

Que ce soit au combat, durant les périodes d'entraînement ou lors des permissions, les imprudences, la manipulation intensive d'armes, l'inattention, la fatigue et le hasard créent des situations aboutissant à des blessures graves, parfois mortelles[50]. Les contacts malheureux avec les civils ou un simple accident peuvent aussi mener à un dénouement tragique. Le lieutenant Châtillon relate la perte de deux hommes du R22eR à Philippeville, en Algérie, en juillet 1943. L'un a été tué après avoir fait des avances à une Arabe en ville et l'autre a été écrasé entre deux camions[51].

La négligence ou une mauvaise habitude, rappelle le caporal Houde, peut aussi faire perdre la vie: «[...] notre ami Hill monte la garde sur le canon, près du mien. Il a les cheveux blonds et le teint très clair. Il a aussi la fâcheuse habitude de porter son casque d'acier campé sur le derrière de sa tête. [...] Un franc-tireur allemand, embusqué derrière une haie de l'autre côté du champ, l'aperçoit et lui tire une balle qui l'atteint en plein milieu du front. Hill tombe mort, foudroyé[52].»

Durant les combats en Italie, une boîte de *corned-beef* blesse sérieusement le caporal Côté à la main gauche, à la suite d'une explosion d'obus[53]. À Walcheren, en novembre 1944, le lieutenant Forbes évoque la malchance ayant causé la mort d'un Anglais se trouvant au mauvais endroit, au mauvais moment: «[...] les obus fumigènes arrivent au-dessus de nous et laissent tomber les *cannisters*. Par malheur, un de ces contenants tombe dans notre trou et frappe la tête d'un soldat anglais, lui ouvrant le crâne. Horrible spectacle[54].»

L'exemple du soldat Baril du régiment de Maisonneuve montre qu'une situation de stress peut aussi engendrer la mort. Entendant un char allemand approcher de sa position, Baril se précipite dans la cave d'une maison. Dans sa course, il tombe sur sa mitrailleuse Sten qui lui transperce l'abdomen[55]. Enfin, il arrive que des militaires se blessent volontairement afin d'éviter la conscription pour le service outre-mer à partir de novembre 1944[56] ou afin de quitter le front[57].

Le pilonnage d'artillerie

La puissance de l'artillerie est multipliée par dix entre le début du XIXe siècle et la Seconde Guerre mondiale. Au cours des deux guerres mondiales, elle cause de 70 % à 80 % des blessures, suivie de loin par les blessures par balle et plus marginalement, les blessures par les mines, les gaz de combat (non utilisés entre 1939 et 1945) et les écrasements par les chars d'assaut[58]. Les pertes infligées par les éclats d'obus dépassent, et de loin, celles provoquées par toute autre forme d'arme. La puissance de l'artillerie provoque une mutation importante de l'intensité du feu, entraînant une nouvelle manière d'atteindre les corps à distance.

Avec l'artillerie utilisée de façon intensive en Italie et en Europe de l'Ouest par les armées des camps allié et allemand, «on ne vit plus la mort de l'adversaire, on la devine en pilonnant méticuleusement et scientifiquement les positions où il se trouve[59]». L'historien C. P. Stacey rappelle comme l'artillerie alliée, l'arme principale d'une tactique d'usure et d'annihilation, en impose aux troupes allemandes[60]. En témoigne cet extrait des souvenirs du lieutenant Cadieux alors qu'il se trouve avec le 4e régiment de campagne de la RCA le 16 octobre 1944: «C'est imposant que la grande voix de l'artillerie qui gronde; plus de 478 canons ouvrent le feu simultanément et ça y est nous sommes de nouveau maîtres du champ de bataille. Cette avalanche d'acier qui leur tombe en plein dessus comme ils s'apprêtaient à enfoncer notre front en masse les engloutit et rares sont ceux qui échappent à cette concentration d'artillerie[61].»

Le pilonnage d'artillerie participe au déroulement global des opérations. Il précède une attaque d'envergure des fantassins dont il protège l'avancée. Sur le terrain, ces considérations stratégiques pèsent peu. Les hommes pris sous le feu, isolés, ne peuvent éviter de penser à la mort, imminente et sans échappatoire : « On ne peut s'imaginer combien c'est difficile pour un soldat seul de réfléchir vite et bien dans un bombardement, surtout quand il sait qu'un ennemi le guette pour le tuer, et que cet ennemi sait où il est et qu'il n'attend qu'une erreur, qu'un geste de sa part qui lui permettra de lui "péter la fraise" », souligne le caporal Côté[62].

L'aumônier Marchand, évoquant l'offensive alliée à Authie, en Normandie, s'attarde sur le bruit assourdissant de l'artillerie :

> C'est un bruit infernal. Des sifflements intenses et continuels, des éclatements dans l'air sous forme de pétards formidables, le feu qui sort de la bouche des canons sur notre gauche, les obus allemands qui tombent près de nous. J'avais plus que mon voyage. Je me suis mis à trembler de tous mes muscles. La peur s'empare de moi à cause du bruit de forte intensité qui tape sur les nerfs et bouleverse le cœur[63].

Lors d'un pilonnage, les bruits perturbent le corps et activent les sens. L'ouïe saisit les sons, le regard constate les ravages de l'armement moderne et expose le combattant à une autre forme de violence, visuelle celle-là[64] : « Frappant les arbres, les obus éclataient au-dessus des tranchées que nous nous étions creusées et les éclats coupants comme des lames de rasoir venaient tailler les chairs au fond des trous. Ce feu meurtrier, précise le major Poulin, eut vite fait de diminuer de moitié ce qui nous restait en effectif[65]. » Le corps peut recevoir de fatals éclats, comme ce soldat « dont la tête dépasse le niveau du sol [...]. [Il est] atteint par un éclat qui lui perfore le dessus du crâne[66]. » Il peut tout simplement être pulvérisé par un « coup direct, fatal, très difficile, sinon impossible à parer[67] ».

Le canon de 88 mm allemand retient particulièrement l'attention des auteurs ayant servi dans l'infanterie. Présent en grand nombre sur le sol italien et en Europe de l'Ouest, il est l'une des pièces d'artillerie les plus utilisées par les Allemands. Au cours de la guerre, il a abattu des milliers de bombardiers et des dizaines de milliers d'hommes. Il s'avère l'arme la plus efficace de la guerre, hormis la bombe atomique[68]. Tirant des obus de 88 mm de diamètre (15 à la minute) pesant 9,5 kg à une vitesse de sortie de 820 mètres, sa portée s'étend à plus de 14 kilomètres. Sa capacité de perçage de blindage (105 mm

pour un tir effectué à 1000 m) reste la même malgré la distance[69].

Le canon de 88 mm figure parmi les pièces d'artillerie les
plus redoutées par les soldats alliés : «Ces canons ont une
épouvantable réputation, note le fantassin Dufresne. Ils sont
[…] capables de faire reculer n'importe quelle armée. Est-ce
possible que nos supérieurs surestiment nos forces? Servirons-
nous de chair à ces canons[70]?» Comme le major Poulin en
Italie[71], le lieutenant Forbes en Europe de l'Ouest rappelle sa
diabolique précision : «La réplique de l'ennemi est froide, cal-
culée et mortelle. Les coups de 88 claquent comme des éclairs.
À chaque coup, un char[72].»

Les Allemands les camouflent souvent à l'intérieur d'édifi-
ces ou derrière des haies, se souvient le capitaine Sévigny :

> Ces canons allemands sont une des meilleures pièces d'artillerie au
> monde. […] Leurs obus sont projetés avec une vélocité extraordinaire;
> leur puissance de pénétration est telle qu'à courte distance, ils entrent
> par un côté des chars d'assaut et sortent par l'autre, produisant deux
> orifices dont les parois semblent limées au ciseau. Leurs obus arrivent
> avec une vitesse qui rend impossible de se mettre à l'abri avant leur
> éclatement[73].

Le lieutenant Forbes insiste sur la terrifiante intensité des
bombardements d'artillerie, tous calibres confondus, lors de
l'assaut de l'île de Walcheren, le 1er novembre 1944 :

> Le sifflement des obus au-dessus de nos têtes est terrifiant. Soixante-
> douze canons de campagne engagent une cible de soixante pieds de
> large. Tout est rouge devant nous. […] Je criais à mes hommes : «Gar-
> dez vos distances.» J'avais beau crier, je ne m'entendais même pas. La
> gueule ouverte pour amoindrir la douleur que les explosions faisaient à
> nos oreilles, nous approchions du barrage. Nous ralentissons. L'in-
> croyable est devant nous. Je reconnais les casques de fer. Ce sont les
> nôtres. Je les vois sortir de la fournaise, en avant de moi, des soldats qui
> courent vers nous, silhouette sur le rideau de flammes et de fumée
> d'obus qui explosent[74].

Comme si le fait de subir le feu de l'artillerie et des mortiers de l'ennemi n'était pas suffisant, les fantassins et les artilleurs essuient accidentellement parfois celui de leur propre
armée :

Dans le courant de la matinée, nous entendons une forte détonation : Ca y est, pense-t-on, les boches nous ont repérés et vont maintenant nous canarder ; mais non c'est nous qui en avons localisé quelques-uns. La 2ᵉ batterie sur notre droite vient de les engager ; malheureusement, un de leurs canons a tiré à bout portant sur un pommier ; ils ont coupé l'arbre sans difficulté ; mais un de leurs hommes moins chanceux a un doigt coupé par un éclat d'obus ; se faire blesser par un éclat d'obus allemand, c'est la guerre, mais se faire blesser par un éclat de ses propres obus, c'est une grande malchance[75].

Les tirs de mortier

Le mortier devient l'artillerie du fantassin. L'armée allemande accorde une place prépondérante aux mortiers, rendus particulièrement redoutables à cause de leur vitesse. Le mortier allemand de type Nebelwerfer est employé en Italie et en Normandie, mais sa mise en service date de 1942 sur le front de l'Est. Le mot allemand signifie «lanceur de brouillard». Il s'agit d'un mortier contenant, selon les modèles, de 5 à 10 canons groupés en hexagone et montés sur un support ou un véhicule semi-chenillé. Les projectiles de 150 mm à 300 mm pèsent de 25 kg à 112 kg et possèdent une portée de 4500 m à 7800 m[76].

En plus des dommages matériels qu'il cause dû à son efficacité et à sa précision, le Nebelwerfer exerce un puissant effet psychologique sur les soldats alliés, effet que les Allemands utilisent à leur avantage. Il est identifiable au son strident des projectiles tirés, un son particulièrement éprouvant pour les nerfs des fantassins, indique l'aumônier Marchand : «Les bombes de mortier allemandes font un bruit dans les airs qui ressemble à un beuglement continuel. Les soldats ont baptisé la bombe "la vache". Quand on dit "c'est la vache", tout le monde comprend. [...] Au début, des soldats ont fait des crises de nerfs, mais ça n'a pas duré : ils se sont vite habitués[77].» On retrouve un passage semblable dans *Les Canadiens errants* :

C'étaient ces fameux mortiers [...] On les appelait «Moaning Minnies», «la vache», «l'orgue de Staline»; les civils français disaient simplement : «la machine infernale». Ce n'étaient, sans doute, que des mortiers. Mais les obus, lancés par paquets de six ou huit – souvent de douze ou seize, quand deux mortiers placés côte à côte tiraient de concert – annonçaient leur venue trente secondes à l'avance pour bien affoler leurs victimes, puis s'écrasaient enfin sur le sol à la manière d'un monstrueux sommier. Ils pouvaient labourer un champ en quelques minutes[78].

Lors d'une attaque aux mortiers se déroulant dans la première partie des *Canadiens errants*, « Thivierge se colla la figure contre le macadam en se bouchant les oreilles, songeant à ceux du verger qui avaient au moins, eux, de la terre à mordre. Il en aurait mangé, en ce moment[79] ». Le corps absorbe le choc dans ses viscères, commente le narrateur de *Neuf jours de haine*:

> C'est strident. Durant la trajectoire et comme la trajectoire s'achève, les veines et les artères semblent en caoutchouc. La cadence et l'insistance du son tirent toujours les veines vers le cœur, crispent tous les muscles dans un réflexe. Puis les explosions détendent. L'élasticité des veines et des artères se contracte, se relâche avec l'éclatement. Et la crispation recommence. Tout cela plusieurs fois par minute[80].

Sons, images et odeurs du champ de bataille

Le champ de bataille bouleverse les individus sur les plans physique et psychologique. Le lieu de l'affrontement est présenté dans le roman *Neuf jours de haine* comme la « cinquième dimension » où tous avancent dans un « envoûtement collectif ». L'affrontement provoque parfois la désorganisation des troupes et laisse peu d'espoir à ces dernières d'en sortir vivantes[81]. Les hommes, tels ceux du R22eR attaquant le point 131 de la ligne Gothique, vivent dans un paysage bouleversé :

> Un peu partout autour de nous des arbres morts, calcinés par le feu étendaient de maigres bras comme pour nous empêcher d'aller vers le même sort. [...] Ici et là, un char blindé se tordait sous la chaleur des flammes qui léchaient encore ses flancs déchirés. Quelques cadavres ennemis abandonnés dans la fuite vers la redoute avaient déjà commencé à enfler ; leur chair bleuie et tordue dans un rictus final exhalait une odeur qui nous donnait des nausées. Des armes abandonnées, des véhicules détruits témoignaient avec éloquence de l'habileté de nos artilleurs. Pas un signe de vie animale dans les environs ; tout avait disparu ou s'était terré pour laisser déferler l'ouragan de feu déchaîné par la main de l'homme[82].

Les bruits entendus sur le champ de bataille moderne envahissent l'esprit, provoquent la confusion, engendrent la

peur. Lors d'opérations d'envergure comme celle du débarquement en Normandie, ils occupent tout l'espace :

> Ça martèle. Ça bûche. Ça cogne. Vrombissements des moteurs des
> milliers de barges d'atterrissage. Un millier. Oui, un millier. Vrombis-
> sements de centaines d'avions. Cent. Deux cents. Cinq cents. Les héli-
> ces bourdonnent en haut et en bas. En bas et en haut. Les ailes sifflent
> comme des sirènes. Les coques fouettent la mer. Les matelots s'agitent.
> Les moteurs beuglent, mugissent. Les soldats se crispent. Les avions de
> bombardement, de combat, de reconnaissance, des meutes d'avions,
> ricanent au-dessus des cuirassés, des croiseurs, des destroyers, des fré-
> gates, des corvettes, des barges. Des hordes de navires. Les bombes des
> avions défoncent les rivages. La garnison ennemie s'affole. Les obus
> des cuirassés creusent des entonnoirs dans les plages. L'atmosphère
> gesticule. Du rivage et de la plage surgissent des cônes de terre, de
> boue, de pierre, de métal. Des cônes dressés sur leur pointe. Et les cô-
> nes s'affaissent aussitôt. Les hommes se regardent décontenancés [...].
> Le bruit assourdit. Le bruit engourdit les temps. Le bruit heurte[83].

Aux bruits incessants se mêle le cri des blessés pendant
l'assaut de l'île de Walcheren à l'automne de 1944 : « des blessés se débattent dans l'eau, leurs cris de désespoir déchirent
le cœur[84] » ou dans un passage des *Canadiens errants* dans lequel Lanoue assiste à l'amputation du pied d'un soldat, puis
à sa lente agonie[85]. Curieusement, le silence, ou l'absence de
bruit, est loin de créer un sentiment de paix. Au contraire, le
silence effraie, car il relève de l'immobilité, de l'attente et
confine à l'inaction. Un moment d'accalmie au combat qui
fait place au silence ouvre l'esprit à l'imagination, à l'anxiété
ou à l'espoir de voir le combat cesser, souligne le lieutenant
Forbes[86].

L'air que respirent les combattants porte les odeurs de la
guerre. La poussière des maisons pulvérisées par les bombes
et les obus, les effluves de fumée, de chair carbonisée et ceux
de la putréfaction des cadavres humains et animaux activée
par les rayons du soleil et la chaleur estivale : « Les villages que
nous avons traversés [en Normandie] sans les voir nous les
avons sentis car les maisons à demi en ruines n'ont pas encore
rendu leurs cadavres et l'on sait ce que ça veut dire après deux
semaines, surtout en été[87]. »

La puanteur du cadavre d'un Allemand brûlé vif marque
particulièrement le major Poulin : « Une odeur âcre qui prenait

à la gorge, se dégageait de cette viande rôtie. Je pensai alors aux rôtis qui avait constitué mon déjeuner quotidien depuis tant d'années, et je me demandai si jamais je pourrais en manger d'autres sans avoir l'impression que je mangeais une tranche de cet Allemand[88]. »

Les odeurs nauséabondes empêchent la respiration et « jettent une poire d'angoisse dans l'estomac », précise le narrateur de *Neuf jours de haine*[89]. Les odeurs imprègnent aussi les souvenirs du lieutenant Forbes lorsqu'il évoque la région de Vaucelles : « Partout, des fusils traînent ; ici et là des harnais déchirés, des carcasses de chars brûlés, des canons tordus, de la charogne empeste les environs, l'air sent la poudre [...][90]. »

Les odeurs retiennent également l'attention du narrateur des *Canadiens errants* en Normandie : « L'odeur était exquise et abominable. Elle régnait comme une sorte d'entité imprégnant un nuage poudreux qu'entretenait sur les chemins le roulage incessant de l'armée. Cette entité pestilente attaquait les narines, envahissait les vêtements, dénaturait le goût des vivres, troublait les hommes jusque dans leur sommeil : on eût dit l'âme même de la Mort[91]. »

Les chocs visuels, nombreux et traumatisants, engendrent la peur et contribuent à la désagrégation du moral. La blessure ou la mort provoquée par des brûlures offre un spectacle particulièrement intenable, notamment lorsqu'il est question d'unités blindées ou du lance-flammes : « Deux obus de 88 frappèrent l'un la coupole, l'autre le devant, tuant et brûlant horriblement leurs occupants. Sur les deux équipes, trois [hommes] seulement sortirent des tanks, la peau brûlée, le système nerveux fort ébranlé[92]. »

Un capitaine d'artillerie, frappé au dos par un éclat d'obus, avait cherché refuge sous un char de reconnaissance. Le pétrole du réservoir prit feu et « enveloppa notre malheureux camarade et le brûla jusqu'aux os. Un témoin oculaire, écrit le lieutenant Cadieux, affirma que Jack était déjà mort avant que le feu ne consume son pauvre corps déjà horriblement mutilé par l'éclat d'obus qui lui arracha la moitié du dos[93] ». La vue de cadavres démembrés et brûlés vifs au milieu d'un paysage ravagé représente un affolant spectacle :

Là, un paysan, assis droit comme un piquet, raide mort, qui tient encore entre ses mains calcinées les guides de sa picasse grouillante de vers qui pourrit au soleil. [...] Ici, le cadavre d'un soldat à demi enseveli : les pieds sortent de terre et on a profané son tombeau. On lui a enlevé ses bottes. Ses papiers se promènent au vent autour d'un portefeuille qui traîne près de la fosse. [...] Partout c'est la désolation, la pourriture, la charogne, des véhicules de toutes sortes défaits, brûlés, ayant au volant des squelettes aux yeux troués dont la bouche calcinée s'est immobilisée dans une crispation, un éclat de douleur ou de rire satanique[94].

Ces livres n'abordent pas uniquement la violence subie par les militaires canadiens-français, mais aussi celle imposée au paysage, à l'ennemi allemand et aux civils. Le lieutenant Châtillon évoque le passage des troupes alliées en Sicile, puis le débarquement en sol italien. Le sacrifice imposé aux civils et aux paysages ne paraît pas vain à ses yeux : « L'Italie connaît de nouveau le droit de passage brutal, les ponts sautés, les bâtiments écrasés. Nous contribuerons à cette destruction. Quoi penser ? Il faut se dire que chaque tour de roue de ce camion, chaque nuage de poussière soulevé derrière nous, apporte à ce pays un regain de vie, l'espoir de jours meilleurs[95]. »

Les bords escarpés de l'Adriatique sont témoins de violentes batailles en janvier 1944. Le père Laboissière note :

Partout, on ne voit que tanks, camions, canons, etc., renversés et hors d'usage. Au carrefour des chemins, de nombreuses croix blanches indiquent les endroits où ont été enterrés soldats allemands et britanniques. Nous traversons plusieurs villes et villages qui ne sont plus qu'un amas de ruines. Des cadavres d'animaux de toutes sortes gisent encore partout dans les prés. Une puanteur s'élève de ces champs. Partout c'est la désolation et la ruine[96].

Il dépeint en ces termes la région de Cassino :

La ville n'est plus qu'un amas de ruines. Pas une seule maison ne reste debout, les côtés de chemin sont pleins de mines allemandes et les maisons remplies de *booby traps*. La mort plane encore sur ces ruines qui ont été témoins de grandes batailles livrées ici la semaine dernière. Que de soldats morts sont encore ensevelis sous ces décombres. Une senteur nauséabonde s'en dégage. Du monastère qui dominait la ville, il ne reste plus rien[97].

Le sacrifice d'une libération douloureuse, les alliés l'imposent en Italie, mais aussi en Europe de l'Ouest, en Normandie particulièrement. Voici un bref portrait de la région normande dépeint par un historien :

> [...] cathédrales mutilées, maisons écrasées, pommiers coupés, champs minés et bouleversés par des trous individuels allemands (15 000 pour la commune de Saint-Pierre-de-Sémilly). Presque aucune commune normande n'a été épargnée. Les villages ont subi le même sort que ceux qui furent rayés de la carte autour de Verdun : 80 maisons détruites sur 81 au Mesnil-Rouxalin, 1200 sinistrés sur les 1852 habitants de Torigny-sur-Vire ; sur 2504 logements du canton de Bourguébus, 67 seulement sont intacts. Saint-Lô détruite à 95 % ne verra la fin de sa reconstruction que dans les derniers jours de 1989[98].

Qu'en disent nos auteurs maintenant ? Dans *Neuf jours de haine*, la Normandie est représentée comme un désert de métal[99] où les véhicules, les canons, les mitrailleuses et les tanks brûlés entravent les routes[100]. Le capitaine Vallée décrit la route dévastée, parsemée de sépultures improvisées, menant vers Paris le convoi de prisonniers de guerre dont il fait partie. Le 16 juin 1944 :

> [...] d'Alençon à Paris, nous comptons 124 camions ennemis brûlés et tordus sur le bord de la route ; ici et là, de petits monticules de terre fraîchement remuée, surmontée d'une croix allemande et d'un casque de fer. À la hâte, on a enseveli les morts... De temps à autre, nous sommes obligés de descendre des camions, la route défoncée forçant les véhicules à passer à travers champs. C'est par crainte d'être nous-mêmes mitraillés que nous voyons ces scènes de destruction[101].

Le capitaine Sévigny souligne les ravages causés par l'artillerie autour de Caen en juillet 1944. Les obus et les bombes alliés détruisent en effet la ville entre le 6 juin et le 7 juillet, tuant de 3000 à 5000 civils[102]. « Les obus pleuvaient toujours sur Caen, note le capitaine. Ils défonçaient les murs des maisons, écrasaient les toits, déchiraient les rues, allumaient de gigantesques incendies, semaient la mort. Nous assistions à l'agonie d'une ville[103]. » Au pilonnage d'artillerie s'ajoute le feu des pièces de marine qui, « de l'horizon de la mer, crachent la mort et la destruction sur la malheureuse cité de Caen ; c'est par exemple la grosse voix du *Rodney* ou du *Nelson* qui répète souvent son message de mort, sous forme d'obus de 1500 livres, aux boches qui s'acharnent à contenir notre poussée dans le secteur[104]». Le lieutenant Cadieux fait aussi allusion aux raids aériens sur la ville. Il écrit le 10 juillet : « Un peu plus tôt dans la soirée, vers 21 h 30, […] nous assistâmes à un raid en force sur Caen ; sur presque 1000 Lancaster qui vinrent, trois seulement furent abattus ; le sol tremblait sous nos pieds bien que nous soyons à plus de six milles de la ville[105]. » La ville est finalement libérée, après bien des souffrances subies par sa population, à partir du 9 juillet. Le 22, le lieutenant Cadieux note : « La ville de Caen que nous venons de traverser présente un aspect pitoyable même la nuit. Tout semble démoli ; les nombreux détours que nous avons dû faire en sont la preuve[106]. »

À l'image de la ville de Caen, le village normand de Venoix n'était plus que décombres après les bombardements, souligne le capitaine Sévigny : « Le bombardement de la nuit avait tout brisé, tout saccagé. Quelques ruines fumaient encore ; une âcre odeur de poudre flottait dans l'atmosphère ; la fumée me brûlait les yeux, me faisait tousser. La mort avait passé dans le village et avec elle, partout triomphait un silence terrifiant. Je me serais senti seul dans un désert[107]. »

Le village de Bretteville-sur-Laize n'a pas non plus été épargné par les bombes alliées, constate le lieutenant Cadieux le 13 août : « […] il ne reste plus pierre sur pierre ; tout est accumulé dans les rues. C'est tout comme si un bras puissant avait fauché toutes les maisons d'un seul coup ; un bulldozer est en train de libérer la route ou plutôt en tracer une nouvelle au milieu des décombres[108]. » Le lieutenant se montre tout aussi abasourdi par l'ampleur des ravages autour d'Orbec, le 23 août :

Vous décrire tout ce que je vis de destruction de matériel allemand le long de cette route qui nous conduisait vers Orbec prendrait de nombreuses pages ; c'est à ne pas y croire ! Si je ne l'avais pas vu de mes yeux vu, je n'y croirais pas moi-même. On ne fait pas deux pas sans se heurter à un camion renversé ou brûlé, un tank de toutes les dénominations Mk I, II, III, IV ou V ou encore Tiger ou Panther éventré, ou découronné de sa tourelle ou bien dégarni de son canon ; tous ces véhicules ou chars de combat se dirigeaient vers l'Allemagne tandis que sur l'autre côté de la route c'est une suite presque ininterrompue de camions de ravitaillement en gazoline tous incendiés, au squelette d'acier tordu, la plupart éparpillés aux quatre vents après avoir sauté et partout dans toutes les directions de nombreuses carcasses boches noircies gisent dans les attitudes les plus grotesques. Pour accélérer le trafic, on doit libérer la route de ces débris. Aussi en maints endroits nous dépassons des groupes d'ingénieurs en train de repousser au moyen de bulldozer ces débris calcinés dans les fossés en bordure[109].

Les églises et les abbayes ne sont que ruines. Ces endroits attirent pourtant les soldats parce que ces bâtiments recèlent parfois des trésors, comme des vivres, du vin, du cidre et du calvados, ainsi que des objets pouvant potentiellement devenir des souvenirs comme des cartes postales, des livres, etc., note le lieutenant Gouin[110].

Les ruines deviennent familières avec la progression des Alliés : « Je ne puis me faire une idée juste de la Hollande. La bataille a été trop dure ici et les villes et les villages sont rasés, mentionne le lieutenant Gouin, le 30 octobre 1944. C'est la même impression que lorsque nous étions en Normandie[111]. » Le scénario de destruction se répète en Allemagne, note-t-il le 18 février 1945, alors que le 4e régiment d'artillerie se trouve dans la région de Clèves :

> Jusqu'ici, je n'ai vu que des ruines indescriptibles : pas une maison qui ne soit démolie par une bombe ou un obus ; les meubles, les vêtements, la vaisselle, les pianos, les livres, tout, enfin tout est dans un chaos qu'il est impossible de décrire. [...] C'est un amas de décombres, de fer tordu, de pianos éventrés, de vêtements éparpillés jusque dans la rue, enfin c'est une scène lamentable à voir. Et à travers ce tableau, tu peux voir les civils, l'air hagard, allant je ne sais où. J'ai déjà vu cette scène plus triste encore, à Caen, en France, en Belgique, et en Hollande. Ici, c'est encore plus lugubre, car il nous est impossible de sympathiser avec les civils. Il faut fermer les yeux sur ces horreurs[112].

Le lieutenant Cadieux déplore un spectacle tout aussi désolant dans la ville de Calcar, le 11 mars 1945, mais il ne semble pas s'en émouvoir : « La ville fut presque entièrement pulvérisée par notre artillerie ; les boches l'ont voulu cette destruction, ils l'ont eue[113]. » L'infirmier Bernier décrit les ravages de l'artillerie alliée à Clèves, en avril 1945 : « Clèves, 20 000 habitants dont il ne reste rien. Les alliés ont tout bombardé et on a dû passer des bulldozers pour faire des chemins[114]. »

*

*   *

Entre 1939 et 1945, l'évolution des armements classiques annoncée par la Grande Guerre s'accélère et se distingue par l'accroissement de la puissance de feu, tandis que les corps à corps se font plus rares que durant le conflit précédent (environ 1 % des pertes sont causées par les armes blanches pendant la guerre 39-45). La violence infligée au corps se fait désormais anonyme : « [...] en raison de la portée croissante des armes, l'on ne sait qui l'on blesse, qui l'on tue, ni qui vous blesse ou vous tue, même si une part résiduelle de la violence, mal connue et quantitativement marginale [reste] de type interpersonnel[115]. »

Le feu de l'artillerie et des mortiers demeure l'épreuve la plus terrifiante pour les fantassins à cause de son bruit assourdissant et des blessures qu'il inflige au corps. La puissance et la distance croissante des tirs d'armes automatiques provoquent chez les combattants le sentiment de compter pour peu de chose. La violence déployée sur le champ de bataille dépasse ainsi chaque individu qui la subit, peut-être davantage qu'il ne l'impose.

Toute cette violence se fait présence indirecte, lointaine lors des commémorations et dans les cimetières militaires. On peut en percevoir des traces sur le sol des sites de bataille, ainsi sur les plages normandes ou le site de la bataille de la Somme (1916), préservés en tant que lieux de mémoire par l'Historial de la Grande Guerre de Péronne. Les écrits de combattants permettent seulement de l'approcher, d'en tracer les contours, de la faire *ressentir* parfois, par le pouvoir évocateur de l'écriture. Mais il ne faut pas se leurrer : la guerre, la vraie, ne se fait pas dans les livres.

CHAPITRE IV

Être blessé ou mourir

Les blessures et la mort sont inhérentes au combat. Les projectiles de toutes sortes blessent et tuent de multiples façons. Certains sont victimes de lésions internes ou d'une blessure difficilement perceptible, d'autres sont décapités, éventrés, ensevelis, voire volatilisés par un coup direct d'obus. Les blessures mutilantes, comme un éclat d'obus arrachant un membre, constituent une menace et une agression particulièrement violente, car elles atteignent l'enveloppe corporelle et amoindrissent l'organisme. Elles démontrent la fragilité de la vie et offrent un avenir inquiétant, empreint potentiellement de souffrance[1]. La majorité des auteurs, comme la majorité des combattants canadiens-français, ont servi dans l'infanterie, ce corps d'armée où les épreuves corporelles demeurent de loin les plus éprouvantes. Les blessures des survivants concernent essentiellement les membres et le thorax, car celles reçues à la tête provoquent presque toujours la mort[2].

Qu'en est-il du sort réservé aux blessés en plein combat? En terrain miné ou sur le champ de bataille, les blessés se retrouvent souvent abandonnés à leur sort, faute de pouvoir être secourus par les brancardiers[3]. Ils périssent, car les secours ne peuvent leur parvenir compte tenu de la violence des combats. Ainsi sur la plage de Dieppe et autour du Casino: «Des blessés hurlent de douleur sous le soleil qui commence à darder sur eux ses rayons. Le sang coule de leurs blessures et se transforme en un flot visqueux et noirâtre. Plusieurs, hélas, rendront leur dernier soupir dans ces pénibles conditions, après d'atroces souffrances[4]!» En outre, la vue des blessés fait appréhender le pire aux hommes qui doivent monter à l'assaut d'une position. L'illustre ce passage des souvenirs du major Poulin décrivant le sort des soldats montés à l'assaut du point 131 de la ligne Gothique avant les hommes de sa compagnie :

> Quelques blessés étaient restés au milieu des mines après que plusieurs brancardiers se soient fait tuer ou blesser en essayant de les secourir. Gisant, affaiblis par la perte de leur sang, craignant de se déplacer de peur de toucher une autre mine et de sauter, torturés par la faim et la soif, ces pauvres gueux présentaient à nos yeux un triste tableau qui n'augurait rien de bon pour nous et ne contribuait certes pas à relever notre moral. Comme nous passions, ils nous appelaient d'une voix faible et suppliante, demandant qu'on leur envoie des brancardiers, demandant à boire, nous suppliant de ne pas les laisser mourir là, comme des bêtes[5].

Le lieutenant Forbes se souvient que la topographie du champ de bataille peut à elle seule décider de la mort d'un blessé. En ce sens, les éléments naturels incarnent un ennemi en soi, comme on le verra au chapitre VII. Alors qu'il combat à Walcheren, le lieutenant peine à se résigner à abandonner un camarade blessé : «Il souffre beaucoup et je n'ai pas de morphine. Je songe que la marée montante viendra le chercher. Un autre blessé, un Allemand, gémit dans les joncs ; il bouge et me tend la main. Je tire de toutes mes forces et je ne réussis qu'à le remonter de quelques pouces. Il est enfoncé dans la boue. Quel atroce destin[6].» D'autres blessés souffrent d'une blessure en apparence grave qui s'avère finalement bénigne : «J'examine la blessure de Talbot, écrit le lieutenant Forbes, il a un petit éclat d'acier logé dans la colonne à la hauteur des reins. […] Je remarque une chose étrange : il y a une certaine insensibilité autour de la blessure. Sans lui dire, j'arrache le shrapnel et lui montre. Il n'avait rien ressenti[7].»

Pratiquement inexistants jusqu'aux guerres napoléoniennes, les services de santé des armées se sont organisés et étoffés à partir de la seconde moitié du XIXe siècle à cause de l'ampleur des pertes toujours plus importantes durant les batailles mettant en scène des armes toujours plus puissantes. Tout au long du conflit, la Croix-Rouge joue un rôle déterminant dans l'encadrement et les soins apportés aux blessés et aux militaires en général. Son personnel sanitaire secourt les blessés de tous les camps en toute neutralité. L'organisme procure le sang nécessaire aux transfusions, son personnel féminin rend visite aux malades, leur distribuant le nécessaire pour la toilette, écrivant pour eux des lettres à leur famille. La Croix-Rouge fournit également une partie de la nourriture aux hôpitaux et aux prisonniers de guerre, par l'envoi de colis. En Angleterre et en Écosse, l'institution de bienfaisance offre le chocolat chaud aux militaires en déplacement, elle leur fournit le matériel nécessaire pour écrire et gère des *snack bars*. La chaleureuse hospitalité manifestée par ses membres est très appréciée par les combattants[8].

Le brancardier Côté, affecté aux compagnies D et A du R22ᵉR en janvier 1944, participe au ramassage des victimes et des blessés. Il dispose d'une carte d'identité de l'Ambulance Saint-Jean et d'une autre de la Croix-Rouge, au cas où il serait fait prisonnier, de deux brassards de la Croix-Rouge, d'un brancard pesant une trentaine de livres et d'un sac contenant des médicaments, des injections de morphine et des pansements[9]. Le travail est harassant, dangereux, car il s'effectue souvent sous le feu :

> Il nous fallait toujours être sur le qui-vive. C'est quand le bombardement est le plus féroce qu'il nous faut sortir, c'est quand l'ennemi tire à la mitrailleuse, à la mitraillette et à la carabine sur nos compagnons qu'il nous faut tomber à genoux près d'un blessé pour lui faire un pansement, lui glisser des paroles d'encouragement à l'oreille, en criant pour qu'il nous comprenne dans ce vacarme épouvantable. Et l'ennemi n'arrête pas de tirer parce qu'un maudit innocent d'infirmier se jette devant lui pour panser un mourant ! Le règlement stipule qu'on ne doit pas s'exposer si nous croyons qu'il y a danger pour notre vie ; mais que doit-on faire quand un compagnon crie, souvent en pleurant. [...] Pouvons-nous rester cachés sans rien faire ? Il faudrait être lâche et sans cœur pour ne pas prendre de risques[10] !

Les postes de secours de premières lignes s'avèrent précaires et parfois insalubres, car ils subissent les mêmes contraintes que le reste de la zone de combat. Malgré les risques encourus, le travail d'infirmier apporte valorisation et réconfort au caporal Côté[11], bien qu'il lui arrive parfois d'accompagner un blessé vers la mort[12]. Le major Poulin insiste sur le courage des brancardiers : « [...] permettez-moi en passant de rendre hommage à ces vaillants brancardiers qui, armés seulement de leur courage, bravaient la mitraille et les éclats d'obus pour sans cesse porter secours aux blessés. Ils étaient infatigables et leur courage n'avait d'égal que leur grandeur d'âme[13]. »

En plus de dispenser les traitements appropriés, le personnel médical remplit une fiche individuelle pour chacun des blessés. L'aumônier Marchand indique que :

> Ces renseignements étaient conservés dans le journal médical régimentaire. Quand le blessé, conscient ou non, quittait le poste médical, on lui épinglait une étiquette qui indiquait sa blessure exacte, les soins qui lui avaient été prodigués, les calmants donnés. Ensuite on le dirigeait vers l'ambulance de campagne ; pour nous – Régiment de Maisonneuve –, c'était la 18e ambulance. Sur l'étiquette, il y avait une partie religieuse : RC pour catholique, P pour protestant, Unc. pour onction, Com. pour communion. Et je signais ma partie. J'avais l'impression d'un paquet qu'on met à la poste, souvent pour une destination inconnue[14].

Les militaires souffrant de blessures graves sont secourus par les brancardiers et amenés vers le poste médical ou sont rapatriés en Angleterre. C'est le cas du lieutenant-colonel Dollard Ménard, dont le sergent-major Dumais fait mention dans ses souvenirs. Le commandant des FMR, touché à cinq reprises lors du raid de Dieppe, parvient tant bien que mal à se relever à chaque fois avant d'être secouru[15]. Les hôpitaux du Corps médical canadien, comme celui où se trouve l'infirmier Roland Bernier en décembre 1943, les reçoivent[16]. Le 6e hôpital général canadien se présente ainsi lors de son entrée en fonction sur le sol britannique :

> Au rez-de-chaussée, nous avons l'A & D Room (la salle d'admission et de libération), la salle d'opération, la salle de Rayon X, une salle de chirurgie de 40 lits et la salle B. Au deuxième, nous avons deux autres wards, le C et le D. Au troisième, nous avons le A, une salle de 40 lits du médical dont le major Gordon de Montréal est responsable. Le major Wigmore est en charge de la chirurgie et le capitaine Sormany est son assistant. Le major Lamoureux de Montréal est notre anesthésiste et il est également le maître de chapelle[17].

L'infirmier Bernier et le personnel du 6e hôpital arrivent en Normandie le 28 juillet 1944. On y soigne sous la tente des

militaires alliés, des prisonniers de guerre allemands et des civils français. La dure réalité des combats autour de Caen et de
Falaise a vite fait de rattraper l'infirmier : « Le premier de mes
malades à mourir se nomme Dilon. C'est un jeune Anglais,
d'environ 20 ans. Il semble en avoir 40 tant il souffre. C'est un
cas de gangrène. En évoquant son nom, je revis en souvenir
mes premiers jours qui furent très durs, étant donné que nous
n'avions pas de pratique. Nous avons alors réalisé qu'entre la
théorie et la pratique, il y a une grande différence[18]. »

Les conditions de vie du personnel soignant s'avèrent précaires : « Nous couchons à terre, sous les tentes. Nous sommes
huit par tente et les fourmis nous réveillent la nuit. Couchant
par terre, le matelas est très dur ; mais nous nous couchons si
fatigués que l'on s'y trouve bien tout de même[19]. » L'hôpital
s'installe à Anvers en Belgique, à la fin septembre 1944. Le personnel vit sous la menace des missiles allemands de type V1.
En Hollande, en avril 1945, l'infirmier Bernier prend soin de
rescapés des camps de concentration de Dachau et de Buchenwald, ce qui le bouleverse : « Un Italien me surprend
puisqu'il ne lui reste que les os et la peau. Il y a aussi trois jeunes Polonaises, tuberculeuses, pour lesquelles nous devons
prendre de grandes précautions. Le lendemain, nous les envoyons dans un hôpital civil et deux jours plus tard, nous apprenons que deux d'entre elles sont mortes et que la troisième
attend son tour. C'est terrible de voir ces pauvres gens[20]. »

Regards sur la mort

La guerre marque une accélération du rythme auquel les humains meurent habituellement. La mort se décline de multiples façons dans les écrits de combattants : immédiate, lente,
atroce, héroïque, survenue par accident ou par suicide. Mort
parfois inutile aussi, du moins selon l'opinion du sergent Juteau :
« Pour moi, les morts inutiles de Bluebird [attaque menée en
Italie contre une position allemande en février 1944] sont la
preuve qu'à la guerre on sacrifie sur l'autel de la Patrie des
jeunes vies, pour épater les grands, et accélérer les promotions[21]. » Qu'il s'agisse du passage de la vie à la mort (un camarade qui était en vie reçoit une balle ou un éclat et devient un
cadavre) ou de la mort consommée (un corps pourrissant au

soleil), le spectacle de la mort concrétise le dangereux fantasme de destruction et de néant[22]. Comme c'est le cas dans les témoignages de soldats français de la Grande Guerre[23], la mort au sein de l'unité combattante, celle d'un supérieur immédiat et d'un ennemi, est largement représentée dans les écrits de combattants.

Fréquenter la mort, présence lancinante sur les lieux d'affrontement, c'est d'abord vivre parmi les cadavres. Le front est un vaste charnier où chaque fantassin, artilleur ou personnel médical finit, tôt ou tard, par faire de macabres rencontres : « Avant mon entrée dans l'armée, je ne cherchais pas les occasions d'être en contact avec les mourants, encore moins avec les morts. Arrivé en Angleterre, lorsque les cours intensifs d'infirmier ont débuté, j'ai vite réalisé que cela ferait maintenant partie du quotidien », écrit l'infirmier Bernier[24]. Même l'entraînement, aussi adéquat soit-il, ne peut empêcher un choc à la rencontre de la grande faucheuse[25]. La fréquentation quotidienne de la mort ne la rend pas nécessairement plus facile à regarder : « À chaque explosion d'obus, le corps de l'autre grelotte comme dans l'eau glacée. Sa figure se tire. Sa peau rétrécit. Noiraud essaie de ménager ses regards vers lui. S'il tourne la tête, il doit voir l'autre, le blessé plein de sang. Le choix s'avère difficile. Quoi regarder ! Le sang ou la souffrance visible[26] ? »

À force de côtoyer la mort dans un espace relativement restreint imposé par la guerre de positions en Italie, le major Poulin en vient presque à la banaliser, à manifester de l'indifférence à son égard : « En arrivant à cette source, je vis deux cadavres, deux des nôtres raidis par la mort, gisant face contre terre à quelques pieds à peine de l'eau qu'ils avaient voulu atteindre au moment où la faucheuse avait fait son œuvre. Près de l'un d'eux, une gourde éventrée gisait désormais inutile. Langlois me regarda et je hochai la tête. Sans plus réfléchir, je me mis en frais de me laver la figure[27]. » Cette réaction illustre le processus d'accoutumance à la présence de cadavres. Celui-ci engendre une sorte de stoïcisme fataliste qui participe de la mise en place de moyens de défense.

En temps normal, les dépouilles restent généralement intactes. Elles offrent des images acceptables des individus. À la guerre, l'intégrité physique des cadavres est souvent atteinte :

« […] les entrailles sont bien plus visibles qu'il n'est normalement décent de les imaginer[28]. » Les corps se métamorphosent en lambeaux sanglants. Les bombes, les mines, les mitrailleuses, les explosifs et les fragments d'obus mutilent, démembrent, éviscèrent les individus. Le fait de les apercevoir et de les toucher ainsi comporte une charge de violence hautement traumatisante, car on est renvoyé à sa propre mort. L'effet de miroir est saisissant.

La pénible tâche du ramassage des fragments de corps dilacérés et dispersés de camarades est une épreuve pénible pour le lieutenant Forbes : « Nous ramassons les restes putrides de nos camarades au-dessus desquels tourbillonnent des nuages de mouches. En enlevant les plaques d'identité des cadavres, les vers blancs collent à nos mains. Nous préparons une fosse commune et transportons les morceaux de nos camarades en les piquant du bout de nos baïonnettes[29]. » Comme pour le lieutenant Cadieux : « Vous comprendrez comme moi que ce n'est guère amusant de manipuler des cadavres déjà vieux de plusieurs jours au soleil, surtout si ce sont des camarades[30]. »

Le spectacle de l'anéantissement d'autrui ramène à l'esprit le caractère essentiellement organique du corps humain. Comme le note le major Poulin : « […] plusieurs de ces gars avaient des blessures où les vers s'étaient déjà mis à l'œuvre. C'est bien terrible à constater, mais il faut admettre que le corps humain est beaucoup plus près de la charogne que l'on aime à le croire[31]. » « Il n'y a pas à dire, écrit le lieutenant Cadieux, c'est un boche, "a good German", puisqu'il est bien mort et certainement depuis 20 jours ; il est tout gonflé et noirci, rongé par les vers, ses vêtements se déchirent en lambeaux à la moindre traction ; impossible de l'identifier, car on ne peut atteindre ses disques d'identité enrobés dans la chair en putréfaction[32]. »

Le fantassin et, dans une moindre mesure, l'artilleur qui se trouve en retrait des lignes, croisent, contournent et enjambent nombre de dépouilles. Celles-ci ne sont pas toutes anonymes, loin s'en faut. Les souffrances partagées dans l'adversité du champ de bataille font naître chez les membres d'une même unité un fort sentiment d'appartenance. L'esprit de corps, sur lequel je reviendrai au chapitre IX, tisse entre les combattants des liens solides d'affection et d'amitié que seule la mort peut défaire. C'est pourquoi la mort de camarades ou de soldats alliés provoque un vif sentiment d'impuissance douloureuse ou de rage chez ceux qui y assistent : « Nous apercevons les blessés et les morts qui jonchent la grève, note le sergent-major Dumais qui a combattu à Dieppe. Quelques blessés essaient de nager pour rejoindre les embarcations. Beaucoup perdent leur sang en abondance, rougissant l'eau environnante. Plusieurs d'entre eux, après des efforts désespérés, perdent connaissance et se laissent couler. Nous assistons, impuissants, les dents serrées de rage, à ce spectacle[33]. » « Les parachutistes descendent toujours, écrit le lieutenant Cadieux le 27 juin 1944, malheureusement le vent les pousse dans la direction des boches qui n'ont apparemment aucune honte à les engager avec leur Défense contre avions (DCA) dès qu'ils arrivent à portée ; [c'est] absolument horrible de les voir se contorsionner sous la mitraille qui les crible ; nous assistons en témoins impuissants et épouvantés à ce drame[34]. »

Les survivants, eux-mêmes épuisés, ramassent les cadavres, parfois au péril de leur vie : « Ils organisent de brèves cérémonies, ils ritualisent la mort au combat, puis ils multiplient les précautions pour que les noms des morts ne soient pas perdus[35]. » En outre, les survivants tentent d'offrir une sépulture à chacune des victimes quand faire se peut :

> Depuis six jours, [les cadavres] jonchent le sol, ils ne nous parlent plus, ils ont les yeux fermés, loin de leur pays, aux alentours de la Casa Berardi… Depuis six jours ils sont étendus près d'un trou, non loin de notre blindé endommagé… Depuis six jours, nous les avons croisés sans trop nous préoccuper d'eux, accaparés par le combat, le jour, la nuit. […] Le régiment étant de réserve, le moment est venu de penser à nos morts, de les inhumer[36].

Le rituel de l'inhumation offre à chaque victime une sépulture localisable et le moins anonyme possible. Les hommes retirent les plaques d'identité du cou des cadavres. Sur ces plaques composées de fibres pressées, indestructibles même si elles sont mises en terre, figurent le nom du militaire, son numéro matricule, le nom de son unité, son grade et sa religion. Cette plaque résume l'identité du soldat dépossédé de celle qui était la sienne dans la vie civile. Les hommes consentent une importante énergie physique pour creuser des fosses et y descendre les corps enroulés dans une couverture. Puis, ils couvrent les corps de terre. En guise de sépultures passagères, les survivants plantent sur chaque monticule une petite croix blanche à laquelle ils suspendent la plaque matricule. Au pied de la croix, ils posent le casque d'acier. L'aumônier bénit ensuite la fosse et récite les prières tandis que les hommes sont au garde-à-vous[37]. Hors des lieux de combat, il arrive que les victimes bénéficient d'une mise en terre dans un cimetière en présence de civils des pays nouvellement libérés[38].

Outre un compagnon, un supérieur hiérarchique risque aussi mourir. Celui-ci est apprécié de ses hommes s'il témoigne d'une authentique présence durant le combat ou pendant les heures difficiles. Le caporal Côté souffre énormément à la vue de son commandant de compagnie, blessé grièvement par un éclat d'obus à l'abdomen en mai 1944 durant les attaques menées contre la ligne Hitler en Italie : « Je me débattais, car je ne voulais pas laisser le major seul ; il était trop seul, trop triste. Et moi, qui ne faisais que pleurer, je serais mort pour qu'il vive. Plusieurs de ses vieux soldats de la D l'auraient fait également mais, moi, je ne pouvais que pleurer[39]. » Le caporal écrit que les hommes de la troupe considéraient le major Ovila Garceau comme leur père[40]. Sa mort est unanimement ressentie par les membres de l'unité comme la perte d'un être cher.

La famille d'un militaire défunt apprend la nouvelle du décès dans une lettre envoyée par le ministère de la Défense nationale du Canada. Cette pratique est répandue dans la plupart des pays belligérants entre 1939 et 1945. La lettre propose une gamme d'euphémismes plutôt positifs pour traduire des événements tragiques. Par exemple, l'individu n'est pas mort au front, il est « tombé ou a laissé sa vie au champ d'honneur ». « Si l'on en croit les études qu'elles ont suscitées, ces missives, même circonstanciées et pleines de véracité, minimisaient les souffrances endurées, privilégiant une mort "sur le coup", insistant sur le courage, la bravoure et la mort du défunt. [...] L'honneur compte ici bien plus dans la volonté d'adoucir la peine que dans celle du respect de la vérité[41]. »

Comme le caporal Côté[42], le major Poulin déplore le fait que l'uniformité formelle du message s'inscrit en net décalage par rapport à la profondeur de la détresse des endeuillés qui le lisent :

Combien d'épouses recevront le message fatal leur annonçant que celui pour lequel elles existaient avait cessé de vivre! "Le Département de la Défense Nationale regrette de vous apprendre que...". Formule stéréotypée, banale et froide, la même pour tous, une formule qui frappe aussi vicieusement qu'une vipère, une formule qui vient ajouter une nouvelle victime à la liste déjà trop longue de ceux qui sont tombés sous les coups de la guerre[43].

Les réactions suscitées par la mort de l'ennemi s'avèrent contrastées. Des historiens ont montré que les cas de mise à mort de prisonniers de guerre ou de blessés par les combattants sur les lieux d'affrontement ou à proximité de ceux-ci ont été nombreux sur les fronts de l'Est, ainsi que sur le théâtre du Pacifique[44]. Ces pratiques sont certes apparues, mais de façon plus marginale, en Italie et en Europe de l'Ouest, car les belligérants se reconnaissaient comme appartenant à une origine ethnique semblable. Ils respectaient généralement les normes établies lors de la convention de Genève de 1864 et des conférences de La Haye de 1899 et de 1907 codifiant le droit de la guerre[45]. Il importe de distinguer les termes «violence» et «cruauté». Pour Stéphane Audoin-Rouzeau:

La violence, même extrême, s'exerce au combat pour des buts qui sont autres qu'elle-même; ainsi, l'exécution de captifs, blessés ou non, constitue certes une violence radicale, mais qui s'exerce en fonction d'une menace (réelle ou imaginaire, peu importe) que ces derniers peuvent continuer de représenter pour les vainqueurs. Avec la cruauté, en revanche, la violence tend à devenir sa propre fin. Il ne s'agit plus de détruire l'ennemi pour la menace qu'il représente, mais d'infliger de la douleur, de profaner son humanité, de jouir éventuellement de l'infliction de cette douleur et/ou de cette profanation[46].

La mise à mort de blessés et de prisonniers a été une pratique de violence limitée certes, mais elle a existé entre Allemands et Canadiens. Dans *Neuf jours de haine*, la cruauté des SS se révèle quand Noiraud assiste, impuissant, à l'exécution sommaire d'une trentaine de prisonniers de guerre portant l'uniforme britannique. Ce passage fait certainement allusion à l'exécution sommaire de prisonniers canadiens commise à l'abbaye d'Ardenne en juillet 1944 par des membres de la 12e Division Panzer SS, commandée par Kurt Meyer[47].

Le capitaine Sévigny mentionne l'assassinat de sang-froid de blessés canadiens par des SS dans le village normand de Venoix :

> À un carrefour, je vis s'avancer quelques hommes, des Allemands, reconnaissables à la couleur gris-vert de leurs uniformes. [...] Tous portaient une mitraillette et étaient coiffés d'un lourd casque d'acier. [...] Apercevant le blessé, les dix hommes s'immobilisèrent, étonnés. Le sous-officier contempla le malheureux puis, sans hésitation, proférant je ne sais quel juron, pointa son arme et la déchargea sur le soldat canadien. [...] J'étais pétrifié d'horreur. [...] Quant aux assassins, ils regardèrent le cadavre et continuèrent paisiblement leur chemin[48].

La violence imposée à des prisonniers allemands par des Canadiens est aussi évoquée dans certains textes. Le major Poulin constate « une parité entre *nous* et *les boches* à qui on peut reconnaître, malgré l'injustice de leur cause, une égale mesure d'inhumanité[49] ». Il admet avoir pensé tuer des prisonniers allemands[50] et frappé l'un d'eux[51]. Le caporal Brisson se trouve en poste dans le nord de l'Allemagne avec les troupes d'occupation après le 8 mai 1945. Il dénonce un cas de violence commise par des soldats canadiens envers un prisonnier allemand : « [Ils] l'ont amené dans une maison vide et l'ont battu avec des bouts de boyaux. Il a fallu l'envoyer à l'hôpital. Les soldats canadiens sadiques qui ont fait ça sont-ils supérieurs aux SS ? Je deviens en colère à chaque fois que j'y pense[52]. »

Les auteurs de journaux et de lettres de guerre, contemporains des événements qu'ils relatent, assistent à la mort sans trop se poser de question : « La diphtérie fait toujours deux ou trois morts par jour et rien ne semble arrêter son mortel progrès », note machinalement le prisonnier de guerre Georges Verreault, en octobre 1942[53]. Les auteurs de souvenirs et de romans de guerre, intégrés à la vie civile au moment de l'écriture, reviennent rétrospectivement sur la mort et la façon dont elle a été vécue et perçue. Pour le narrateur des *Canadiens errants*, la mort révèle paradoxalement la force de vie :

> Que de choses tourbillonnaient dans la tête d'un garçon de vingt ans qui voyait venir la mort ! Il avait déjà fait le sacrifice de sa vie, moralement, et le sacrifice moral était grand ; mais il n'avait pas connu toute cette force de vie en lui. Il la sentait maintenant dans toute sa plénitude parce qu'elle coulait hors de lui peu à peu. Et il eut devant la mort la

révélation qu'il était incroyablement jeune […] parce qu'il n'avait pas commencé à vivre[54].

Sous la plume du major Poulin, Canadiens français, Canadien anglais, ennemis et civils se confondent dans la mort: «[…] plusieurs des nôtres avaient cessé de vivre et gisaient inertes, aux côtés de leurs ennemis, égaux dans la mort, insensibles au voisinage de qui, quelques moments plus tôt, ils auraient tués sans hésitation[55].» Face à la mort et au caractère traumatisant de la vue des cadavres, la distinction entre ami et ennemi s'évanouit. Chacun incarne une victime potentielle de la guerre moderne.

CHAPITRE V

Misères de la vie au front

La violence entraîne les hommes dans un monde renversé où l'ouïe, l'odorat et la vue sont mis à rude épreuve. L'expérience de la guerre n'est pas que physique. Elle éprouve durement les capacités psychiques d'adaptation et de résistance des individus soumis à la peur, à l'attente anxieuse qui précède les opérations, au baptême du feu, au stress des patrouilles en territoire ennemi, à la violence des combats et aux mille misères de la vie au front. Des allusions à toutes ces choses parsèment les écrits de combattants. Ce sont autant d'éléments qui minent le moral des individus.

La peur

La peur a longtemps été un sujet tabou dans l'institution militaire. On l'esquive souvent, car elle ne cadre pas avec l'image du soldat viril, brave et courageux que la culture militaire et le récit de bataille traditionnel tendent à propager. La Seconde Guerre mondiale marque le «début d'une nouvelle franchise qui fera reconnaître la peur dans cette guerre moderniste, laïque, consciente de ses mécanismes psychologiques[1]». La peur est progressivement considérée comme une émotion naturelle, mais l'incapacité d'en maîtriser les symptômes visibles demeure encore répréhensible dans certains cercles militaires.

La peur se caractérise par son intensité variable qui n'obéit à aucune règle. Elle est ressentie chez tous les combattants, indépendamment du grade, de l'expérience et des situations[2].

Activée par le système nerveux autonome, la peur prépare le corps à se défendre ou à réagir à une menace réelle, anticipée ou imaginée. Elle entraîne des changements physiologiques tels que l'accélération du rythme cardiaque et de la respiration, la dilatation des pupilles, l'intensification de la transpiration, la tension des muscles, le tremblement des membres, l'assèchement de la bouche et de la gorge, voire des pertes urinaires. Le sergent Juteau fait état des manifestations physiques de la peur qu'il éprouvait durant la bataille de la Casa Berardi :

> Assis, sur le bord de mon trou, je regardais mes camarades avec bravade, malgré que la rotule de l'un de mes genoux tremblait nerveusement, sans arrêt, même quand je l'empoignais solidement. Il n'y avait pas d'erreur, j'avais peur. Une peur viscérale qui me rivait les fesses pour m'empêcher de tout lâcher. J'avais peur. J'avais beau me raisonner, j'avais peur. Faire face à la mort lucidement est certainement la plus grande aventure de la vie et j'étais vraiment au royaume des claquedents. Ici, toute vie intelligente suintait de peur, il n'y avait pas d'équivoque possible, je tremblais et ce n'était pas de froid[3].

La peur se conjugue sous deux formes. La peur intense est provoquée par un événement isolé, comme une détonation soudaine, et se dissipe ensuite. La peur chronique paraît plus complexe, car elle est diffuse, sans lien nécessairement avec une cause concrète[4]. Peu importe la forme qu'elle prend, la peur a pour effet d'accroître la fatigue, de diminuer le rendement et peut provoquer la panique. Les auteurs qui l'ont connue éprouvent une certaine difficulté à la définir. L'aumônier Marchand a suivi le Maisonneuve en Europe de l'Ouest :

> Définir la peur n'est pas chose facile. Elle relève souvent de l'instinct et augmente en proportion du danger couru. À la guerre, elle peut faire trembler de tous ses muscles sans que nous y puissions rien. Je me souviens d'une fois où mes deux fesses tremblaient assez que cela m'a porté à rire. J'ai essayé d'arrêter le tremblement avec mes deux mains : elles se sont mises à trembler aussi. Tous les soldats ont été en [proie] à une forte peur à un moment ou l'autre de leur vie au front. Celui qui le nie ment effrontément[5].

Le capitaine Sévigny avoue avoir maintes fois ressenti la peur : « Pourquoi le cacher ? J'ai passé souvent de bien mauvais moments. Sous le feu, durant les grandes attaques de l'été

1944, j'ai senti ce serrement de cœur familier à tout soldat, ce tremblement convulsif des membres, cette paralysie de l'esprit devant le danger[6]. » Chez le militaire aguerri, l'expérience de la peur entraîne une prise de conscience des dangers, ce qui ne réduit en rien sa propension à en ressentir les effets. Il sait ce qui peut survenir, car il a déjà connu l'exposition au danger. L'innocence et l'insouciance le quittent; il prévoit le pire jusqu'au moment d'atteindre un point de rupture au-delà duquel son efficacité au combat diminue, souligne le lieutenant Forbes: «La mort de Viger venait de déboulonner mon armure. Pour la première fois depuis que j'étais au front, je prenais conscience de ma vulnérabilité. En Normandie, on répétait: si tu survis trois jours, tu vas survivre trois mois, après, compte tes jours. Une faille terrible venait de s'ouvrir dans mon cœur[7]. »

Les patrouilles ayant pour finalité de recueillir discrètement des renseignements sur les positions adverses, établies en terrain inconnu et hostile, provoquent de véritables moments de peur, spécialement la nuit. De jour ou de nuit, la tension ressentie paraît intenable, car l'attente des blessures ou de la mort s'avère en soi plus insupportable que la blessure ou la mort en tant que telles. Les patrouilles effectuées par le caporal Côté, près d'Ortona, en décembre 1943, exigent de porter des vêtements de camouflage et du maquillage et elles laissent planer, sombre perspective, l'éventualité d'un corps à corps à l'arme blanche si le combat devient inévitable[8]. Les patrouilles sont le lot du R22eR en Italie. Le père Laboissière, aumônier du R22eR, note en février 1944: «Presque chaque soir, nous avons de ces combats de patrouille. Pour ceux qui lisent les journaux, cela peut paraître insignifiant, mais pour nous qui sommes sur les lieux, ces petites batailles usent tranquillement l'ennemi et le démoralisent. Ces escarmouches demandent beaucoup de sang-froid, d'initiative et de rapidité[9]. »

Voir sans être vu, tel est le souci permanent du soldat. Le major Poulin note le poids du silence angoissant alors que ses hommes et lui traversent un champ au centre duquel les ingénieurs ont ménagé un étroit sentier déminé:

> Tout était silencieux et ce silence était trop lourd pour être normal. Chacun se demandait ce qu'il y avait au tournant du sentier, que cachait cette jolie vigne qui se dessinait sur le ciel étoilé? Une mitrailleuse? Un

franc-tireur ? Allions-nous tomber dans un guet-apens ? Est-ce que l'ennemi nous laissait pénétrer profondément dans ses lignes pour ensuite se refermer sur nous et nous couper irrémédiablement du reste de nos forces[10] ?

À n'importe quel moment, l'ennemi peut surgir, une mine peut exploser et la situation tourner au carnage, raconte le lieutenant Forbes, évoquant une patrouille effectuée le 15 septembre 1944 dans le village de Spycker, situé dans le Pas-de-Calais en France[11]. Les patrouilles et les opérations de nuit s'avèrent particulièrement pénibles, étant donné la difficulté de se diriger en pleine obscurité :

> Les obstacles se multiplient et le moral du soldat est toujours assez bas, écrit le major Poulin. Il craint de se retrouver sur une position isolée ou d'arriver face à face avec un poste ennemi. Chaque poteau, chaque buisson est pour lui un ennemi. Chaque branche cassée devient pour lui, le bruit d'une mitrailleuse que l'on arme. Bref, l'obscurité rend le soldat très nerveux et lui fait perdre son efficacité, l'exposant à faire des bévues qui peuvent avoir des conséquences néfastes [...]. À 2310 heures, la compagnie passa la ligne de départ et s'engagea à travers les champs et les vergers, dans la direction de la rivière [...]. La tension de nerfs se faisait visiblement sentir. Les hommes étaient réticents à avancer et obéissaient mal aux ordres. Tous se collaient pour ainsi dire les uns aux autres, tentant de trouver dans la proximité de leurs compagnons, la force pour vaincre la froide solitude qui peut-être viendrait trop tôt[12].

Contrairement à ce que l'on pourrait croire, le moment le plus angoissant n'est pas nécessairement le combat, qui plonge celui qui le vit dans l'action, mais la longue attente qui le précède. C'est un moment d'immobilité, de concentration, de réflexion où l'imagination galope, la peur s'immisce dans le corps et l'esprit. Instant de recueillement, de retour sur soi et de pensée pour l'arrière, l'attente engendre la crainte de l'inconnu. Elle devient particulièrement éprouvante quand elle se chiffre en heures, comme l'exprime le fantassin Dufresne qui revient sur ses états d'âme la nuit précédant le débarquement en Normandie :

> Après le souper, je retourne sans répit tout ce que je devrai faire le lendemain matin. Je me couche, mais je suis incapable de m'endormir. J'ai la désagréable impression que mon cerveau va exploser comme toutes

ces bombes qui font maintenant partie de ma réalité. De ma triste réalité. Je pense à ma mère… et si tous ses scénarios avaient été prémonitoires? Je pense à ma famille, à mon père qui avait de bonnes raisons finalement de ne pas avoir été enchanté de la décision de m'enrôler. Je pense à mon passé… Aurai-je un avenir? Qu'est-ce qui va se passer demain? Je me sens comme devant un abîme, le néant s'impose jusqu'à effleurer ma conscience. Ma vie ne tient-elle qu'à un mince fil? J'essaie de contrôler mon imagination, je tente de ne pas divaguer, mais puis-je faire autrement? Je crois que j'ai peur; pour la première fois depuis mon départ, je sais que j'ai peur. Est-ce possible que je sois né pour vivre si peu de temps[13]?

Sur le champ de bataille, l'attente précédant les premiers instants de l'attaque ou celle faisant suite à un assaut alors que les hommes redoutent la réplique de l'ennemi marque un moment de flottement hors du temps chargé d'angoisse:

Les fantassins accroupis dans leur trou semblaient s'enfoncer de plus en plus, imperceptiblement, se souvient le sergent Juteau décrivant les instants suivant l'attaque sur la Casa Berardi. Machinalement, la plupart des soldats vérifiaient leurs munitions et le bon fonctionnement de leurs armes. Peu à peu, la tension montait, et l'on attendait presque avec hâte, sans trop s'expliquer pourquoi, que les Allemands bougent, attaquent, fassent quelque chose. Tout plutôt que cette attente infernale qui, ajoutée à la fatigue, ronge lentement le courage et la résistance. Les nerfs à fleur de peau, nous attendions un autre rendez-vous avec notre destin, et tout un chacun se demandait: «Est-ce que mon étoile va encore tenir[14]?»

La première expérience du feu s'avère une initiation, un baptême qui marque l'entrée du militaire inexpérimenté dans la famille des combattants. Elle constitue une source importante de peur. L'expression «baptême du feu» remonte au XIXe siècle. Elle est devenue d'usage courant au cours de la Grande Guerre, sous la plume des écrivains Roland Dorgelès, Henri Barbusse et Maurice Genevoix, auteurs de romans de guerre décrivant la vie dans les tranchées. Elle est peu utilisée dans les écrits de combattants canadiens-français de 39-45. Le baptême, mot qui appartient originellement au registre du sacré, prend un sens symbolique dans le vocabulaire militaire, celui «d'initiation» ou «d'apprentissage» pour les hommes nouvellement arrivés au front et qui connaissent leur premier combat et leur confrontation initiale avec le danger et la peur[15].

Les recrues manifestent de la crainte, parfois sans raison, et cherchent à se terrer :

> Les jeunes gars, les recrues se faisaient petites au fond de leurs *dug-outs* ; ils croyaient entendre les échos d'une bataille de géants qui se livrait dans la nuit. On les eût payés cher pour sortir sans nécessité. Ils avaient cette impression démoralisante, connue de tant d'autres à leur premier bombardement, que l'infanterie n'est pas à l'échelle de la guerre moderne. Les vieux [...] continuaient de jouer aux cartes. [...] Ils ne comptaient plus les fois où ils avaient vu pire[16].

Le pilonnage d'artillerie et de mortiers affecte particulièrement le moral, car il impose l'immobilité et nul ne peut se protéger de sa force de frappe impersonnelle et anonyme. Comme l'écrit le caporal Brisson : « Pour les balles, tu n'as qu'à faire un trou et les balles ne t'atteindront jamais, mais les obus... trous pas trous, ils te rejoignent[17]. » Le major Poulin se rappelle combien ce type de pilonnage engendre la terreur :

> Des rafales de 88 mm vinrent s'abattre tout autour de nous. Mêlé à cela, l'ennemi nous envoyait des salves d'obus dont les fusées à retardement étaient destinées à éclater au-dessus de nous à quelque vingt ou vingt-cinq pieds en l'air. L'on peut facilement s'imaginer l'indicible angoisse qui étreignait alors tous les cœurs. Harassés par la nature, harassés par les bombes de mortiers, nous avancions quelques pas pour nous précipiter à plat ventre afin d'éviter les éclats [...][18].

Une fois enclenché, le combat génère des réactions diverses. Le choc de l'artillerie, des mortiers, des armes à feu ou des grenades provoque la perte des repères, du moins pour quelques instants : « La rafale de mortier s'abattit tout autour de nous avec un bruit déchirant, soulevant un nuage de feu et de poussière qui m'aveugla pendant quelques moments. Combien de temps suis-je demeuré à terre, je ne saurais le dire ; trois à cinq secondes, peut-être. En tout cas, je ne fus pas long à me relever car je n'avais qu'une idée, me mettre à couvert du remblai », écrit le major Poulin[19]. La faculté de penser disparaît ; la vie devient un halètement, un instant comprimé[20]. Une situation de combat cause particulièrement de frayeur : le pilonnage inattendu de sa position par sa propre artillerie ou aviation. Une erreur de pointage, l'enchevêtrement des positions pendant une attaque ou une erreur d'interprétation entre l'infanterie, l'aviation et l'artillerie s'avèrent souvent à l'origine de ces méprises.

Devant la crainte de subir une blessure mutilante ou l'angoisse de mourir, des hommes deviennent crispés, décontenancés, attristés, inquiets, paniqués ou, résignés et effondrés, ils affichent un air dubitatif. Le caporal Côté, épuisé, en vient presque à souhaiter la mort tant il se trouve au bord de l'effondrement physique et psychique : « Je me suis assis [...] à regarder tomber les obus, avec l'idée de me faire tuer tellement j'étais écœuré de tant de misères et tellement je ressentais de l'impuissance à ne pouvoir soulager tant de souffrances[21]. »

D'autres, comme l'estafette du major Poulin et l'ordonnance du major Henri Tellier en Italie, perdent complètement la raison sous le feu de l'artillerie :

> Leur système nerveux pas assez solide pour résister, la peur les avait rendus fous. L'un pleurait comme un enfant et de gros sanglots secouaient son corps de la tête aux pieds. L'autre, étouffé par des convulsions nerveuses, se roulait, cherchant à respirer l'air que sa gorge serrée refusait de laisser pénétrer. Le spectacle était pitoyable et nous n'y pouvions rien. Il ne nous restait qu'à fumer et à prier[22]!!!

Certains affirment pressentir leur mort prochaine. Le capitaine Sévigny, grièvement blessé à Clèves, décrit cette mélancolie qui accable ceux qui anticipent une blessure ou la mort. Alors que certains se confient, d'autres, comme le capitaine, se referment sur eux-mêmes. Le capitaine sera grièvement blessé à l'œil, à la poitrine, au coude droit et à la jambe gauche lorsqu'un obus atteindra son véhicule en marche : « La panique me prend, car je saigne abondamment. [...] Comme un enfant, je crie, je pleure. [...] Je commence une prière[23]. »

Celui qui éprouve une peur incontrôlée peut commettre une bévue fatale, comme ce « soldat apeuré [qui] lance une bombe fumigène jaune dans un garage au lieu de l'envoyer dans le champ pour signaler notre présence aux aviateurs[24] ». Chez d'autres, la peur va jusqu'à suggérer la blessure. Ainsi cet homme interpellé par l'aumônier Marchand : « Tu n'as rien, ne m'importune pas, il y a des cas plus pressants. Il se croyait mourant. Mes paroles dures, prononcées avec fermeté le convainquent de la futilité de son effroi. Non seulement je lui remonte le moral, sans le réaliser moi-même, mais il se relève à l'instant, guéri. Il avait simplement eu peur[25].» Si elle ne porte pas à commettre une erreur tragique, la peur donne l'énergie suffisante pour accomplir des gestes surprenants, comme celui de creuser à plat ventre à l'aide d'une simple cuillère, un trou pour y camoufler son corps[26].

Certains chassent la frayeur, du moins en apparence, en tentant de se convaincre eux-mêmes qu'ils sont intouchables : «Je ne tomberai pas. Je suis invulnérable. Je suis chanceux. Je vivrai. Je ne mourrai pas. Un obus. Je ne serai pas atteint. Je ne peux pas être blessé. C'est impossible. Chacun se le dit. Les lois de l'égoïsme se vautrent dans chaque pensée. Des balles. L'air est compact, mais plein de trous. Il suffit de passer dans les trous où il n'y a pas d'éclats d'acier, ni de balles, ni de morts», se dit un personnage de *Neuf jours de haine*[27]. Chez le capitaine Sévigny, l'intensité du bruit des explosions et le sifflement des obus font naître une «sensation de puissance, de force [...] pour combattre enfin l'ennemi sur son propre territoire» et un sentiment d'espoir en la victoire prochaine[28]. Comme si le corps et l'esprit s'abandonnaient à la puissance du feu. Même son de cloche chez le signaleur Georges Verreault qui essuie le feu de l'artillerie japonaise en décembre 1941 à Hong Kong : «Quoi qu'on en dise, après qu'un homme y est habitué, le sifflement des obus a quelque chose de "thrilling". Réellement, la guerre habitue un homme à être brave quand elle ne le tue pas. En vérité, j'aurais cru être plus énervé que cela. Chaque bombe, chaque explosion ou sifflement d'obus me donne l'impression d'un "tour de scénic"[29]. »

L'instinct de conservation, l'entraînement et l'expérience contribuent parfois à dominer la peur afin d'en faire l'antidote du courage, ce mélange de bravoure et d'héroïsme. Celui-ci est une qualité morale et non un don que la nature distribue au hasard : «Peu sont en mesure d'affirmer qu'ils n'ont jamais eu peur. [...] Les actes d'héroïsme résultent à peu près toujours d'une réaction nerveuse[30]», estime le capitaine Sévigny. La peur affine les sens, grâce à l'adrénaline que libère le corps. D'une peur gérée adéquatement par un individu ou un groupe peut naître le courage. Par exemple, le brancardier Charlebois, évoqué dans les souvenirs de l'aumônier Marchand, fait plusieurs voyages sous le feu jusque dans le camp ennemi pour chercher les blessés du Maisonneuve durant l'attaque menée autour du bois de Calcar, le 25 février 1945[31].

Le courage qui sublime la peur doit se manifester dans les actes de commandement[32]. Ainsi l'exprime le major Poulin :

> Je me demandais pour la centième fois peut-être si j'avais peur. Je sais fort bien qu'il n'est pas un homme au monde qui n'éprouve, un peu du moins, quelque crainte à un moment ou l'autre. Toutefois, bien que tout être humain ressente de la peur face au danger, les uns contrôlent cette peur mieux que les autres, et c'est là que l'on trouve la différence entre la lâcheté et la bravoure. Plus je réfléchissais, plus j'étais convaincu que j'avais sur moi-même un contrôle complet et par conséquent, je n'avais pas peur[33].

Maladies, manque d'hygiène et autres vicissitudes

La peur et la menace permanente de subir une blessure ou de rencontrer la mort rythment l'existence des combattants au front. Ces derniers sont également soumis à de multiples facteurs physiques et psychologiques qui portent atteinte au moral des troupes, particulièrement chez les militaires longuement exposés au danger lors de campagnes continues, comme c'est le cas en Italie et, par moments, en Europe de l'Ouest. Par exemple, les hommes doivent faire face au manque de nourriture, même à la suite de longs et harassants combats, et tenter de soutenir la cadence des opérations. Le caporal Côté, dans sa description de la nuit du 14 au 15 décembre 1943, près de Casa Berardi, note : « Notre désespoir et notre découragement étaient à leur comble quand nous avons appris que nous n'aurions aucun renfort ni aucune nourriture pour le lendemain et [que] nous aurions même à attaquer pour survivre[34]. »

Les blessures et la mort ne sont pas les seules à décimer les pelotons et les batteries, les maladies s'en chargent aussi. C'est le cas des prisonniers de guerre au Japon, comme on le verra au chapitre VIII. Le père Laboissière souffre en février 1944 d'une attaque de dysenterie et de malaria[35]. Durant l'hiver 1944, le caporal Côté, alors infirmier de la compagnie D du R22eR, mentionne une épidémie de rhumes et de grippes, ainsi qu'un cas de tuberculose[36].

Les pieds font particulièrement souffrir : « Cinquante minutes de marche, dix de repos. Des hommes en profitent pour enlever leurs bottes et enrouler les jambières autour de leurs pieds gonflés. Celui à qui j'avais donné du feu dans la péniche d'invasion me montre la plante de ses pieds. La chair est ouverte[37].» L'humidité et le manque d'hygiène provoquent parfois la gangrène gazeuse, un gonflement des pieds desquels émane une odeur de pourriture, et pouvant mener à l'amputation[38].

Les troubles intestinaux malmènent souvent les combattants. Le lieutenant Cadieux en juillet 1944:

> Il nous faut maintenant combattre un nouvel ennemi moins bruyant sans doute mais tout aussi terrible; une épidémie de diarrhée nous ravage et nous affaiblit; le [médecin] épuise vite sa provision de pilules; je résiste assez bien au début mais ça me prend vers le soir; j'ai des crampes intestinales fort douloureuses, j'ai beau me vider à deux ou trois reprises, j'en ai toujours à évacuer; d'où est-ce que ça vient-il tout ça? Mystère[39]!

Une position à maintenir sur le terrain coûte que coûte, l'épuisement physique et mental, le manque de soins corporels, les maladies, l'absence de congés permettant au soldat de visiter sa famille restée au pays, le manque d'équipement et de renforts arrivant du Canada et les périodes d'inaction en service représentent des désagréments supplémentaires. Le major Poulin évoque un ordre du lieutenant-colonel Allard lui intimant de maintenir une position durant une nuit après une longue journée de combat: «Ma plume est impuissante ici à décrire le découragement qui s'empara de moi! Je crois que, si j'avais été seul, j'aurais pleuré comme un enfant. Affamés, épuisés, tombant de sommeil, les nerfs tendus par l'effort moral et physique, dégoûtés au point de se ficher de tout, nous devions endurer une nuit de cet enfer[40].»

Après la bataille de la Casa Berardi, le caporal Côté décrit le délabrement de son état physique et mental: «Je suis fini, *kaputt*, je crois que je vais rendre l'âme, maudit "enfant de chienne"! [...] Nous étions tellement faibles que les Allemands auraient pu nous battre à coups de pieds dans le corps, que nous n'aurions pas réagi. Je crois même que nous aurions été contents de mourir[41].» Le lieutenant Châtillon souligne aussi l'épuisement des hommes: «Nous atteignons le sommet du mont Gildone. Pas question de creuser un trou. Rien à manger.

Les hommes s'étendent sur l'herbe épaisse qui flotte sur l'eau comme un matelas de caoutchouc mousse. J'ai dormi comme eux. À l'aube, nous nous levons, trempés, affamés[42]. »

En Italie, les fantassins manquent d'eau pour se laver, mais, fatalisme, « à quoi bon se laver, il pleuvait jour et nuit [en janvier 1944] ; oui, à quoi bon nous laver… N'étions-nous pas destinés à être roulés dans une couverture grise et enterrés cinq pieds sous terre[43] ? » En Normandie, odeurs, saleté et vermine assaillent l'homme de troupe. Le lieutenant Forbes se rappelle qu'en août 1944 :

> Nous n'avions pas pris de bain depuis le milieu de juillet. Les poux, la gale s'étaient installés malgré nos habits de combat enduits de désinfectants. Les ampoules aux pieds… les échauffements… le pied d'athlète… les ongles d'orteils, pourris dans des chaussons qui tombaient en lambeaux, puaient la charogne. La barbe hirsute et nos têtes rasées à quatre centimètres nous donnaient des airs de condamnés à mort[44].

Lorsqu'elles deviennent accessibles, les douches au grand air semblent appréciées[45]. Mais les corps subissent du coup les effets de la température ambiante : « Avoir le torse nu pour se laver au mois de septembre, ce n'est pas chaud, surtout que nous avons de la pluie depuis deux jours. C'est un des côtés de la vie militaire[46]. »

L'éloignement des hommes de leur famille restée au pays et l'absence de congés pour la visiter dégradent le moral. En témoigne le père Laboissière, en Italie, le 25 mars 1944 : « Si le moral de nos soldats est si bas, cela est dû au manque de congé. Il y en a qui sont mariés et sont en Europe depuis quatre et même cinq ans. S'ils allaient passer un mois chez eux, les difficultés de famille trouveraient une solution[47]. » L'aumônier met en lumière la nécessité d'assurer un repos au personnel militaire. De leur côté, les officiers d'artillerie bénéficient d'un peu plus de détente, car ils assurent en rotation leur fonction de commandement : « Comme j'ai passé la majeure partie de la nuit dernière debout, écrit le lieutenant Cadieux, je juge bon de me coucher car un peu de repos procure un bien immense à notre pauvre corps et à la guerre il faut se reposer dès et aussi souvent qu'on en a l'occasion ; on ne sait jamais ce que nous réserve le futur en fait de fatigue ou de privations[48]. »

Durant les moments de relâchement au front ou une fois la guerre terminée, le moral doit se maintenir : « il n'y a rien de pire que l'inaction au front, c'est le grand facteur qui puisse détruire le moral des troupes complètement », écrit le lieutenant Gouin, le 7 décembre 1944, alors que les troupes canadiennes s'apprêtent à passer l'hiver sur la Meuse[49]. Il ne fait aucun doute que l'inaction nourrit l'appréhension, précise le lieutenant Cadieux, le 14 juillet 1944, alors qu'il se trouve cantonné dans une unité de renfort à quelques kilomètres derrière le front : « Il faut à tout prix occuper les hommes afin de maintenir le moral un peu. On les divise donc en groupes suivant l'arme dont ils se servent ; comme l'espace manque, on doit se contenter de lecture surtout ; on discute des événements présents et passés et on émet des opinions pour le futur[50]. » Les soldats jouent aux cartes pour tuer le temps. Les officiers multiplient les initiatives pour distraire les hommes et maintenir le moral en attendant le combat : « À cet effet, précise Gouin, il faut les envoyer au cinéma, en congé ; il faut leur procurer des endroits pour qu'ils puissent prendre un bain, etc. Tous ces détails qui tombent tous rôtis dans le bec des soldats veulent souvent dire de longues heures de travail pour les officiers[51]. »

La hiérarchie militaire peut également devenir un facteur d'irritation majeur dans la vie quotidienne des troupes. Quelques auteurs se montrent particulièrement critiques envers le commandement et l'administration de l'armée canadienne à Hong Kong, en Écosse, en Algérie, en Italie et en Europe de l'Ouest. Dans son journal, le signaleur Verreault manifeste souvent du cynisme à l'égard des officiers canadiens de la « Force Z » postée à Hong Kong. Il déplore ce qu'il estime leur manque de courage et de direction durant l'attaque japonaise :

> Mon capitaine, il n'est pas mort et il a la chair de poule continuellement. Pauvre diable ! Un spécimen d'homme pour tant de responsabilités. Quelle pitié ! Dans les moments dangereux, on ne le voit plus. Il pratique l'art du camouflage. Ça me dégoûte, tous les gars sont dégoûtés. [...] Maintenant, "every man is for himself", car il ne faut plus compter sur nos officiers. À cause de leur inutilité, nous nous faisons infliger des pertes immenses[52].

Le signaleur Verreault et le soldat Castonguay soutiennent que les officiers bénéficient d'un traitement de faveur dans les camps de prisonniers: «Les hommes sont abattus, affamés, maigres, et ces messieurs les officiers ont une allure pimpante qu'ils n'ont jamais eue surtout depuis qu'ils n'entendent plus le grondement des canons et le sifflement des obus. Je ne sais pas quel coup de cochon ils nous font, mais ils ont le ventre plein constamment, les rats puants[53].» Ce passage indique le développement, chez certains combattants, d'un sentiment de méfiance à l'égard des officiers durant la détention et l'impression, fausse, que tous les hommes devaient être égaux parce que tous étaient maintenant prisonniers de guerre[54].

Le caporal Houde n'hésite pas à critiquer le haut commandement pour l'organisation du raid de Dieppe. Sa charge a cependant tendance à simplifier la réalité :

> Le raid de Dieppe demeure, à mon sens, un monument d'absurdité monstrueuse et d'aberration pondu par de prétendus stratèges chevronnés qui prouvent, sans l'ombre d'un doute, n'être qu'une bande de vulgaires amateurs. Ces gens connaissent très bien la configuration des lieux qu'ils ont choisis pour commettre leur forfait. Ils réfutent tous les arguments opposés à ce projet stupide, qui n'a absolument aucune chance de succès, même la plus mince de réussir. Mais comme des enfants capricieux et gâtés, imbus d'un pouvoir absolu, ils passent outre aux recommandations dictées par la sagesse. Ils connaissaient aussi très bien la puissance de la garnison de Dieppe. Mais qu'à cela ne tienne! Ils lancent tout bêtement une foule de soldats canadiens et britanniques dans un enfer épouvantable qui se solde par des milliers de morts, de blessés et de prisonniers. Le raid de Dieppe confirme tout simplement que les stratèges doivent être dotés d'une certaine intelligence et de bon sens[55].

Pour sa part, le père Laboissière déplore le manque d'équipement dont disposent les militaires canadiens en Écosse en 1941, un territoire qui ne connaît pas les combats. Il exerce alors son ministère dans le Corps des forestiers composé d'hommes vaquant à des tâches de bûcheron pendant que l'armée allemande domine la Scandinavie et l'Europe de l'Ouest :

> J'entends souvent nos soldats se plaindre de n'être pas armés, ni protégés par quoi que ce soit. Nous avons une douzaine de carabines, deux revolvers, mais pas de munitions. Partout en Écosse, on craint une invasion par les airs, venant de la Norvège. [...] Donc, qu'arriverait-il si des parachutistes descendaient? Nos soldats sont furieux de notre situation. Moi j'ai beaucoup de difficulté à les encourager et surtout à les convaincre qu'il n'y a pas de danger, car les hommes ne sont pas des fous[56].

Il est plus critique encore sur la situation en Algérie en novembre 1943, où se trouve le R22ᵉR avant l'invasion de la Sicile et de l'Italie :

> Heureusement que nous avons ce camp américain près de nous. Ces ingénieurs nous rendent de grands services. Très souvent, ils nous font monter dans leurs autos. Les Anglais, eux, nous passent sous le nez avec nos camions canadiens et n'ont pas la gentillesse de nous faire monter. Quelle organisation que notre armée canadienne en Afrique ! Le Canada ferait bien mieux d'équiper son armée au lieu de donner un billion à l'Angleterre. [...] Par bataillon de renfort, il n'y a qu'un camion et une jeep. Nos bons Anglais mangent notre excellent chocolat, boivent notre bière, fument nos cigarettes et nous, nous devons nous contenter des produits anglais, sud-africains et indiens. Tout le monde est furieux de cet état de chose. [...] Il n'y a qu'une tente tout à fait insuffisante où l'on peut écrire. Quelques officiers et moi, nous avons une lampe parce que des Français nous ont donné des lampes à l'huile. [...] Avec cela, nous grelottons continuellement sous nos tentes humides. Quelle différence dans le camp d'aviation américaine. Chaque tente abrite de deux à quatre aviateurs ; elle a une chaufferette à l'huile et sa lampe électrique. Le moral de nos soldats est donc très bas[57].

L'aumônier souligne à maintes reprises ce qu'il estime le « fouillis » de l'administration militaire. Il déplore les fréquents contrordres, notamment celui annulant son départ pour l'Islande en juillet 1940[58]. Alors qu'il se trouve au camp d'Aboyne en Écosse en 1943, il se plaint de l'organisation des horaires qui entrave son travail[59]. Il dénonce aussi la mauvaise conduite d'officiers en Italie, en septembre 1944[60], et l'apparent mépris affiché par certains officiers anglophones à l'égard des francophones. En outre, il estime que les autorités militaires canadiennes et anglaises tentent de noyer le fait français[61]. En avril 1944, il revient sur la mort d'un jeune de 17 ans tué au front en février. L'aumônier avait reçu une lettre de la mère qu'il avait remise au commandant du bataillon de renfort : « celui-ci ne s'en occupa pas et le laissa partir pour la ligne de feu où il fut tué en arrivant. On n'a pas le droit de laisser aller au front un jeune homme âgé de moins de 19 ans. Quelle négligence criminelle[62]. » Le religieux relève à maintes reprises dans son journal l'apparent manque de considération des médecins de l'armée à l'égard de l'état mental des hommes en Italie[63].

Le jugement péremptoire du père Laboissière appelle à la nuance. L'historiographie récente démontre que les autorités militaires commençaient en fait à se préoccuper de la santé mentale des combattants. En témoignent la naissance et le développement progressif de la neuropsychiatrie canadienne durant le conflit[64].

Tout comme le père Laboissière, le lieutenant Châtillon blâme l'attitude méprisante de certains officiers supérieurs canadiens à l'égard des Canadiens français : « Cette langue [le français] est ignorée, souvent méprisée, même dans les organismes du gouvernement fédéral, et notamment dans les forces armées[65]. » Son expérience à titre d'officier de liaison à la brigade en janvier 1944 le conforte dans son opinion. Il raconte avoir échangé en français lors d'une soirée, au grand désespoir du brigadier anglophone attablé :

> Je ne suis pas venu en Italie pour me faire dire que la langue française est un handicap à la ligne de feu. L'emploi de l'anglais est sans doute un besoin dans le réseau de communications militaires, mais l'imposer dans les conversations personnelles me paraît une étroitesse d'esprit, un abus flagrant d'autorité. Trois jours plus tard, le brigadier me convoque et m'informe que ma compétence en anglais ne semble pas suffisante pour me permettre de m'acquitter de mes tâches. Je dois retourner au régiment. Le français n'est pas de mise ici. Je suis soulagé de quitter ces lieux[66].

En évoquant le front italien, le sergent Juteau fait preuve de cynisme envers le commandant du R22eR (il ne mentionne ni son nom ni de date), les hauts gradés de l'armée britannique et ceux de la 1re division canadienne. Lors de l'opération Bluebird, il écrit :

> Merci, Général, de nous donner l'occasion de mourir, chantaient sans doute les jeunes fantassins ! Tant qu'à être de la chair à canon, n'est-il pas mieux de mourir devant un grand général anglais très britannique [...] tout excité de voir enfin des soldats, de véritables soldats, mourir sous ses yeux. [...] Vive la mort ! Si ces morts étaient pour prouver à l'Empire que les Canadiens français colonisés savent mourir en braves pour le plus grand bien du Commonwealth et pour la promotion la plus rapide de ses chefs[67] !

Le caporal Côté abonde dans le même sens que le sergent Juteau. Selon lui, les Canadiens français ne comptent guère aux yeux de la 1re division d'infanterie canadienne : « N'étions-nous pas des machines à tuer, ne nous étions-nous pas enga-gés à gagner la guerre à nous seuls et n'étions-nous pas les déchets de la société, enfin n'étions-nous pas des Canadiens français[68] ? » De son point de vue, les hommes devaient com-battre deux ennemis : les Allemands et l'état-major canadien : « Je dois admettre sincèrement que les Allemands étaient de bons ennemis. Avec eux, au moins, on savait à quoi s'en te-nir ; mais nos dirigeants d'état-major, eux, étaient plus sour-nois, plus hypocrites et plus incompétents[69]. » Le caporal es-time que l'état-major canadien ignore complètement la réalité du front :

> Je revois encore ces « experts » faire leurs commentaires sur ce que nous avions fait, sur ce que nous aurions dû faire et sur ce que nous n'aurions pas dû faire. Tout ce beau monde, dont les grades brillaient de mille feux au soleil, avait les pantalons bien pressés, la figure rouge et même violacée par l'abus de cognac. Enfin, tous ces experts en la matière nous regardaient de haut et nous trouvaient probablement bien malodorants pour leurs narines sensibles. Ils étaient des experts à la condition d'être loin en arrière. [...] J'aurais tellement voulu qu'ils rencontrent un gentil petit barrage d'artillerie comme nous en avions tant enduré pendant six jours[70].

Rappelons que depuis longtemps au Québec, l'armée est perçue comme le symbole par excellence d'une institution anglophone, aux traditions et aux allégeances britanniques. L'armée et la guerre ont toujours été perçues négativement dans la mémoire collective québécoise francophone. Il est peut-être de bon ton de la condamner des décennies plus tard.

Sans doute soucieux de son image de militaire de haut rang ou connaissant mieux, par sa fonction, la situation d'en-semble, le lieutenant-colonel Allard se montre moins virulent à l'égard de l'institution militaire canadienne. Il porte cepen-dant dans ses *Mémoires* un regard critique sur la stratégie par-fois adoptée par son état-major. Lors de l'assaut de la ligne Hitler en Italie, les bombardements s'avèrent effroyables, les combats âpres, les pertes nombreuses. Il se questionne sur le bien-fondé de l'opération du 19 mai 1944 qui se solda par un retentissant échec :

Le coup a été dur. [...] Je sens bien que mon régiment a été victime de la témérité du Haut-Commandement qui l'a lancé dans une aventure douteuse, suite à des renseignements plutôt minces et sans nous assurer un support d'artillerie qui aurait pu surprendre les défenseurs. [...] La division n'avait pas montré beaucoup d'imagination en croyant que les Allemands abandonneraient des fortifications si bien dressées[71].

En mai 1944, le lieutenant Châtillon doute de la reconnaissance par les Alliés de l'effort de guerre déployé par le Canada:

Les nouvelles communiquées à la radio et dans les journaux de Londres portent à croire que notre rôle dans le cercle des Alliés ne vaut guère plus que notre influence militaire en Italie au sein de la VIIIe armée britannique [...] Et selon mes amis à Londres, il semble bien qu'aux échelons supérieurs, tant de l'armée que de l'aviation et de la marine, la proportion des Canadiens qui y figurent ne correspond nullement à l'importante contribution matérielle et aux effectifs de notre pays dans cette mobilisation commune[72].

Le père Laboissière se montre extrêmement contrarié que les Canadiens ne puissent participer à l'entrée dans la capitale italienne, le 4 juin 1944:

Ils arrivent du front de Cassino et de la ligne Hitler et tous sont furieux, car nos chefs se sont fait jouer par les Anglais et les Américains. Les Canadiens ont dû combattre comme des lions pour percer les lignes Gustav et Hitler et maintenant que la trouée est faite, ils reçoivent l'ordre de céder leur place aux Anglais et aux Américains qui ne sont plus qu'à 20 milles de Rome et n'auront qu'à faire leur entrée triomphale dans la capitale d'Italie. Avec une telle politique, il ne faut pas être étonné de voir nos gars furieux et perdre leur moral. L'entrée à Rome est fermée à nos soldats. Probablement qu'on permettra à nos gars d'y aller lorsque les Américains auront tout acheté en fait de souvenirs et réquisitionné les meilleurs hôtels[73].

En plus du manque d'équipement, des caprices de l'administration et de l'apparent mépris des officiers supérieurs à leur égard, les hommes doivent composer avec un manque d'effectifs avant l'automne 1944. Le caporal Côté souligne à maintes reprises la pénurie de renforts en Italie. À la fin de décembre 1943, son peloton ne dispose que du tiers des effectifs[74]. Le 12 janvier 1944, la situation paraît encore plus critique:

Notre peloton ne comptait plus maintenant que le caporal Larabie et cinq hommes. [...] Les effectifs des deux autres pelotons n'étaient pas meilleurs. Nous étions rendus à l'extrême limite des capacités humaines. L'effectif de la compagnie n'y était plus depuis fort longtemps. Nous étions décimés, affamés et épuisés. Nous n'étions plus que des loques humaines et pourtant on nous demandait de tenir encore la ligne devant les Allemands[75].

Selon le major Poulin, le manque de renforts agit certainement sur l'efficacité des troupes. Dans son évocation des combats menés près de la rivière Marano en septembre 1944, il mentionne :

Peut-être que si certains Canadiens avaient été plus généreux, plus conscients de leurs devoirs envers leur pays et leurs concitoyens sous les armes, nous aurions eu plus de renforts, plus de forces pour attaquer et vaincre l'ennemi. [...] Nous aurions eu moins de blessés, moins de morts, un homme n'aurait pas été obligé de faire le coup de feu pour deux et même trois. Malheureusement, ici, au pays, les gens discutaient de conscription et de service obligatoire, les factions politiques se livraient des batailles sanglantes d'où il ne jaillissait tout de même pas de sang. Pendant ce temps, nous étions à bout, épuisés, sans renfort, et notre sang coulait[76].

Le manque de renforts est aussi ressenti en Normandie : « Soixante-quinze mille hommes [...] sont retenus par les politiques vicieuses de Mackenzie King, estime le lieutenant Forbes. Pendant ce temps, nous nous battons avec la moitié de nos effectifs. Et pourtant... Et pourtant... le courageux Canada avait déclaré la guerre à l'Allemagne. [...] Quelle farce ! Quelle hypocrisie ! Quelle fourberie infâme[77] ! »

Le manque de renforts dans les bataillons francophones et anglophones de l'armée canadienne durant l'été et l'automne 1944 est une réalité historique reconnue :

Les quatre bataillons d'infanterie francophones accusent alors un déficit galopant : il manque environ 150 soldats en avril, 500 en mai, puis plus de 1000 durant tout l'été. En outre, les réserves en Angleterre sont à peine 20 % de ce qu'elles devraient être. [...] Et les pronostics pour novembre sont des plus sombres : en moyenne, les pertes au combat seront de 15 hommes par jour, en plus de quatre malades ou accidentés ; en cas de mauvais temps, le nombre de malades augmenterait. Au total donc, il manquerait 1100 hommes à la fin de novembre. [...] Ce manque de renforts pèse déjà sur le moral des bataillons francophones[78].

Durant l'attente du rapatriement une fois la guerre terminée, la nécessité d'occuper les hommes devient prioritaire. La cessation des hostilités entraîne un relâchement de la discipline et de l'esprit de corps. Afin d'enrayer cette tendance, le général Crerar, commandant en chef de la 1re armée canadienne, demande aux officiers de chaque unité et sous-unité « d'organiser les périodes d'instruction et de récréation [...] lorsque la chose est possible et d'encourager fortement les joutes de toutes sortes entre les différentes formations. En général, les périodes d'instruction obligatoires étaient réservées à la matinée, ce qui laissait l'après-midi libre pour les genres d'activités facultatifs[79]. » La balle molle, le volley-ball[80], le tennis et la natation sont au programme. Des spectacles, des concerts de musique classique et des voyages organisés sont aussi offerts[81]. Pour plusieurs, les soirées sont libres, ainsi que les samedis après-midi et dimanches[82].

Se nourrir

Tout au long de la campagne d'Italie et d'Europe, les hommes doivent être suffisamment alimentés afin de compenser l'énergie dépensée, ce qui relève parfois de la gageure, compte tenu de la réalité des combats et des difficultés rencontrées par les responsables de la distribution. Les repas sont souvent tributaires du hasard, des mouvements et des attaques. Les officiers mangent dans les mess, qui ne sont pas accessibles aux soldats. La localisation du mess varie selon le lieu et la situation des combats : tantôt dans un camion, avec vaisselle et nappe, écrit le lieutenant Gouin[83], tantôt dans une maison française, un manoir du xve siècle, une école abandonnée, un magasin, une ferme ou un presbytère[84].

Lors de sa traversée entre l'Algérie et l'Italie à l'été 1943, le caporal Côté précise que les rations se composent « de saucisson de Bologne, de bœuf en conserve, de biscuits de matelots, que l'on nommait ainsi d'après leur nom de *hard tacks*, quelques poches de pain, qui avait commencé à moisir dès la sixième journée, quelques boîtes de margarine, encore un peu de confiture et de l'eau tirée d'une réserve[85] ».

À la veille de la bataille de la Casa Berardi, un repas chaud composé de ragoût en conserve, de pain et de thé fort est servi[86].

Le lieutenant Châtillon, qui avait sous ses ordres le caporal Côté[87], précise que la ration de thé est fréquemment distribuée en Italie: «[...] non pas le bon thé anglais, mais une poudre savamment composée de poussière de thé, de sucre et de lait, que l'on dissout dans de l'eau bouillante. Le liquide brûlant amollit les biscuits et, à chaque gorgée, les mêle aux bouchées de saucisses graisseuses à consistance de sciure de bois[88].» Le soldat reçoit aussi des fèves au lard, du pain dur, des boulettes de fromage, «parfois une ration de rhum équivalant à une cuillerée à soupe[89]».

Au gré des découvertes extirpées des maisons environnantes, les hommes trouvent pitance qu'ils apprêtent avec les moyens disponibles et beaucoup d'imagination. Le résultat est particulièrement attendu le jour de Noël 1943. Le lieutenant Châtillon se souvient: «[Bélanger] a déjà suspendu un chaudron, trouvé à la ferme, à une grosse branche qu'il a ancrée aux deux parois de la tranchée. Il m'explique que le lapin, le poulet, les tomates, les pommes de terre et les oignons assaisonnés de sel et poivre, doivent mijoter une heure dans deux gamelles de vin rouge[90].» La vache dans les champs ou le lapin devient objet de convoitise pour le festin qu'ils représentent potentiellement[91]. Leur cuisson se fait avec les moyens du bord: un gros bol de cuivre servant tout aussi bien à manger qu'à se raser ou se laver fait l'affaire[92]. Enfin, l'eau devient rapidement une denrée rare. Le caporal Côté a pris l'habitude de recueillir les gourdes d'eau potable des blessés et celles des morts pour sa propre consommation[93]. Si l'occasion se présente, il prend aussi les rations des soldats allemands morts au combat[94].

En Italie, mais surtout en Europe de l'Ouest, les repas sont habituellement présentés sous forme de rations standardisées à l'américaine:

> Une boîte de compo suffit pour trois repas. Il en existe plusieurs types, note le lieutenant Cadieux en Normandie. A, B, C, D, E, F, G, H, suivant l'assortiment de conserves qu'elles renferment, soit: bacon ou saucisses, steak & kidney ou M & V, soupe aux légumes, pudding ou fruits en conserve; avec dans chaque caisse des cigarettes, bonbons et chocolats et chose que je ne veux pas omettre, les fameux biscuits vulgairement appelés *hard tacks*[95].

Ces biscuits compressés et très durs sont visiblement peu appréciés des militaires. Le major Poulin écrit : « Nous jeûnions depuis quarante-huit heures, excepté pour quelques biscuits assez secs, assez durs pour faire obstacle à un char blindé ! C'est ce qu'on appelait communément les *hard tacks*[96]. » La dureté desdits biscuits avait « la propriété d'entretenir notre dentition[97] », et leur utilisation n'était pas qu'alimentaire. Un personnage des *Canadiens errants* s'exclame : « J'chauffe mon poêle avec des *hard tacks*. Ça brûle câlicement mieux que ça se mange, ces cochonneries-là[98] ! »

Le déjeuner se compose, par exemple, de gruau, de bacon, de biscuits secs réunis sur un carré de margarine, de thé brûlant, sucré et lacté. Qu'en est-il du goût ? « De la nourriture en conserve. Ça goûte le fer-blanc et l'acide borique[99]. » Au menu du dîner et du souper, on retrouve parfois de la salade aux légumes, de la confiture et des galettes. Voici un exemple de repas servi en août 1944, dans la région de Clair-Tizon : « À dix-sept heures, le camion du quartier-maître arrive avec des rations fraîches et chaudes. Une soupe au *barley*, du pain blanc, du beurre. Des tranches de *roastbeef* d'un demi-pouce d'épais avec des patates *en masse*, arrosées de sauce brune à la farine. Des gallons de thé et une double ration de rhum. Des cigarettes et le courrier du Canada[100]. » Vers la mi-septembre 1944, les fantassins de la compagnie D du major Poulin voient leur souper se limiter à une boîte de bœuf pressé froid et un paquet de biscuits secs[101].

Selon la disponibilité des produits, chaque soldat dispose dans son havresac des aliments suivants : carrés concentrés d'avoine roulée qu'il faut cuire à partir des instructions fournies dans la boîte, fromage, thé, gamelle, tasse, pastilles combustibles pour faire bouillir de l'eau et quelques cigarettes[102]. Pour chauffer les aliments offerts par des civils, réchauffer et diviser le plus équitablement possible les repas concoctés par la cuisine régimentaire ou faire bouillir de l'eau pour la toilette et le lavage, le lieutenant Cadieux bricole des réchauds rudimentaires avec des boîtes de métal vides brûlant de la gomme servant à imperméabiliser les véhicules ou des boîtes de cartouches vides[103].

*

* *

En lisant les auteurs provenant de l'armée de terre, on se demande comment ils ont pu envisager des lendemains qui chantent. Dans de pareilles conditions de vie, où lassitude morale, fatigue physique, solitude, privations, manque de renforts, peur, vision de cadavres démembrés et incertitude du lendemain se conjuguent au quotidien : « Y'a rien que deux manières d'en sortir, de c'te guerre-là, prétend Xavier Gagnon dans *Les Canadiens errants* : sur une civière attachée sur un jeep qui s'pousse vers l'arrière à quarante milles à l'heure, ou ben dans un trou, su' le bord d'la route, avec deux pieds de terre par-dessus toé, ta carabine plantée dedans par la baïonnette et ton steel helmet accroché après[104]. » Cette tendance au fatalisme a aussi été observée chez les soldats américains de la campagne de libération de l'Europe de l'Ouest : « *Nobody gets out of a rifle company. It's a door that only opens one way, in. You leave when they carry you out, if you're unlucky, dead, or if you're lucky, wounded. But nobody just walk away. That is the unwritten law[105].* »

On comprend un peu mieux la raison pour laquelle un blessé suscite parfois l'envie de ses camarades. Selon le type de blessure, une main mutilée par exemple, il lui sera possible de franchir la fameuse porte en sens inverse, de revenir dans le monde civilisé :

> Mon pauvre Dubé, sais-tu qu'avec cette main mutilée, tu as ton billet de retour pour le Canada ? D'ailleurs, ta main droite est intacte et, ta main gauche étant supplémentaire, tu peux facilement t'en passer. Beaucoup de soldats, moi le premier, se mettraient à genoux pour souffrir d'une telle blessure ! Qu'as-tu à chialer ? Il te reste le pouce, un billet de retour pour ton pays et une pension des Forces armées ! Que veux-tu de plus[106] ?

CHAPITRE VI

La guerre des aviateurs et des marins

Outre les combats sur terre menés contre les forces de l'Axe, la guerre se déroule également dans les airs et sur mer. Deux navigateurs aériens, chargés de déterminer la route à suivre pour leur bombardier, et un mitrailleur ont écrit leurs souvenirs de guerre. Le navigateur Gabriel Taschereau et le mitrailleur Gilbert Boulanger ont volé avec le 425ᵉ escadron de bombardement de l'ARC à bord d'appareils de types Wellington et Halifax. Le premier a réalisé 49 missions de bombardement, le second, 37. Le navigateur André J. Duchesnay a servi sur un Halifax avec le 10ᵉ escadron du 4ᵉ groupe du Bomber Command (BC) de la Royal Air Force britannique (RAF). Il a participé à 63 raids de bombardement. À travers leurs souvenirs, le lecteur découvre l'équipement de l'aviateur de bombardier, les appareils utilisés et les dangers rencontrés en vol. Avec les témoignages de fantassins et d'artilleurs, on imagine un peu mieux les effets des bombes venues du ciel sur les humains cloués au sol.

Tout comme l'aviation, la marine joue un rôle stratégique déterminant en participant à différentes opérations : mise en place de blocus, défense ou attaque de lignes de communication, grandes opérations amphibies, développement de nouveaux systèmes d'armement et de détection. Seuls deux auteurs, le romancier Maurice Gagnon et le lieutenant de marine Léon Balcer, offrent un aperçu de la vie de marin sur les frégates accompagnant les convois dans l'Atlantique Nord. Le premier a écrit un roman intitulé *Les chasseurs d'ombre*, vraisemblablement inspiré de son expérience dans la marine. Le second consacre quatre courts chapitres de ses mémoires à son expérience de lieutenant de la MRC.

La guerre dans le ciel

Le Canada participe à la guerre du ciel en procédant à la formation d'escadrons de bombardiers à compter d'avril 1941. Ces escadrons héritent des codes 400 à 450 afin de les distinguer des escadrons britanniques et de ceux provenant d'autres nations du Commonwealth. Suivant la volonté formulée par le ministre de la Défense canadien M. G. Power, le 425e est désigné comme unité francophone afin de stimuler l'engagement des Canadiens français dans l'ARC. Le 425e reçoit le surnom de «Alouette». Sa devise, «Je te plumerai», s'inspire d'une chanson folklorique bien connue au Canada français. De tous les escadrons canadiens, il est le seul de langue française[1]. Disons plutôt bilingue, car près de 53 % de francophones composent son effectif en décembre 1943[2]. En 1944-1945, plus de 90 % du personnel non navigant est francophone. Les autres membres de l'escadron sont d'origines canadienne-anglaise et britannique. L'anglais demeure cependant la langue de travail. Le 425e est formé le 25 juin 1942 à Dishforth, en Angleterre. Avec le 420e et le 424e escadron, il compose la 331e escadre de l'ARC, rattachée au 4e groupe du BC[3]. Son premier commandant est le lieutenant-colonel d'aviation Joseph M. W. St-Pierre, originaire de Saint-Eustache.

Les Canadiens français qui se joignent à l'escadron passent par le centre de réception de la RAF de Bournemouth, puis se rendent à la base permanente de la RAF à Dishforth, où le 425e est cantonné. L'escadron, d'abord équipé de bombardiers bimoteurs Wellington, est déclaré opérationnel au début octobre 1942. Il participe à sa première mission de bombardement sur Aix-la-Chapelle dans la nuit du 5 au 6, puis à des missions de faible et de moyenne envergure, entre autres au-dessus de l'Allemagne, jusqu'en janvier 1943. En juillet, il est déployé à Kairouan en Tunisie aux côtés des escadrons 420 et 424. Pendant plus de trois mois, il effectue des sorties nocturnes presque quotidiennes visant à préparer et à soutenir l'invasion de la Sicile et de l'Italie. Il est rapatrié en Angleterre deux mois après la capitulation de l'Italie, cette fois à Tholthorpe, sous le commandement du colonel d'aviation Joseph Leconte. Il est rééquipé en bombardiers de type Halifax. Rattaché au 6e groupe du BC, il participe aux bombardements massifs sur l'Europe du Nord, notamment sur les principaux centres de l'Allemagne. Le 25 avril 1945 marque la dernière mission de l'escadron. Celui-ci est démantelé à Debert (Nouvelle-Écosse) en septembre, après une brève participation à la guerre du Pacifique.

Au terme du conflit, les équipages de l'escadron ont largué plus de 11 000 tonnes de bombes lors de plus de 300 raids sur l'Italie et l'Allemagne, en plus d'effectuer de nombreuses missions de largage de mines en mer et de tracts. L'escadron renaît en 1954 à la station de l'ARC basée à Saint-Hubert en tant qu'escadron de chasse et s'installe définitivement à la base de Bagotville en juillet 1962.

Paru en 1993, *Du salpêtre dans le gruau* raconte les à-côtés de la vie d'aviateur de Gabriel Taschereau. L'auteur demeure malheureusement flou quant à sa fonction et à son grade durant la guerre. De plus, il gomme les détails des missions de bombardement, alléguant que le sujet a déjà été abordé par les historiens. En 37 chapitres, le navigateur décrit plutôt la vie quotidienne d'un aviateur en Angleterre et en Afrique à partir d'une importante documentation amassée du temps de la guerre et des livres figurant en bibliographie. Tout ce qui en fait le sel est abordé : l'alimentation, les installations, les tournées des pubs, les visites touristiques effectuées lors des permissions, l'équipement des aviateurs et celui de leurs appareils. Il trace également le portrait du lieutenant-colonel d'aviation St-Pierre, ainsi que ceux de Daniel Barnabé et de Maurice Laplante, deux aumôniers militaires de l'escadron. Le navigateur revient également sur l'histoire du Wellington et de la chanson *Lili Marlene*. Il fait découvrir la revue mensuelle du personnel de la RAF intitulée *Tee Emm* et les joyeuses bourdes du Pilot Officer Prune, offertes par le crayon de Bill Hooper. Aussi intéressant qu'il soit, le livre nous informe peu sur l'expérience personnelle de l'aviateur. Beaucoup de photographies d'époque et d'autres prises lors de voyages subséquents agrémentent ces souvenirs qu'on aurait souhaités plus personnels.

Les souvenirs du mitrailleur Gilbert Boulanger publiés en 2006 sous le titre de *L'alouette affolée* se veulent beaucoup plus intimes. Ils s'ouvrent sur un épisode marquant pour l'auteur : l'écrasement de son Wellington en août 1943. En 30 chapitres, l'aviateur évoque, avec émotion, sa jeunesse, ses rencontres féminines, son quotidien en Afrique et en Angleterre et les sentiments qui l'animaient en mission. Pour conjurer les effets du temps sur sa mémoire, il s'est inspiré de son livre de bord (*log book*) contresigné chaque mois par le commandant et l'adjudant de l'escadron. Ce livre a permis à l'aviateur de réviser les ordres de mission, les heures de vol, le type et la quantité de bombes larguées. Cet ouvrage fort personnel est largement agrémenté de photographies d'époque de bonne reproduction. Il contient en annexe l'allocution prononcée par l'auteur lors du lancement du livre, un glossaire, une courte bibliographie et une carte en couleur de l'Afrique du Nord et de l'Europe. Fait à souligner, la facture générale de ce livre publié à compte d'auteur est excellente. *L'alouette affolée* a remporté le prix littéraire Juge-Lemay en 2007. Ce prix, institué en 1952, est attribué annuellement à un écrivain de la région des Cantons de l'Est, où l'auteur, âgé de 87 ans, vit toujours.

Les neuf chapitres que comportent *Les anges gardiens de la guerre* du navigateur André J. Duchesnay s'inspirent de notes prises durant la guerre. En ouverture, l'auteur revient sur ses lointains ancêtres, une famille fondatrice de la Nouvelle-France, et sur son père, ingénieur et ancien combattant de la Grande Guerre blessé à Ypres. Les chapitres suivants présentent chronologiquement son parcours militaire, qui débute avec son passage chez les Royal Rifles et dans la 57e batterie antichar, et se poursuit avec son entraînement de pilote, puis de navigateur, sa découverte du monde lors de son passage au Ferry Command, organisation créée par les Britanniques pour conduire en Europe les avions fabriqués en Amérique du Nord, et au BC, son évasion à pied de l'Allemagne à la suite d'une défaillance de l'appareil dans le ciel de Düsserldorf et sa carrière d'homme d'affaires après la guerre. De nombreuses photographies d'époque et des documents d'archives bien reproduits complètent chaque chapitre. Le sommaire des missions de bombardement effectuées par l'auteur démontre l'étendue des pertes chez les aviateurs et le succès mitigé de certaines d'entre elles. L'ouvrage contient aussi une courte bibliographie. Publié à compte d'auteur en 2007, ce livre a fait l'objet d'un travail d'édition minutieux.

L'équipement d'un aviateur de bombardier

Sur la base en Tunisie, les aviateurs du 425e portent des vêtements légers en toile en remplacement des uniformes de lainage bleu, ainsi qu'un revolver Smith & Wesson de calibre .38. Ils doivent en tout temps demeurer en possession d'un sauf-conduit en arabe, précisant que son titulaire est officier du gouvernement britannique. Il devient essentiel dans le cas où l'appareil dans lequel prend place l'aviateur est abattu au-dessus du Maghreb et récupéré par une tribu nomade. L'aviateur remettrait alors le document à un chef de la tribu, en mentionnant qu'il leur serait remis une forte somme d'argent en échange du retour de l'aviateur sain et sauf dans un poste anglais ou américain[4].

Avant une mission à bord d'un Wellington peu chauffé, l'habillement de l'aviateur relève d'un cérémonial décrit en détail par le navigateur Taschereau :

Nous enfilions d'abord une combinaison du genre *Penman*, comme mon grand-père en portait, à « manches longues » pour les bras comme pour les jambes. Ce sous-vêtement, point du tout sexy, était à trois épaisseurs : les parois extérieure et intérieure, fabriquées d'un mélange de coton et d'ersatz, servaient d'enveloppe à un tissu isolant fait de nylon. Par-dessus, nous mettions chemise et cravate […]. Venait ensuite le *battle dress*, consistant en un blouson de cheviotte et un pantalon de même nature, couleur bleu aviation. Les pieds étaient protégés par deux paires de bas de laine superposées, style « bûcheron canadien », auxquelles nous ajoutions une paire de bottes très confortables, mais plutôt lourdes à la marche. Comme isolant supplémentaire, nous mettions un chandail à col roulé, de couleur blanche, qui descendait jusqu'aux genoux. Enfin, nous endossions le blouson de cuir doublé de mouton, appelé Irwin jacket, chauffé à l'électricité. Un pantalon à l'avenant, chauffé de la même façon, n'était porté que par les mitrailleurs isolés dans leur tourelle. Par-dessus cet accoutrement, nous ajoutions la *Mae West*, gilet de sauvetage qui, lorsqu'il était gonflé, nous faisait ressembler, du moins à hauteur de poitrine, à la plantureuse et voluptueuse actrice américaine, justement célèbre pour ses « avant-scènes » provocantes. En dernier lieu venait le parachute, qui à lui seul pesait 23 livres. Pour couronner le tout, un serre-tête (*helmet*) de cuir, auquel venaient s'ajouter les lunettes (*goggles*), le masque à oxygène et le microphone. Les mains étaient protégées par deux paires de gants, l'une en nylon et l'autre en cuir[5].

Le mitrailleur Boulanger garde à proximité une boîte de secours contenant des aliments concentrés, des médicaments, de l'argent de divers pays européens, une boussole, de minuscules cartes géographiques peu détaillées et d'autres produits pouvant l'aider à passer environ une semaine en pays ennemi[6]. Chaque appareil dispose d'un « radioémetteur appelé "Gibson Girl" à cause de ses formes suggestives ; [d'un] pistolet Verey, avec fusées de signalisation ; [d'un] héliographe, miroir spécialement conçu pour émettre des signaux optiques avec la connivence du soleil et [de] rations contenues dans des boîtes hermétiquement scellées[7] ». Dans un contexte de mesures et de contre-mesures électroniques développées par les Alliés et les Allemands, l'aviateur dispose d'outils de navigation de plus en plus perfectionnés. Le navigateur Duchesnay explique brièvement le fonctionnement des principaux systèmes utilisés sur les Halifax en 1943[8].

Les bombardiers : montures des cavaliers du ciel, engins de mort et de destruction

Le bimoteur britannique Wellington, monté en plusieurs versions, est produit par la firme Vickers-Armstrong à partir des années 1930. Extrêmement robuste, fiable et solide à cause de son fuselage construit à partir de poutres en alliage d'aluminium disposées en treillis et recouvertes de textile irlandais et de couches d'enduit, il est le bombardier de nuit le plus utilisé par le BC durant les deux premières années de la guerre.

D'une envergure de plus de 26 mètres et d'une longueur de presque 20 mètres, il peut atteindre 376 km/h. Il nécessite un équipage de cinq aviateurs et peut transporter 4500 livres de bombes (environ 2040 kilogrammes). Le poids des bombes varie en fonction des objectifs : une bombe de 4000 livres peut remplacer, comme c'est le cas lors du raid du mitrailleur Boulanger sur Foggia en Italie, les huit bombes de 500 livres[9].

Le Wellington bénéficie des avancées en matière de camouflage. En Afrique du Nord, il arbore des couleurs brun clair pour s'agencer au désert. En Angleterre, ses surfaces intérieures et les côtés du fuselage sont recouverts de peinture noire pour les bombardements nocturnes. Ses surfaces supérieures sont peintes en vert et en brun foncé afin que, du haut des airs, elles se confondent avec le sol[10]. Il est équipé de mitrailleuses dans la partie avant et dans la tourelle de queue, ainsi que de deux mitrailleuses manuelles sur les flancs. Le mitrailleur, bras et jambes comprimés dans une coupole de plexiglas, scrute le ciel pour y débusquer les chasseurs ennemis :

> Dans ma tourelle, écrit le mitrailleur Boulanger, je suis le seul armé et chargé de défendre le bombardier avec mes quatre mitrailleuses *Browning*. En rafale, elles peuvent cracher 6000 balles à la minute. Avec un manche à balai, je contrôle ces mitrailleuses ainsi que tous les mouvements de la tourelle. Pendant que l'équipage est témoin du progrès du bombardier vers la cible, je suis le *Tail End Charlie* et ne verrai que les suites de l'action[11].

Le système de construction du Wellington ralentit considérablement sa production. Par ailleurs, sa faible vitesse, son plafond limité et sa charge de bombes réduite le rendent vite désuet. Le navigateur Taschereau soutient que l'appareil était :

> lourd à manier […]. Il était aussi mal chauffé, ou plutôt peu chauffé, ce qui obligeait les navigants à porter des combinaisons de vol très encombrantes et inconfortables. En plus du froid qui régnait à l'intérieur et qui atteignait facilement vingt degrés sous zéro à l'échelle Fahrenheit, il nous fallait subir les inconvénients de courants d'air insidieux s'infiltrant par les interstices latéraux de la tourelle avant. De plus, c'était un avion mal équipé pour sa propre défense. Heureusement que nous volions toujours de nuit ou presque, c'est-à-dire à la faveur des ténèbres qui nous accordaient une certaine protection contre les chasseurs ennemis, car nos antiques mitrailleuses de calibre .303 étaient loin d'être de taille à se mesurer avec les formidables armements de nos adversaires. […] Enfin, ce qui n'avait absolument rien de particulièrement rassurant, le Wellington était susceptible de s'enflammer rapidement, pour la moindre peccadille. […] J'ai toujours pensé que cette anomalie pouvait peut-être provenir de la complexité du système de distribution d'essence. En effet, il y avait à bord une surabondance (j'allais dire «une orgie») de canalisation de carburant et forcément il devait se produire une ou des fuites à certains endroits[12].

Le Wellington est souvent surnommé le «cigare volant» ou «Wimpy» (petite mauviette), d'après le nom de l'ami de Popeye, J. Wellington Wimpy, le célèbre mangeur de hamburgers[13]. Du temps de la guerre, la bande dessinée du célèbre marin paraît quotidiennement dans le journal londonien *The Daily Mirror*. Il sera remplacé par des Lancaster, Stirling et Halifax. Ce dernier, un quadrimoteur construit en Angleterre en plusieurs versions, entre en service lors du bombardement sur Le Havre, en mars 1941. Il devient l'un des appareils les plus efficaces du BC. Pouvant atteindre une vitesse de 365 km/h et emporter 5900 kg de bombes, le Halifax est utilisé à compter de 1943 par la plupart des escadrons du 6e groupe du BC :

> Pour le pilote, le navigateur, l'opérateur radio, l'ingénieur mécanicien et le *bombaimer*, l'entrée dans l'avion se fait par une échelle dans la partie avant du fuselage. Les mitrailleurs arrière et *mid-upper* entrent dans le fuselage par une trappe à l'arrière de l'avion. Pour atteindre mon poste [de mitrailleur], je dois me rendre à la toute fin du fuselage en passant près de l'*elsycan* (toilette), qui est dissimulée par un ridicule rideau noir. Le décollage est bruyant et le vent créé par la vitesse s'introduit de toute part dans ma tourelle[14].

Les auteurs recourent souvent au vocabulaire animalier pour décrire les aviateurs et leurs appareils. Les premiers sont assimilés à des «pigeons voyageurs». Le sergent-major Dumais, évoquant les avions abattus au-dessus de la plage de Dieppe, les compare à «de grands oiseaux blessés[15]». Les avions incarnent, chez le navigateur Taschereau, des «oiseaux migrateurs» qui participent à des *dog fights* (duels entre deux avions).

La description des bombardiers, tout comme celle des blindés et des chars d'assaut, emprunte à l'imaginaire équestre. Ce sont de «dévouées montures», des «coursiers volants» : «pour ces aviateurs, l'avion de bombardement cesse d'être une machine et devient en quelque sorte un être vivant. Ils lui consacrent des heures et des heures d'entretien et de bons soins. Ils en connaissent les particularités, ses faiblesses comme ses points forts[16].» Les apprentis pilotes et leur équipage apprennent à piloter le Harvard, le Lysander ou le Fairy Battle durant la formation suivie par le mitrailleur Boulanger, au même titre que l'apprenti cavalier découvre comment dresser son cheval. La transmutation de la représentation du cheval à l'avion existe aussi dans les écrits de combattants de la Grande Guerre : «Ce sont en effet des cavaliers qui jouèrent les premiers rôles dans le développement de l'aviation de combat à partir de 1915, à travers un effort très consciemment poursuivi pour retrouver en elle le rôle de la cavalerie traditionnelle, et le statut qu'elle conférait à ceux qui choisissaient d'y servir[17]. » D'ailleurs, « les écussons sur la carlingue renvoient à l'héraldique des écus de chevaliers en tournoi[18] ». L'aviateur faisant ainsi corps avec son appareil personnifie le chevalier moderne.

Le mitrailleur Boulanger présente le bombardier lourd comme un « engin de vengeance, de colère et de destruction[19] ». L'idée de vengeance, qui peut paraître légitime, mais qui ne s'avère pas un motif rationnel justifiant à lui seul les bombardements, se retrouve aussi sous la plume du navigateur Duchesnay[20]. Les cibles visées sur le sol italien en 1943 se limitent à des objectifs militaires. En revanche, le BC pratique, à compter de mars 1943, le bombardement systématique des arrières et des grandes agglomérations de l'Allemagne avec des centaines, voire des milliers de bombardiers libérant simultanément des tonnes de bombes incendiaires. De mars à juillet, le navigateur Duchesnay participe à la bataille de la Ruhr avec des attaques massives, entre autres, sur Essen, Dortmund, Duisberg et Düsseldorf : « Dans le cadre de cette campagne, notre première mission s'effectua à Essen, pendant la nuit du 12 au 13 mars 1943. Notre attaque devait viser les fameuses aciéries géantes Krupp. Les photos du raid ont montré que plus de la moitié de l'usine, de même que plusieurs établissements voisins avaient été gravement endommagés[21]. » Les dégâts s'avèrent considérables, tout comme les pertes pour le BC.

Du 26 au 29 juillet, Hambourg croule sous les bombes. De gigantesques incendies ravagent le centre de la ville. On compte pour ce bombardement seulement 40 000 morts et 800 000 sans-abri. Puis c'est au tour de Berlin, Hanovre, Kassel, Mannheim, Nuremberg, Munich et Stuttgart. Dans la nuit du 21 au 22 novembre, le navigateur Duchesnay entame la première mission de son troisième tour d'opérations :

> L'objectif de celle-ci était clair : viser les usines de raffinerie de pétrole synthétique à base de charbon situées à Castrop-Rauxel dans la Rhénanie. Au cours de ce raid, plus de 216 bombes explosives avaient été

lancées, ce qui avait occasionné au-delà de 300 incendies. L'intensité des flammes avait été telle que les pompiers, impuissants, avaient dû laisser brûler les bâtiments et les tours de la raffinerie. [...] La mission suivante avait eu lieu pendant la nuit du 2 au 3 décembre 1944, au-dessus d'Hagen dans la région est de la Rhénanie. Cinq cent quatre bombardiers y avaient participé. Cette ville, jusqu'alors épargnée, avait été passablement détruite. En effet, plus de 1658 maisons et 92 industries avaient été sérieusement endommagées[22].

Les mois précédant le débarquement en Normandie marquent le déclenchement d'une nouvelle phase de raids qui se poursuivra jusqu'à la capitulation du Reich. Évoquant la ville de Brême, le mitrailleur Boulanger écrit :

Nos bombes culbutent sur elles-mêmes pour aller rejoindre les milliers d'autres qui torturent la ville. Il est impossible de quitter cet enfer. La tactique exige de continuer notre course en gardant le cap suivi par la meute. [...] Seuls les mitrailleurs voient les flammes lancer des nuages de fumée colorée qui montent jusqu'à notre altitude. Pour un instant, je suis séduit par l'infernale beauté[23].

Il participe aussi au largage de bombes sur Leipzig :

Sous ma tourelle, les incendies au sol couvrent une grande étendue et des nuages s'échappent de cet enfer. Je n'entends que le bruit des moteurs. J'ai froid mais je transpire. Médusé par le spectacle, j'ai l'impression d'être immobile et d'attendre mon tour pour être abattu[24].

Plus de 900 000 tonnes de bombes sont larguées sur l'Allemagne en 1944, contre 500 000 pour toute autre année de la guerre. À lui seul, le BC lâche plus de 163 000 tonnes de bombes[25]. Grâce à l'arrivée des bombardiers B-17 et B-24, accompagnés de chasseurs Lightning et Mustang qui valent largement les Me 109 et les FW 190 allemands, et à la désorganisation de la défense allemande dont les avions commencent à manquer de carburant, les pertes alliées passent de 11 % au début de l'été, à 5 % à l'automne.

Le coup fatal donné à la population allemande et aux systèmes de communication de la Wehrmacht, déjà aux prises avec la puissante offensive soviétique à l'Est, est porté à l'aube de 1945. En janvier, le navigateur Duchesnay participe à des raids sur Nuremberg, Hanovre, Hanau, Magdebourg et Stuttgart.

En février et mars, sur Gock, Bohlen, Essen (deux fois), Colo-gne, Bonn, Cologne, Chemnitz, Hambourg, Wuppertal-Bar-men, Zweibrücken, Witten, Rheine. En avril, il contribue à la destruction de l'aéroport et des installations navales de l'île de Heliogoland (mer du Nord) et de Brême. La destruction de Dresde, du 13 au 15 février, est utilisée par la propagande alle-mande pour exacerber la résistance du peuple. Le soldat Émi-lien Dufresne, dont les souvenirs seront abordés au chapitre VIII, se trouve à Dresde en tant que prisonnier de guerre, peu de temps après les bombardements :

> Partout où on regarde, tout n'est que ruine enflammée. Nous circulons à travers les badauds curieux et rassemblés le long de ce qui reste des rues. Ils nous crient des injures, nous lancent des objets qu'ils ont en-core la force de soulever. Je n'ai jamais vu d'êtres humains aussi amo-chés. Ce sont des civils, mais ils ont l'air plus pitoyables que nous. La guerre leur tombe sur la tête, ils n'ont plus d'autre protection que leurs prières[26].

Le caporal Brisson y est aussi passé : « Ça nous rendait tristes de voir toutes ces maisons détruites, des tas de bri-ques dans la rue... une ville qui n'avait aucune cible digne d'être bombardée... Les Alliés ont fait la même chose que Franco à Guernica dans le but de démoraliser la population civile[27]. »

Ces passages soulèvent la question de la légitimité et de l'efficacité de la stratégie de la terre brûlée choisie par les Al-liés face à l'Allemagne. Le bombardement stratégique effectué par le BC a ravagé plus d'un millier de villes et villages alle-mands entre 1943 et 1945, tuant plus de 600 000 civils dont 76 000 enfants, sans compter les blessés graves et les millions de sans-abri[28]. La décision de bombarder systématiquement le potentiel économique et militaire du Reich dans le double ob-jectif avoué de saper le moral de la population civile et de dis-loquer les forces industrielles du pays a alimenté de vives po-lémiques dès la fin de la guerre dans le monde anglo-saxon. Une enquête de la US Air Force, tenue entre 1940 et le début de 1944, indique que les bombardements se sont avérés ineffica-ces[29]. Les attaques sur les centres économiques n'ont eu aucun effet sur l'effort de guerre allemand et ont eu peu d'influence sur le moral des civils. Certes, les bombardements ont entraîné l'apathie, l'abattement et la résignation de la population, mais ils n'ont soulevé aucune révolte, comme l'espéraient les stratèges alliés :

> La remise en cause du bombardement stratégique ne s'explique pas seulement par la médiocrité relative des résultats, écrit Philippe Masson. Elle réside aussi dans le malaise ressenti par les vainqueurs devant le spectacle de villes jonchées de ruines, parfois totalement dévastées. Malaise aggravé par l'ampleur des sacrifices humains [...][30].

Cette gêne des vainqueurs est à l'origine d'un silence pesant qui ne tarde pas à s'abattre sur la guerre aérienne et qui nourrit bien des controverses[31].

Les effets des bombardements sur l'humain

Du point de vue des fantassins, des artilleurs ou des civils cloués au sol, l'expérience du bombardement aérien ou celle du pilonnage de l'artillerie ou des mortiers s'avère traumatisante et comporte plusieurs similitudes quant à ses effets sur l'humain.

Le caporal Côté se souvient de la violence du bombardement orchestré par une flotte de B-17 américains précédée par des dizaines d'avions de chasse autour du mont Cassin en mai 1944 : « Nous étions à douze miles au moins du mont et nous sentions frémir la terre sous nos pieds, comme durant un tremblement de terre. Je me rappelle bien, même après quarante ans, ce bombardement[32]. » Le lieutenant Forbes se rappelle d'un bombardement entre Caen et Falaise, le 8 août 1944 :

> À 23 h, on entend au loin le vrombissement sourd des moteurs des bombardiers lourds [...]. Ils approchent à 1200 pieds d'altitude. On ne s'entend plus parler. Ils couvrent le ciel gris et légèrement nuageux. On en discerne distinctement les formes. Les soutes sont ouvertes. On entend le sifflement strident des bombes énormes qui sont larguées au-dessus de nos têtes. Elles se suivent en longs chapelets, décrivant une trajectoire parabolique en direction des positions ennemies. Et le vacarme épouvantable des explosions qui se succèdent, se multiplient, nous vide les poumons. On peut à peine respirer. La terre est secouée et tremble. Même les chars de 30 tonnes, sur lesquels nous nous cramponnons, frémissent sous la force des explosions et le grondement de leurs puissants moteurs[33].

Une fois lâchés, les bombes ou les obus éclatent. Le bruit envahit l'espace, bouleverse le corps et donne le sentiment d'être complètement désarmé. Quelques jours plus tard, le lieutenant Forbes subit à nouveau un bombardement, près de Bretteville, cette fois :

> S'il y avait des mots pour décrire ce que j'ai vu et ce que j'ai ressenti en suivant la trajectoire de ces énormes bombes de 500 livres et plus, il n'y aurait jamais plus de guerre. Je vois la ville. Elle est là, devant. Un instant plus tard, les toits sautent ; des arbres, des pierres, des débris de toutes sortes sont projetés dans le ciel. Et les habitants ? Il devait sûrement y avoir des habitants[34] ?

En août 1944, le lieutenant assiste, de son point de vue de fantassin, à un bombardement nocturne de l'aviation américaine sur le chemin de Clair-Tizon en Normandie :

> L'aviation arrive, comme elle était arrivée les jours précédents ; le bruit est assourdissant. Mais, cette fois, ce sont les forteresses volantes, les B-17 américains. Les bombes commencent à tomber. Tellement près que nous vomissons nos rations que nous étions en train de dévorer. Le bruit est affolant. Le souffle des explosions près de nous est tel que les feuilles des arbres se retournent sur elles-mêmes. Dans le verger où nous sommes, les pommes tombent. Nous sommes obligés de nous coucher sur le ventre, face contre terre. Jamais, mais jamais je n'ai eu aussi peur. Alors, je prie et j'implore le ciel de me protéger[35].

Les bombardements d'artillerie et d'aviation ont des effets sur les sens et le corps[36]. Le bruit annonce le danger imminent. Une fois la charge larguée, commence l'horreur ; le temps se compresse. Les sens sont en alerte : l'ouïe, la vue, l'odorat enregistrent le souffle des explosions. La tête et les oreilles font mal ; le fracas des obus empêche tout échange de paroles : « Le bruit était terrible, l'air était rempli d'odeur de poudre et de maçonnerie pulvérisée. Le déplacement d'air me fouettait le visage et les vibrations étaient telles que je croyais que mes tempes allaient enfoncer », écrit le major Poulin qui essuyait le barrage de sa propre artillerie autour du point 131 de la ligne Gothique[37].

Comment protéger le corps face au feu ? Creuser le sol devient l'ultime moyen de survie. « Un trou devait avoir au moins quatre pieds de profondeur sur six de largeur pour assurer une protection des effets du feu[38]. » Le poste de commandement du lieutenant Cadieux près de l'Orne en Normandie mesure « six pieds de profondeur par environ trois pieds de largeur et huit de long [...] ; on le recouvre d'une toile pour se protéger contre la pluie et assurer le black-out[39] ».

Le trou a pour fonction de protéger des éclats d'obus (shrapnels) qui vrillent l'air au-dessus du sol, raflant tout sur leur passage. Artilleurs et fantassins entretiennent un lien intime avec le sol. Ils aspirent à se fondre en lui. Le lieutenant Gouin écrit : « J'étais à plat ventre et je ne pouvais jamais être assez collé à la terre[40]. » Même besoin de fusion avec le sol ressenti par le lieutenant Châtillon, près de la rivière Fortore en octobre 1943 : « Pour la première fois, je sens le besoin de me cacher sous terre[41]. » Le trou est le lieu de la solitude absolue de l'homme face au feu de l'armement moderne :

> Il faut être blotti quelques secondes à peine, seul au fond d'un trou, lorsque la guerre se déchaîne au-dessus de vous, pour se sentir vraiment seul ; on dirait toujours que seul votre trou est la cible de l'ennemi ; une bombe qui descend en sifflant ou un avion qui vole à quelques milliers de verges de vous semble être directement au-dessus de votre tête ; alors on halète, on sue, on a peur quoi[42].

Salvateur, le trou peut aussi ensevelir celui qui s'y trouve et devenir son tombeau[43]. Pour le fantassin, creuser la terre c'est creuser sa propre fosse : « Nanger appelle cela descendre dans l'interdit. Sade, chercher des couleurs. Martedale, pêcher des perles. Kouska, opérer le mal d'Europe[44]. » On peut sans peine imaginer l'épreuve physique que représente le creusage incessant et acharné, de jour comme de nuit, d'un sol souvent gorgé d'eau ou rebelle au pic :

> Leurs plus humbles trous, leurs plus simples abris, leurs tranchées les plus sommaires disent la somme de travail physique consentie pour protéger les corps ; ils disent ce passage capital du corps redressé – et même aussi visible que possible – du soldat du XIXe siècle, au corps couché, recroquevillé, invisible, humilié du combattant du siècle suivant. [...] Les soldats du XXe siècle n'ont cessé d'inscrire sur le sol des champs de bataille la trace de leur volonté d'y enfoncer leur corps et de l'y protéger[45].

Enfoui ou non lors d'un bombardement, le corps, asphyxié, se recroqueville instinctivement afin de réduire sa surface exposée aux éclats au moment du *blast* (déplacement d'air causé par une explosion). On ouvre la bouche au moment de l'impact, petit geste sur lequel on peut se concentrer pour supporter et endurer. On peut lire dans *Les Canadiens errants*: «L'avalanche arriva, dévastatrice. Lanoue se sentit soulevé et projeté contre le mur de pierre. Il lui sembla que le vent d'un ouragan s'engouffrait dans ses oreilles pour ressortir par sa bouche ouverte[46].» La réaction de s'accrocher à quelque chose, comme des chars d'assaut, relève de l'instinct, mais n'assure aucune véritable protection, si ce n'est la présence d'un obstacle entre le corps et l'explosion. Bien que le combat moderne contraigne à la dispersion sur le champ de bataille afin de limiter les pertes, le réflexe de s'agglutiner, par instinct de solidarité, prend parfois le dessus, ultime assurance de ne pas perdre la proximité charnelle[47].

Des études allemandes menées après la guerre décrivent les réactions psychiques face aux attaques aériennes. La fin d'un bombardement constitue, pour certains, un moment d'ivresse et de rires inexplicables, provoqués par le stress intense et le soulagement d'en être sorti indemne. Certains, comme le capitaine Sévigny, en ressortent avec un sentiment de puissance et la volonté de combattre. D'autres font preuve de calme, de détermination et d'endurance. Plusieurs restent impassibles, agissant à l'extérieur d'eux-mêmes. Se fermant aux émotions et aux sensations, ils deviennent insensibles psychologiquement. D'autres sombrent dans l'apathie, la passivité ou la prière, par besoin de confier leur sort à une force supérieure: «beaucoup de soldats apparaissent [...] littéralement assommés, dans un état de semi-conscience. Le bruit infernal, le sentiment d'impuissance, celui de ne pouvoir échapper à cette loterie de la mort et de la mutilation, la hantise de l'ensevelissement, tout concourt à écraser les victimes de ce combat inégal avec l'artillerie[48]», les mortiers et l'aviation. Quiconque subit un bombardement prend donc conscience de sa vulnérabilité. Pour le personnage de Larose dans *Les Canadiens errants*, il déclenche un effondrement nerveux:

> Larose, le lutteur, était debout au milieu de la route et se débattait comme un fou furieux, avec deux gars qui le tenaient par les bras et

tentaient de l'emmener. Tout à coup, il s'échappa et se rua tête première contre un mur, puis il répéta le manège. D'autres gars sautèrent sur lui pour le maîtriser [...]. Larose n'avait pas reçu de blessure, mais la secousse nerveuse avait été trop forte pour son organisme brûlé par l'alcool. On ne devait pas le revoir au front[49].

Les dangers qui menacent les aviateurs

En lisant les souvenirs des aviateurs, on constate que ces derniers, tout comme le personnel non navigant, vivent agréablement comparativement aux fantassins et aux artilleurs. À Dishforth, les officiers disposent de chambres confortables et d'une ordonnance féminine. Les sous-officiers résident dans des maisons de style cottage. Les autres, dans des casernes dotées de dortoirs. Le mess des officiers bénéficie du chauffage. Le menu se compose généralement de mouton de Nouvelle-Zélande, de choux de Bruxelles, parfois de crevettes, de faisan et de chevreuil. Les membres d'équipage ne paraissent pas souffrir du rationnement des denrées en Grande-Bretagne. Ils ont accès, tout comme les enfants et les vieillards, à du lait et à des oranges. Avant chaque mission, un repas composé d'œufs au bacon et de frites est servi. Les hommes le surnomment avec une pointe d'ironie « le repas du condamné[50] ».

À en croire les aviateurs Taschereau et Boulanger, tous deux du 425e, l'arrivée dans le désert tunisien en juillet 1943 ne se fait pas sans heurts. Les hommes vivent sous la tente et un soleil de plomb, la température avoisinant les 40 °C. Les zones d'ombre se font rares, hormis sous les ailes des bombardiers ; le sable s'immisce partout. En guise de toilettes à ciel ouvert, des tranchées sont creusées dans le sable. Les hommes apprennent à se méfier des tarentules, des scorpions et des moustiques porteurs de malaria. Les puces des sables se glissent entre le derme et l'épiderme, provoquant de vives démangeaisons. L'eau est rationnée à deux gallons par jour par personne. Elle sert aux ablutions, à la lessive et à boire. Le menu se limite à du *corned-beef*, des *hard tacks*, du café et du thé anglais. Certains produits se font rares à cause des problèmes d'approvisionnement. Par exemple, le navigateur Taschereau mentionne que le papier hygiénique vient à manquer alors que plusieurs membres de l'escadron souffrent de dysenterie !

En mission, les aviateurs vivent sous la menace de dangers constants depuis le décollage jusqu'au retour à la base. Le mitrailleur Boulanger et le navigateur Duchesnay évoquent les périls auxquels les aviateurs font face à chaque sortie nocturne. Sur la route vers les cibles situées en Italie ou en Allemagne ou sur celle du retour, les aviateurs connaissent des conditions météorologiques parfois défavorables. Les nuages chargés d'électricité et les vents contraires provoquent de violentes turbulences. De la glace peut se former sur les ailes. Le risque continuel d'une défaillance mécanique préoccupe l'équipage. Une maladresse de pilotage, une simple erreur de calcul de distance ou de direction de la part du navigateur risquent de perdre l'équipage dans l'immensité du ciel. L'appareil peut alors s'écraser, faute de carburant.

Une fois atteinte la zone de bombardement, la peur de la nuit, du bruit, de l'isolement, du froid et de la mort est à son comble :

> La course vers l'objectif pour larguer nos bombes est un long moment de vulnérabilité pour nous tous. La tension monte à son plus haut. La longue attente pour ajuster notre course sur l'objectif exige un vol précis alors que notre bombardier se précipite dans le noir, habité par un feu constant de mines antiaériennes. [...] Pendant d'interminables minutes, avec anxiété, nous attendons les mots magiques : *Bombs gone*[51].

Les manifestations de la peur ressemblent à celles ressenties par les fantassins, les artilleurs et les marins : tremblements, sécheresse de la bouche, transpiration, maux d'estomac, tension extrême.

À l'approche de l'objectif, le ciel devient champ de bataille. Le pilote doit constamment éviter les collisions avec les dizaines, voire les centaines d'autres appareils volant tous feux éteints : « Étant donné que nos Wellington bombardent sans feux de position, rappelle le mitrailleur Boulanger, la possibilité d'une collision, d'un accrochage nous terrifie. Des ombres ici et là révèlent leur proximité et ces visions fuyantes ne font qu'augmenter notre anxiété[52]. » Au risque de collision s'ajoute l'ennemi qui veille, tout en bas et dans les airs. Le pilote doit absolument éviter de placer son appareil dans le cône de lumière des projecteurs allemands qui sillonnent le ciel de leurs bras lumineux, écrit le navigateur Duchesnay :

> Lorsqu'un projecteur réussissait à trouver un bombardier, les opéra-
> teurs voisins joignaient leur projecteur au premier et formaient ainsi un
> entonnoir de cinq ou plus de ces projecteurs. C'était comme une meute
> de loups ou de hyènes qui cernent une proie. Lorsque le bombardier
> était pris dans ce cornet de lumière, les canons […] accompagnés des
> avions de chasse ennemis nous tiraient dessus. Ceux qui aiment les
> films de guerre, mais qui ne sont jamais passés par là ne peuvent pas
> imaginer la peur que nous ressentions lorsque nous étions pris dans cet
> entonnoir qui était souvent fatal[53].

Au-dessus de l'objectif, le bombardier demeure sans cesse soumis au feu des batteries antiaériennes allemandes, dont les obus éclatent tout autour de l'appareil. Les explosions provoquent de fortes turbulences et les shrapnels risquent d'endommager le fuselage, de blesser ou de tuer les aviateurs : « Notre seule défense était de grimper plus haut que le rayon de ces obus, soit à vingt mille pieds d'altitude, se souvient le navigateur Duchesnay. C'était plus sûr qu'à quinze mille pieds, mais pas toujours… Les chasseurs ennemis pouvaient nous y rejoindre et faire beaucoup de dégâts[54]. »

En 1943, les Allemands disposent d'une imposante chasse de nuit composée d'appareils de types Messerschmitt 109 et 110, Focke Wulf 190, de bimoteurs Junker 88 ou Dornier 17. Puissamment armés, ces avions sont intégrés dans un système de défense comparable à celui de l'Angleterre en 1940[55]. Les Junker ont beau jeu, écrit le mitrailleur Boulanger :

> Les Allemands ont fixé derrière le pilote des mitrailleuses pointées à la
> verticale. En vol, le chasseur allemand se glisse sournoisement sous le
> bombardier sans être détecté. Le haut commandement croit que c'est
> une des raisons des nombreuses pertes de nos avions. Le tir est si vio-
> lent que les réservoirs prennent feu et [que] le bombardier explose en
> quelques secondes. Le chasseur disparaît sans avoir été détecté[56].

L'équipage dispose finalement de peu de moyens de défense, si ce n'est de l'agilité du pilote à ne jamais naviguer en ligne droite ou de la salutaire présence d'épais nuages dans lesquels plonge l'appareil afin de se dissimuler.

Après huit ou neuf heures de mission :

> on voulait tenter de rentrer à notre base les premiers et le plus tôt possi-
> ble pour éviter les accidents d'atterrissage forcé causés par la fatigue de

l'équipage. L'atterrissage de plusieurs avions après une mission était presque aussi dangereux que la mission elle-même. Plusieurs avions revenaient d'une mission de bombardement très endommagés, soit en flammes ou avec seulement un ou deux moteurs sur quatre [dans le cas des Halifax][57].

L'atterrissage en lui-même n'est pas exempt de danger, comme l'attestent les premières pages des souvenirs du mitrailleur Boulanger. La peur de périr est alors vivement ressentie par l'auteur : « Roulant, culbutant sur moi-même, deux fois, dix fois, cent fois, la folle embardée me laisse debout, meurtri, confus dans le brouillard. Plus un bruit, suis-je sourd ? Non ! Je suis mort. Je suis passé à la mort et celle-ci est silencieuse. Lentement, je reprends mes sens[58]. »

Durant les mois de bombardement sur l'Allemagne, le taux des pertes britanniques avoisine par moments les 11 %, ce qui provoque une crise du moral parmi les équipages. Le navigateur Taschereau écrit :

Pour larguer nos bombes, il nous fallait franchir un véritable enfer. [...] Un escadron était composé d'une vingtaine d'avions. Et il arrivait souvent qu'au retour d'un raid il en manquait un ou même deux à l'appel, c'est-à-dire cinq à dix hommes portés disparus. Il semble superflu d'ajouter que cette dure réalité laissait plutôt perplexes les jeunes gens de vingt ans que nous étions alors[59].

Au lendemain de la bataille de Berlin et de l'attaque sur Nuremberg :

Les cas de crise névrotique se multiplient. De nombreux indices sont révélateurs du fléchissement du moral : la proportion plus ou moins forte d'appareils ayant réellement survolé et attaqué l'objectif [...]. De toute manière, l'ampleur des pertes explique à elle seule le terrible stress auquel sont soumis les hommes du BC. [...] 60 % des hommes incorporés dans le BC de 1939 à 1945 ont trouvé la mort, 13 % ont été faits prisonniers, 3 % grièvement blessés, 26 % seulement en sont sortis indemnes[60].

Du côté de l'ARC, les pertes connaissent un bond entre le 3 septembre 1943 et le 2 septembre 1944, avec 3918 navigants tués en combat aérien, sur un total de 10 393 pour l'ensemble de la guerre[61]. Plus précisément, 92 % des pertes dans l'aviation sont fatales (contre 30 % dans l'armée de terre) et 94 % sont le fait du personnel volant.

Le navigateur Taschereau résume bien l'état d'âme des aviateurs face à l'hécatombe :

> Nous étions presque tous célibataires, donc libres de toute attache, et nous avions tous l'absolue certitude que nous ne sortirions pas vivants de cette aventure. Les statistiques le démontraient amplement. Et c'est la permanence de cette idée dominante qui nous forçait ainsi à vivre au jour le jour et nous engageait continuellement à profiter au maximum du peu de temps qu'il nous restait à vivre[62].

La guerre en mer

La guerre sur mer se déroule principalement dans l'Atlantique entre le 3 septembre 1939 et le 8 mai 1945. Au début du conflit, la MRC dispose d'une dizaine de navires à peine et d'environ 3500 hommes. Au terme de la guerre, elle est devenue la troisième marine en importance au monde avec quelque 370 navires et 110 000 membres, dont 6500 femmes[63]. La principale responsabilité de la MRC est d'escorter les convois de navires marchands un peu partout sur l'Atlantique. Ces convois permettent le passage de milliers de combattants en Europe et approvisionnent les différents théâtres d'opérations en matériels de toutes sortes. Les redoutables U-Boats (*Unterseebooten*) incarnent la principale menace pour les convois. Leur grande autonomie leur permet de sillonner les mers pendant trois mois, où ils sèment des mines et pourchassent les convois alliés de leurs torpilles. Au terme de la guerre, la MRC a perdu 2000 membres et 24 navires. Une cinquantaine de sous-marins allemands ont été coulés. Les ouvrages d'auteurs issus de la marine s'avèrent très rares au Canada français. En fait, le lecteur ne peut recourir qu'au roman de Maurice Gagnon et aux quatre chapitres des souvenirs du politicien conservateur Léon Balcer consacrés à ce sujet.

En 1959, Maurice Gagnon publie le roman *Les chasseurs d'ombres*, vraisemblablement inspiré de son expérience de marin. Les « chasseurs » en question, ce sont les Canadiens, toutes professions confondues, rassemblés sur une frégate anglaise prêtée au gouvernement canadien. Les « ombres », ce sont les U-Boats qui attaquent les convois en meute comme des loups. Le personnage principal s'appelle Jérôme Gauvain. Officier canadien-français de la MRC, le lieutenant Gauvain, 30 ans, ingénieur de formation et chef de brigade durant la guerre d'Espagne, a rejoint la marine en septembre 1939. Il se fait remarquer par ses supérieurs en ramenant à Londonderry la corvette *Ramsack* passablement endommagée à la suite d'un duel en mer contre des Junker 88. Pour son sang-froid, son assurance et son sens du commandement, il est promu lieutenant-commandant de la frégate fictive *Her Majesty Canadian Ship (HMCS) Summerville* incorporée au groupe d'escorte 2. Il a pour tâche de transformer en une efficace et redoutable machine de guerre l'équipage hétéroclite et indiscipliné de la frégate. Mis à part quelques scènes entre Gauvain, qui est aussi artiste peintre et dessinateur dans ses temps libres, et Sherry Keith, la belle Écossaise de 26 ans qu'il a épousée après quelques rencontres, l'action se déroule entièrement dans l'Atlantique, à bord de la frégate qui accompagne un imposant convoi vers Mourmansk.

Comme c'est le cas dans les souvenirs d'aviateurs, le narrateur recourt régulièrement au vocabulaire animalier pour décrire son entourage. La frégate joue le rôle du « berger patient » qui surveille et rassemble son troupeau (les cargos). Il veille sur le « gibier » chassé par les U-Boats et les Junker 88. Le narrateur assimile les cargos les plus lents ou endommagés à des « canards blessés » ou des « brebis égarées ».

Attaques et ripostes, convois sectionnés, sauvetage de deux équipages américains, sous-marins poursuivis et torpillés composent la trame du roman. Écrit dans un style précis et concis, ce roman en trois parties réunit les ingrédients d'un film de guerre efficace : il s'ouvre sur un générique et l'action se découpe en courtes séquences, passant d'une scène à l'autre. Au fil du récit, l'auteur trace le portrait d'officiers allemands, compétents et déterminés. L'abondance de détails techniques, et la présence du vocabulaire maritime dans certains dialogues (qu'explique le glossaire des termes marins inséré en annexe), apparente le roman au documentaire, mais alourdit parfois le récit. Compte tenu du peu de témoignages de marins dont on dispose, on apprécie ce roman en tant que reconstitution vraisemblable de ce qu'a été la guerre pour ceux qui avaient la charge de protéger les convois dans l'Atlantique.

Dans ses souvenirs parus en 1988, Léon Balcer consacre quatre courts chapitres, très anecdotiques, à ses années passées en mer. Plutôt que d'évoquer de véritables souvenirs personnels, le lieutenant de marine décrit des individus qu'il a connus et des anecdotes qui ne sont pas liées entre elles. Le chapitre « Les Féroé » dépeint le portrait d'un télégraphiste anglais qui rapporte illégalement sur la frégate un ballot de duvet d'eider trouvé sur les îles Féroé, un archipel volcanique entre l'Islande et la Norvège. Avant même d'avoir pu envoyer le précieux colis de duvet à sa mère, l'homme est grièvement blessé par un éclat d'obus tiré par un U-Boat. L'auteur trace ensuite le portrait du marin Skolnyk, un juif canadien de Windsor passé maître dans l'art d'écumer les hangars et les entrepôts des ports pour remplir la frégate de toutes les denrées imaginables, au plus grand plaisir des marins. Le chapitre suivant décrit le duel d'artillerie survenu en octobre 1944 entre le *HMCS Annan* et le U-1006. Au terme de l'affrontement, le submersible allemand est coulé et la frégate, passablement endommagée, recueille des marins ennemis avant d'en abandonner d'autres devant la menace d'un sous-marin à proximité. Après avoir brièvement raconté le suicide d'un aspirant officier anglais de 17 ans à Londonderry, le lieutenant de marine explique comment les hommes du *HMCS Annan* ont appris l'armistice alors qu'ils accompagnaient un convoi. En pleine nuit, les navires tirent de tous les canons et les hommes reçoivent quatre onces de rhum au son de la musique diffusée par les haut-parleurs : « Il s'agissait, hélas !, d'une fausse information et la guerre était loin d'être terminée. [...] Il fallut encore sept à huit jours avant que l'armistice ne soit signé... Mais cette fois, tout s'est réglé en silence et avec si peu de commentaires[64]. »

Les personnages du roman de Maurice Gagnon et le lieutenant de marine Balcer naviguent à bord d'une frégate. Celle-ci désigne les navires chargés d'escorter des convois de cargo qui filent à moins de 20 nœuds. Les convois dont il est question dans les deux textes voguent vers Mourmansk, en Russie. La frégate se montre particulièrement résistante dans des mers agitées, comme peut l'être par moments l'Atlantique Nord. Elle dispose d'un armement principalement anti-sous-marin.

La description détaillée du *HMCS Summerville* dans le roman *Les chasseurs d'ombres* s'accorde tout à fait avec la réalité. La frégate commandée par le lieutenant Gauvain mesure 310 pieds de longueur, vogue à une vitesse d'environ 20 nœuds et nécessite un équipage de 180 à 200 hommes. Pour sa défense anti-aérienne et de surface, la frégate dispose notamment de deux pièces jumelles de canons de 20 à 40 mm de type Oerlikon montées sur plates-formes à l'avant et à l'arrière. Elle est également équipée d'un ensemble d'appareils de repérage sous-marin appelés ASDIC (Anti-Submarine Detection Investigation Committee). Ce système fonctionne par émissions d'ondes ultrason réfléchies par une éventuelle cible ou un attaquant situé à proximité de la frégate. La mesure de la distance se fait par l'évaluation de l'intervalle séparant l'émission et la réception de l'écho. L'appareil connaît des limites : souvent, les bancs de poissons ou les changements abrupts de la température de l'eau faussent la direction des échos[65].

À bord, les matelots vivent dans la promiscuité :

> Dans le poste des matelots, une jungle de hamacs superposés, entrelacés qui se balancent ensemble… Sous les veilleuses, quelques attardés lisent encore, écrivent. Cinquante hommes sont entassés ici avec leurs hamacs, leurs sacs, leurs casiers, leurs cirés, leurs bottes, leur linge qui sèche, leur vaisselle dans les râteliers, leurs réchauds électriques, leurs radios portatives, leurs ceintures de sauvetage, leurs armes, les mille et un objets nécessaires au marin dans l'Atlantique Nord[66]…

À l'opposé, la cabine de l'officier est représentée comme « une oasis au sein d'un maelstrom » offrant « l'ineffable sécurité du cadre avec, pour le regard, des repères familiers : le miroir, le bassin, la lampe du pupitre[67] ».

Le mess des torpilleurs mesure, quant à lui, 10 pieds sur 50. Douze torpilleurs y habitent et dorment dans des hamacs. Par beau temps, les ponts grouillent d'activité : « signaleurs séchant leurs pavillons, canonniers démontant leurs pièces, armant des chargeurs, torpilleurs ajustant grenades et râteliers tandis qu'en bas, on lave à grande eau. Rires, bribes de chansons[68]. »

Le menu comprend les aliments suivants : soupe aux nouilles, ragoût de bœuf, pommes de terre, poisson, gelée d'orange, pain sec et rassis, parfois moisi, omelettes d'œufs en poudre, bacon servi dans une sauce aux tomates, biscuits, jus d'extraits de fruit, café, parfois de la tarte aux pommes. Les hommes semblent particulièrement apprécier les sandwichs

«Dagwoods» faits avec du pain, des sardines, des olives, du fromage, du jambon et toute la boustifaille qu'il leur a été possible de chaparder[69].

Les passe-temps se font rares. Les marins se fabriquent des souvenirs de guerre avec les douilles usagées des obus tirés au cours d'exercices ou de combats[70]. Les jours et les nuits se suivent et se ressemblent souvent : «la perpétuelle fatigue, les veilles de nuit, les heures brisées par l'appel du timbre d'alarme, la claustrophobie des étroites cabines, la discipline[71]... » L'équipage est normalement divisé en trois «bordées» qui se relaient à la manœuvre du navire et à son entretien toutes les quatre heures, sauf de 16 h à 20 h, période segmentée en portions de deux heures. La routine des rondes paraît particulièrement astreignante, mais essentielle à la sécurité du bâtiment et de son équipage :

> Ils vont monter, descendre, toutes les échelles du bateau, visiter mess, fonds, compartiments, essayer toutes les portes étanches, toutes les écoutilles, vérifier l'amarrage des Carleys, des embarcations là-haut... Pour Kinsley, les rondes du soir sont un rite sacré, son dernier geste sacerdotal de la journée : la sécurité d'un navire, la vie de deux cents hommes peuvent si facilement dépendre d'une porte mal fermée, d'une étincelle dans une soute à munitions, d'une fuite d'huile, d'un hublot entr'ouvert qui laisse jaillir un filet de lumière... Barclay et le matelot qui précèdent le premier lieutenant, vérifient des poignées, essayent des portes, dévissent une ampoule blanche oubliée par les électriciens – la nuit tous les feux intérieurs sont rouges – sauf dans la chambre des machines à l'optique de nuit[72].

Les dangers rencontrés par les marins s'avèrent nombreux. Tout comme pour le fantassin, l'artilleur ou l'aviateur, la nature constitue un ennemi en soi : tempêtes arctiques, vents forts, froid mordant et banc de brouillard surviennent fréquemment. Un bri dans la coque n'est pas impossible[73]. Il arrive aussi que le navire perde contact avec le reste du convoi et se mette à errer sur les flots[74]. Arrimer la frégate à un pétrolier en pleine mer ou procéder au sauvetage d'un équipage dont le navire sombre comporte des risques de collision[75]. Le danger le plus menaçant demeure sans doute un affrontement avec la marine ou l'aviation ennemie. Les U-Boats sont passés maîtres dans l'art des attaques bien conçues, des escarmouches de diversion et de la poursuite des navires traînards et de ceux endommagés. En bons chasseurs rusés et patients, ils attaquent en pleine nuit, souvent durant la relève des quarts des équipages ennemis, en solitaires, à deux ou en meute. Le narrateur du roman *Les chasseurs d'ombre* résume bien les forces qui s'affrontent et la stratégie utilisée par un tandem de U-Boats. Les convois disposent de quelques atouts : « son exiguïté, la mobilité de sa défense. Handicaps : lenteur et lourdeur des cargos. Atouts du sous-marin : vitesse de surface, maniabilité. Tactique : attaque de nuit par l'un des sous-marins, le confrère ayant au préalable attiré hors de poste l'une des escortes. Autant que possible la frégate[76]. » Les attaques de U-Boats jumelées aux assauts répétés d'avions Junker 88 s'avèrent souvent les plus virulentes, car elles peuvent s'étendre sur plusieurs jours et plusieurs nuits. L'objectif poursuivi est d'épuiser et de désorganiser les équipages et de s'acharner sur les navires traînards ou endommagés afin de les couler[77].

*
* *

Le marin en guerre demeure constamment soumis aux intempéries que lui impose la nature, aux nuits sans sommeil, aux raids aériens, exposé aux morts dérivant sur les flots, aux naufragés qu'on ne peut sauver, à la chair sanguinolente des marins atteints par un éclat d'obus et aux cris provenant des hommes brûlés au troisième degré à la suite d'une explosion à bord, sans parler des blessés légers souffrant de fractures, de contusions ou de déchirures superficielles. Et il y a les affrontements avec les U-Boats. Le lieutenant de marine Balcer écrit :

> Nous étions tous très nerveux et inquiets. Au cours des trois années précédentes, nous avions souvent attaqué des sous-marins avec des bombes de profondeur sans jamais pouvoir être certains de les avoir coulés. [...] En général, notre rôle avait été de ramasser les pots cassés, et surtout de rescaper les survivants et les blessés. Mais cette fois-ci, nous avions devant nous, en surface, un gros U-Boat moderne et bien armé. Même endommagé, il pouvait se défendre sans trop de problème[78].

Comme le fantassin, l'artilleur ou l'aviateur, le marin demeure constamment sous l'emprise de la peur. Cependant, lui

seul risque de connaître la mort terrible que représente la brû-
lure de l'eau salée qui entre dans les poumons alors que le
poids des vêtements l'entraîne inexorablement vers les pro-
fondeurs. Corps noyé, corps à jamais perdu.

CHAPITRE VII

Les ennemis à combattre

Les combattants ne vivent pas tous un contact comparable avec l'ennemi. L'aviateur, le marin et l'artilleur risquent peu de connaître le corps à corps avec lui, alors que cette rencontre fait partie de l'horizon des possibles pour le fantassin. Le rapport à l'ennemi est fort différent selon que l'on est combattant armé ou prisonnier de guerre, soumis aux diktats du vainqueur du moment, comme on le verra au chapitre suivant. Les textes décrivent l'ennemi japonais, italien et allemand et ce qu'ils en disent s'accorde plutôt avec la réalité décrite par l'historiographie.

L'ennemi japonais est présenté comme haïssable, mesquin et sans pitié. Sa fonction consiste à encadrer, souvent cruellement, les prisonniers de guerre. Contrairement à ce qu'il en est pour les Japonais, les auteurs n'éprouvent pas de haine particulière envers l'Italien et l'Allemand ordinaires. Ce dernier est considéré comme un redoutable combattant, mais aussi comme un brave type qui a fait globalement preuve de professionnalisme dans la conduite des combats, mais aussi parfois de fanatisme. Les auteurs séparent nettement le culte du chef cher à la propagande nazie. Hitler est présenté comme un monstre qui a entraîné son peuple dans sa folie mégalomane. Plusieurs formules, souvent stéréotypées, visent entre autres à diaboliser le dictateur. Ce chapitre s'ouvre sur un autre ennemi contre lequel le militaire doit lutter quotidiennement : la nature.

La topographie des champs de bataille et les rigueurs du climat

La topographie et les conditions climatiques peuvent parfois aider le combattant, mais aussi devenir de véritables ennemis pour ce dernier[1]. Depuis la nuit des temps, la montagne, les plaines, les plages, les marées, la neige, le froid, la chaleur torride, la pluie et la boue influent sur le comportement des militaires, dictent le type de combat et les tactiques mises en œuvre pour vaincre l'opposant. Au cours de la Seconde Guerre mondiale, les combats dans la montagne en Italie diffèrent de ceux menés dans le plat pays belge ou sur le territoire hollandais parsemé de digues. Le relief et les accidents naturels laissent une impression indélébile et souvent désagréable aux fantassins et artilleurs canadiens-français. Ces derniers connaissent en Italie et en Europe de l'Ouest des conditions climatiques comparables à celles du Canada : été chaud, hiver froid et enneigé.

En Italie, les troupes se heurtent donc à un relief montagneux rendant la progression difficile et meurtrière. À leur arrivée à Reggio de Calabre le 4 septembre 1943, les pelotons du R22eR avancent sur une route poussiéreuse et accidentée. Le relief et les chemins défoncés rendent ardu, voire impossible, le déploiement des ressources technologiques d'une armée moderne. Faute de véhicules, les militaires ont tôt fait de recourir aux ânes pour le transport du matériel[2]. De plus, les troupes souffrent de la chaleur suffocante et d'un soleil de plomb. La chaleur provoque une soif si intense qu'elle entraîne parfois le fantassin à prendre des risques face à l'ennemi qui veille, se souvient le major Poulin[3].

En octobre, « l'air demeure froid durant la journée ; on sent un net changement de climat, le début d'une saison qui tache le paysage de gris, de pluie et de glaise[4] ». Les fortes pluies, souvent accompagnées de puissants vents, transforment le quotidien en enfer. L'humidité s'immisce partout. Les bottes s'enfoncent dans une glaise épaisse, un sol « vaseux et mou comme de la pâte[5] ». Il faut en extirper un pied, puis l'autre ; les hommes, épuisés, s'effondrent dans le fossé[6].

Au cours de la campagne continue d'Italie, la montagne « réduit à l'impuissance une bonne partie de l'armement moderne : la marche, le creusement des abris dans la roche, le froid y épuisent les corps, tandis que l'éclatement des obus sur la pierre et le ricochet des balles confèrent aux bombardements et aux tirs une dangerosité accrue[7] ». En revanche, la topographie facilite la défense des positions retranchées et bien fortifiées durement arrachées à l'adversaire. Il s'ensuit une longue guerre de positions. Les tirs d'artillerie et de mortier clouent l'ennemi au sol ou le délogent d'une position. Les patrouilles visant la reconnaissance des positions ennemies se multiplient, semant, on l'a vu, le doute et la peur chez ceux qui y participent. Les combats d'embuscade en forêt, autour de rivières et de villages en ruine, deviennent monnaie courante. Pas plus que les Canadiens, les Allemands ne peuvent y mener de combats de grande envergure. Eux aussi demeurent entravés par les intempéries, les chemins défoncés, les fortes pluies et les mauvaises communications qui nuisent à l'acheminement des renforts et du matériel et rendent impossible le recours aux blindés et à l'aviation.

Les combattants progressent péniblement dans un relief montagneux qui offre un camouflage naturel aux Allemands et de nombreux points de défense difficiles à prendre où se cachent des tireurs embusqués. Les chemins parcourus par les hommes mènent souvent à des maisons juchées en hauteur ou à des villages médiévaux aux ruelles étroites, comme celui d'Ortona, où se déroulent en décembre 1943 d'importants combats. L'objectif est de couper la ligne de communication allemande Ortona-Orsogna-Rome en prenant notamment la Casa Berardi, une grande maison qui se veut le point fort du système de défense allemand dans la région, et qui est maintes fois mentionnée dans les souvenirs du caporal Côté et du lieutenant Châtillon. Les hommes du R22eR, dont le caporal Côté, rampent dans des ravins humides près desquels se déploient des rangées d'oliviers, de noyers et d'ormes entrelacés de vignes et de barbelés que les Allemands ont déroulés un peu partout[8].

L'hiver de 1943-1944, le premier passé en Italie, se vit dans la misère. Sous un soleil timide, les plaques de neige s'incrustent dans les replis du terrain. La terre gelée rend difficile le creusage des trous pour se protéger du feu de l'artillerie, trous que l'on garnit de branchages et de feuilles pour s'isoler du froid[9]. L'humidité démoralise, la pluie tombe à verse, favorisant l'amoncellement de boue pendant la nuit de Noël. Le R22eR doit alors annuler son réveillon pour passer en première ligne[10] : « J'ai peu dormi dans mon trou. Je suis grippé et grelotte sous ma couverture[11] », note le lieutenant Châtillon. En janvier 1944, le régiment est cantonné dans les montagnes enneigées : « Ce n'était pas tellement dangereux comparativement à notre ligne de feu sur l'Adriatique, mais c'était plus misérable. Nous souffrions d'une misère incroyable causée par le vent, la neige et le froid. Il n'y avait aucun vêtement adéquat pour ce genre de guerre et aucune nourriture chaude[12] », rappelle le caporal Côté. Les hommes s'étendent sur le sol gelé et s'enroulent dans une couverture pour dormir. « D'autres font de grands feux de bivouac et s'assoient sur des roches ou des boîtes. Moi je préfère demeurer assis dans mon camion, mais le froid nous empêche de dormir[13] », note le père Laboissière.

Les souvenirs du major Poulin décrivent l'attaque menée en août et septembre 1944 contre la ligne Gothique qui traverse la chaîne des Apennins. Il précise que l'endroit incarne la « ceinture extérieure de l'enfer » :

> Les montagnes rocheuses de cette chaîne se présentaient admirablement bien [pour] la guerre défensive que les Allemands voulaient nous livrer à cet endroit. Variant de 300 à 3000 pieds d'altitude, ces montagnes étaient de roc solide et s'étendaient sur une profondeur de quinze milles environ, soit de Pesaro à Rimini sur le front de l'armée canadienne. [...] Nous avions affaire à un ennemi bien armé, bien équipé et surtout bien retranché dans des fortifications naturelles, supplémentées d'innombrables ouvrages défensifs capables de briser les plus violents assauts[14].

Autour du point 105, d'innombrables clôtures recouvertes de vignes parsèment les hautes collines, rendant l'observation très difficile et ralentissant considérablement les troupes[15]. L'avancée sur la rivière Marano, à la mi-septembre, offre un autre type de difficulté, surtout lors des mouvements nocturnes : « Il fallait escalader un escarpement de rochers, contourner un ravin profond ou un bocage trop touffu, obliquant à gauche ou à droite, il fallait souvent revenir sur nos pas pour reprendre la direction de la rivière [...][16]. » Autour du mont San Fortunato, « les hommes doivent traverser de nuit une rivière, franchir un épais bois de broussailles, suivre des petites routes, grimper des sentiers de chèvres, et tout cela, en évitant si possible les positions ennemies[17] ». Au lever du jour, il fallut mener « l'assaut du haut d'une montagne boisée dont la pente était à quarante-cinq degrés et hérissée de défenses[18] ». De plus, le climat se montre hostile en ce mois de septembre :

> Couché à plat ventre dans un fossé d'eau je passai la nuit à grelotter. Je n'avais pour me couvrir qu'un mince chandail de laine que je transportais toujours dans mon havresac. Transi jusqu'aux os, les dents me claquaient dans la bouche, j'avais le cœur gelé. Dire combien longues furent ces heures me serait impossible. En septembre, le climat d'Italie est encore très chaud le jour, mais les nuits sont froides. Mouillés et transis, nous attendions en grelottant le jour qui nous apporterait un peu de soleil et peut-être la libération[19].

Les auteurs ayant participé à la campagne d'Europe de l'Ouest s'attardent également à décrire la topographie des champs de bataille et les conditions climatiques. Le début de *Neuf jours de haine* trace un portrait percutant des conditions dans lesquelles s'effectue le débarquement en Normandie. La mer houleuse provoque des vomissements aux soldats ballottés dans les barges[20]. Après la mer, le sol impose ses rigueurs au fantassin. Constellé de cratères d'obus, il devient l'unique abri. L'infirmier Bernier livre ses impressions sur les plages normandes où il débarque le 28 juillet avec le personnel du 6ᵉ Hôpital général canadien :

> Sur la grève, nous voyons des tanks qui sont restés pris dans la boue le jour du débarquement ou qui ont été mis hors d'usage par l'ennemi. Partout sur la grève, il y a de petites croix sur lesquelles sont inscrits les noms, les numéros et les régiments et la date du décès du 6 juin 1944, « D-Day ». Ceux qui n'ont pas encore leur croix ont leur fusil à la place. [...] Il est triste de penser que ces jeunes gens sont tombés en arrivant dans l'action[21].

Durant la bataille de Normandie, « il fait une chaleur torride comme à Montréal en été[22] », confie le lieutenant Gouin. Même opinion chez le narrateur des *Canadiens errants* : « L'ardeur de l'été sur ce continent demeurait une surprise pour les envahisseurs venus d'outre-Manche[23]. » Les arbres et la végétation de la campagne normande représentent tantôt des endroits sûrs, tantôt une menace s'ils abritent des tireurs embusqués. La violence des combats malmène les arbres pourfendus, déchiquetés, hachés par les balles et les obus. Les branches nuisent aux fantassins. La guerre des haies en Normandie se déroule dans un bocage propice aux traquenards et aux embuscades.

Les régiments canadiens-français participent à la poursuite de l'ennemi le long des ports de la Manche et de la mer du Nord jusqu'en septembre. Le 6, les Canadiens arrivent à la frontière franco-belge. La topographie de la Belgique se compose essentiellement de plaines, ce qui favorise le transport du matériel et le déploiement des troupes : « Le terrain est si plat qu'on distingue toute espèce de mouvement à de très grandes distances[24] », constate le lieutenant Cadieux. La pluie marque la traversée de la Belgique : « L'automne se fait sentir et il pleut assez souvent, ce qui rend les opérations plutôt désagréables[25] », mentionne le lieutenant Gouin. En octobre, la situation perdure : « L'hiver commence à se faire sentir désagréablement, surtout dans un pays aussi humide que [la Belgique]. Il pleut souvent, et mon admiration est sans bornes pour nos pauvres canonniers qui pataugent dans la boue jour et nuit[26]. » Les maisons en ruine n'offrent aucun confort. Les nuits sont froides. La pluie détrempe le bois, rendant impossible l'allumage d'un feu[27]. Poussée par les vents mordants du nord, elle pénètre jusqu'aux os :

> Il pleut durant la nuit et nous avons la désagréable surprise de nous réveiller dans une véritable baignoire. Il y a un bon pied d'eau dans ma tranchée et tout ce qui peut flotter de mon équipement, bottines, uniforme de rechange, bas, casque de fer dans lequel j'ai mis mes cigarettes et mes allumettes, ma trousse de toilette, tout flotte de même que quelques lettres et deux gros paquets contenant des cigarettes, du chocolat et un gâteau reçus la veille, de ma mère et d'une marraine de guerre[28].

L'eau fait rouiller la tête de culasse des fusils, rendant parfois leur mécanisme inutilisable. Elle ride la peau et plisse les orteils dans les bottes. Les averses incessantes deviennent un calvaire, tout comme la boue qui colle aux bottines[29].

Le régiment de Maisonneuve arrive à Anvers le 18 septembre 1944. Les Allemands concentrent leurs forces dans la «poche de Breskens». Le lieutenant Forbes évoque l'état des troupes :

> L'ennemi a définitivement lâché. Il tentera vainement de retarder l'énorme vague alliée qui déferle maintenant à la grandeur de l'Europe. Il orga- nise ici et là des poches de résistance qui seront simplement oubliées sur place ou attaquées selon leur importance stratégique. [...] La poussière des routes, les mines, les patrouilles, les nuits sans sommeil, les avances à pied, les raids. Dans cette guerre de mouvement, les cuisines ont peine à suivre. Les soldats ont le ventre vide. Depuis le 6 juillet, la 2ᵉ division n'a eu aucun repos suffisant pour refaire ses forces. Les renforts n'arri- vent plus du Canada [...] Nous sommes épuisés[30].

La guerre change effectivement d'aspect :

> Depuis leur percée en Normandie, [les Canadiens] avaient pratiqué une guerre de mouvement qui leur avait permis d'avancer très vite, grâce notamment à la supériorité de leurs blindés. Devant le petit village fla- mand [de Moerkerke], la rapide progression prend fin et commence une sorte de guerre de positions au cours de laquelle les Allemands peuvent tirer parti de la géographie de la région (digues et champs inondés)[31].

Ces derniers concentrent leurs forces autour de l'Escaut : «On n'avance pas aussi vite qu'on le voudrait, c'est qu'on a affaire à un ennemi déterminé qui ne cède pas facilement ; il contre-attaque même à l'occasion avec vigueur[32] », relève le lieutenant Cadieux.

Le lieutenant Forbes participe avec le Maisonneuve à l'opé- ration Vitality en octobre 1944. Celle-ci vise à occuper la région nord d'Anvers et à avancer vers le Beveland-Sud. Le chemine- ment vers l'objectif est stoppé à quelques kilomètres de Woens- drecht, qui commande l'entrée dans le Beveland-Sud. Le Mai- sonneuve s'enlise dans les polders inondés et essuie le feu nourri de l'ennemi, mais les Canadiens libèrent Woensdrecht, après dix jours de difficiles combats.

La région du Beveland-Sud semble particulièrement hos- tile : «Autre terrain, autre guerre. Les polders, la guerre dans l'eau et sur les digues. Une grande partie du Beveland est inondée. [...] Ici et là, les moulins à vent, qui servent à contrô- ler l'irrigation, ne fonctionnent plus. Poste favorable à l'obser- vation, ils sont des cibles faciles pour les chars. On les évite. Pourtant, contre les éléments, ils sont les seuls endroits à nous offrir un peu de protection[33]. » Les Canadiens effectuent des opérations amphibies sans compter sur le soutien des blindés qui s'embourberaient fatalement. Finalement, Breskens tombe le 22 octobre, ouvrant le chemin du Beveland-Sud aux Canadiens: « La prise de Breskens [est] beaucoup plus longue et difficile que ne l'avait prévu le haut commandement allié, car les troupes allemandes [opposent] une farouche résistance aux Canadiens[34]. » Dans cette région, chaque pouce de terrain est capturé dans l'eau, le froid et la boue épaisse. Le lieutenant Gouin écrit le 16 octobre: « Je suis en Hollande. Mon impression n'est guère enthousiaste: de la boue, encore de la boue et toujours de la boue[35]! ».

Après Woensdrecht, les fantassins du Maisonneuve, du Black Watch et du Calgary Highlanders montent à l'assaut de la longue bande de terre menant à l'île de Walcheren (opération Infatuate). L'affrontement, mis en scène dans *Neuf Jours de haine*, débute le 31 octobre dans la boue et la pluie. L'île commande l'embouchure de l'Escaut, c'est-à-dire l'accès au port d'Anvers jugé indispensable pour assurer le ravitaillement des troupes alliées. L'île est libérée le 8 novembre au terme d'éprouvants combats. Ceux menés autour de Breskens et de l'île marquent l'essentiel de la bataille de l'Escaut.

Une fois cette victoire remportée, le Maisonneuve prend ses quartiers d'hiver sur la Meuse, près de Nimègue. Les troupes sont épuisées et décimées. Les lourdes pertes encourues durant les combats de l'automne trouvent un écho au Canada. Le premier ministre W. L. M. King se voit contraint d'imposer la conscription pour le service outre-mer. Le jour de Noël est très froid dans le saillant de Nimègue, près de Groesbeek, et le gel durcit le sol: « le sac de couchage est le seul endroit où l'on parvient à se réchauffer un peu, évidemment si on s'y étend tout habillé[36] », note le lieutenant Cadieux. Ce dernier dresse le bilan de l'année qui s'achève: « L'année 1944 fut pour moi une année remplie d'événements extraordinaires et j'eus la chance d'être en action plus de six mois sans souffrir la moindre égratignure, mais non sans avoir eu de suprêmes frayeurs; espérons que l'an nouveau m'apportera la grande joie de revoir les miens[37]. » L'hiver sur la Meuse s'avère particulièrement éprouvant à cause du froid et des intempéries. Pour le lieutenant Gouin, « tout devrait me conduire au pessimisme, au découragement.

L'hiver qui avance, menaçant la marche victorieuse de nos armées ; une pluie persistante, un ciel bas, des routes boueuses, des maisons dévastées et le spectre de la guerre toujours aussi hideux[38]. »

Puis vient le jour de la fin des hostilités en Europe, le 8 mai, à minuit une : « Je venais tout juste de me coucher et comme je regardais par la fenêtre je remarquai de quelle façon originale les bophors[39] des environs célébraient la fin de la guerre ; ils tiraient trois coups espacés puis huit automatiques et recommençaient. Ça paraissait très bien dans le ciel que ce fameux signal en code morse, le fameux V de la victoire. Là-dessus, je m'endormis en paix[40]. »

Figures de l'ennemi

Le Japonais, l'Italien et l'Allemand représentent la figure de l'altérité, par opposition aux « frères d'armes ». Pour que la guerre soit justifiée, le camp des Alliés représente celui des justes et des bons, alors que les ennemis se voient attribuer des caractéristiques nationales essentiellement péjoratives. En étudiant la propagande américaine entre 1939 et 1945, Paul Fussell propose une subdivision des ennemis de l'Amérique le long d'une échelle courage/poltronnerie. Les Japonais occupent l'extrémité du courage, alors que les Italiens se trouvent à l'opposé. Les Allemands se situent au milieu[41]. La propagande américaine les décrit ainsi :

> des humains pervertis : froids, schématiques, pédantesques, sans imagination et profondément sinistres. [...] Leur sens instinctif de la discipline était particulièrement dangereux et leur excellente technologie donnait à leur cruauté une efficacité unique. [...] En temps normal, la caractéristique la plus fréquemment attribuée aux Allemands, la minutie, aurait constitué un compliment, mais pendant la guerre, c'était un vice moral qui impliquait l'inhumanité mécanique, la monotonie et la rigidité[42].

Dans les écrits de combattants, le *je* et le *nous* s'opposent clairement aux pronoms *il*, *ils* et *eux* réservés à l'ennemi. Le geôlier japonais, impitoyable, est affublé de qualificatifs essentiellement négatifs. L'ennemi italien et allemand est montré selon deux sous-groupes assez distincts. Le soldat de l'armée régulière paraît peu enclin à se battre, alors que les troupes d'élite de Mussolini, les hommes des unités SS et les parachutistes allemands sont perçus comme des êtres fourbes et fanatiques. L'Allemand reçoit nombre de sobriquets : le « Boche », le « Fraus », le « Fritz » ou le « Jerrie ». Ces lieux communs de la « langue fraîche » des combattants sont empreints de préjugés. Ils participent à la construction de la figure de l'Autre qu'il faut vaincre pour remporter le combat et rentrer à la maison.

Le Japonais

Dans les journaux du soldat Castonguay et du signaleur Verreault, tous deux prisonniers de guerre, le garde japonais hérite de plusieurs surnoms, tels le « Japs » ou le « Jaune ». Le « Japs » se décline en un brusque monosyllabe largement repris dans les slogans de la propagande militaire américaine[43]. Le signaleur Verreault se montre particulièrement haineux : le Japonais devient le « jaune cochon », le « petit puant jaune », la « chère puce », le « petit nip », la « maudite miniature d'homme », le « petit rascal jaune aux yeux en amande ». Ces diminutifs méprisants insistent sur la petite taille du soldat japonais, la couleur de sa peau et la forme de ses yeux.

Les deux journaux soulignent son esprit malin, sournois et cruel. Il est un être à peine humain, un adversaire absolu, barbare et animalisé, c'est pourquoi on l'associe au porc. Ces traits distinctifs s'avèrent conformes à la vision que s'en font les combattants américains du Pacifique qui le qualifient de « chacal » ou d'« homme-singe ».

Mais qui est ce Japonais tant honni ? Il est soumis à la conscription. Souvent d'origine rurale, il appartient à une armée solidement encadrée où règne une forte discipline. Pour une solde médiocre, il subit un entraînement difficile. La solidité des troupes tiendrait à la qualité de l'encadrement, du système d'éducation et de l'ensemble de croyances visant le développement de la maîtrise de soi et de l'ardeur combative. De fait, la dévotion à l'Empereur fait de l'acte de combattre un devoir et un privilège.

L'Italien

Un monde sépare l'ennemi japonais de l'adversaire italien. À son arrivée au sud de la botte le 3 septembre 1943, le lieutenant Châtillon rencontre un officier italien de l'armée régulière qui semble peu enclin à poursuivre le combat alors que la défaite s'avère imminente. Il le salue et lui tend la main :

> D'un coup d'œil, je note entre les mitrailleuses, les soldats italiens la carabine à la main. D'un mouvement de ma mitraillette, je fais signe que les armes doivent tomber. L'officier en donne l'ordre à ses hommes, puis il sort un papier de sa poche et, moitié en italien, moitié en français, m'explique que le maréchal Badoglio a signé l'armistice. C'est le cessez-le-feu depuis cette nuit à moins d'ordre contraire, et il n'a pas reçu de contrordre. Il lève sa gourde, prend une gorgée et me la tend. C'est du vin rouge[44].

Dans les jours suivant son arrivée, le R22eR débusque des centaines de soldats italiens de l'armée régulière. Isolés ou en petits groupes, ils ne démontrent aucune velléité guerrière. Ils paraissent attendre les Alliés pour se faire prisonniers : « Certains ont l'air heureux, d'autres décontenancés[45] », note le lieutenant Châtillon.

Les troupes d'élite de Mussolini suscitent cependant la crainte. Au camp de Lucera, en novembre, le lieutenant mentionne :

> nous avions appris à nous méfier des Italiens. Plusieurs d'entre eux, qui étaient des fascistes extrémistes, n'avaient pas encore digéré leur défaite. Nous avons eu des compagnons maltraités et même poignardés par ces gens. Vêtues de leurs uniformes et l'allure fière, les troupes d'élite finissent par baisser les armes, non sans livrer bataille jusqu'à la toute fin. D'entre les arbres émerge un groupe de militaires italiens en bel uniforme, les mains levées, la tête haute. On me dit qu'ils font partie de la garde d'élite de Mussolini. Ils ont tiré leurs dernières cartouches avant de se rendre[46].

Bien qu'ils soient alliés, l'Italien et l'Allemand ne semblent pas fraterniser outre mesure, du moins selon les souvenirs du caporal Côté : « Les soldats allemands se montraient quelquefois agressifs envers les Italiens. Cela était probablement dû à la piètre valeur guerrière de ces derniers durant la campagne d'Afrique du Nord. Leur tenue fut vraiment lamentable et ce sont les Allemands qui durent en payer le prix en se portant à leur secours en maintes occasions[47]. »

Un seul passage concerne Benito Mussolini, allié d'Adolf Hitler. Le lieutenant Châtillon évoque sa rencontre avec un officier italien à Naples en février 1944. À la suite de la défaite du fascisme en Italie, celui-ci pense adhérer au parti communiste. Il indique au lieutenant sa déception face aux grands projets du Duce : « Mussolini a créé la fierté nationale. Il a su réaliser de grands travaux, mais ses ambitions et ses projets grandioses à l'étranger ont épuisé les ressources dont l'Italie commençait à profiter. Il nous a gavés de promesses. Qu'en reste-t-il[48] ? » Le mitrailleur Boulanger mentionne aussi le nom du dictateur déchu. Sous sa plume, le Duce est présenté comme « le César d'un nouvel empire romain » dont le rêve insensé s'est vite éteint[49].

L'Allemand

L'âpreté des combats menés contre l'ennemi allemand sur l'Atlantique, en Italie et en Europe de l'Ouest est bien connue :

> Le soldat allemand, tout comme le commandant en campagne qui le dirigeait, se révélèrent, comme si souvent auparavant, d'excellents praticiens de leur métier. Le combattant allemand se montra courageux, tenace et habile. Il fut parfois jusqu'au-boutiste et, à l'occasion, se conduisit comme un voyou brutal ; mais il fut presque toujours un adversaire formidable, se tirant d'affaire même dans des conditions aussi désavantageuses que l'étaient assurément celles de Normandie[50].

Pour Bushen, personnage du roman *Les chasseurs d'ombre*, les Allemands et leur volonté d'expansion sont responsables du conflit, mais surtout de la tournure qu'a prise son existence personnelle. Ce qu'il dit correspond peut-être au sentiment de nombre de civils qui ont pris les armes : « Je ne les hais pas, je ne les aime pas, voilà tout. J'avais un bon boulot avant la guerre. On faisait sa petite croisière – je voyageais entre Montréal ou Halifax et les Antilles – on rentrait, on retrouvait sa petite famille, on repartait. C'était le bon temps ! Maintenant... Et c'est la faute de ces gars-là et de leur maudit appétit pour le bien des autres[51] ! »

Les combattants des unités régulières de la Wehrmacht, tout comme ceux de l'armée régulière italienne, incarnent des soldats peu combatifs, résignés et souvent heureux de se constituer prisonniers. À l'opposé, les troupes SS et les parachutistes d'élite sont décrits comme des surhommes essentiellement arrogants, extrémistes, brutaux et sanguinaires pour lesquels la force prime sur le droit. La représentation de l'ennemi allemand en deux sous-groupes paraît conforme à la réalité. Avec «le développement du conflit, la césure persiste. Deux armées coexistent, en quelque sorte. Une armée offensive, jeune, dynamique, débordante de confiance, affirmant sa foi dans les vertus du national-socialisme, communiant dans le culte de la patrie, et une armée composée d'unités statiques, affectées à des secteurs d'occupation ou de défense, composées d'hommes mûrs, d'un enthousiasme modéré[52]. »

Pour compenser les pertes enregistrées sur le front de l'Est, l'état-major allemand conscrit dans ces unités des hommes de toutes les nationalités provenant des pays envahis. Russes, Tchèques et Polonais sont contraints à combattre et le font avec peu d'empressement. Ils ne tenaient pas particulièrement à se battre, soutient le major Poulin[53]. Le lieutenant Gouin commente les effectifs de la Wehrmacht en octobre 1944 en Europe de l'Ouest: «J'ai visité hier [...] une cage de prisonniers; c'était pitoyable; des jeunes et des presque vieillards à barbe longue, en haillons: c'est l'image actuelle de la fameuse Wehrmacht[54]. » Dans *Les Canadiens errants*, les prisonniers s'échangent des poignées de main et se félicitent de leur nouveau sort de prisonniers. «Les Allemands capturés par des Canadiens étaient ordinairement ainsi[55]. » Selon le capitaine Sévigny, ces «Allemands, en garnison dans ses petits villages [de Normandie] [...] servent leur pays sans enthousiasme. Rongés par l'ennui de la vie de caserne, ils se montrent corrects envers la population civile[56]». Même opinion chez le narrateur de *Neuf jours de haine*: ce sont «des hommes ordinaires. Rien de plus ordinaire sans l'étrangeté de l'uniforme vert. Des vaincus[57]». Ces conscrits apparaissent comme étant des victimes du nazisme. Ils combattent contre leur gré, sans trop d'acharnement, et se rendent aux Alliés par milliers. Le capitaine Vallée décrit en des termes semblables ses geôliers de l'oflag 79, à partir de Noël 1944. Ce sont des soldats de la Wehrmacht de retour du front: «S'ils n'avaient été des Allemands, nous aurions sans doute eu pitié de ces pauvres hommes chétifs, malades, vêtus de vieux uniformes rapiécés, sales, qui n'espéraient qu'une chose : la fin des hostilités et la paix[58]. »

Les troupes d'élite allemandes inspirent davantage la crainte. Le caporal Côté décrit les SS et les parachutistes allemands en Italie : « Nous avions devant nous les meilleures troupes des troupes d'élite de la grande armée du IIIe Reich allemand. [...] Ces Allemands, se croyant de race supérieure, se pensant les dieux de la guerre, s'étaient agrippés à cette terre d'Italie, voulant la garder à leur IIIe Reich[59]. » Lors des combats livrés autour de la ligne Gothique en août et en septembre 1944 contre des troupes parfaitement en maîtrise du terrain, le major Poulin écrit au sujet des troupes de choc SS et des parachutistes allemands :

> [Ils] se battaient avec un acharnement et une férocité qui n'avaient d'égal que leur fanatisme insensé. Pour eux, c'était jusqu'au dernier homme, jusqu'à la dernière balle. Très peu se rendaient à nous, car leur propagande habile leur disait que les Canadiens coupaient la gorge à leurs prisonniers ou les fusillaient à bout portant. Préférant tout au moins une mort glorieuse, armes en mains, à la honte de se faire prendre doublée de la crainte de la torture, ils se battaient jusqu'à la fin et ce n'en était que plus dur pour nous[60].

Les SS se montrent capables du pire en sol italien. En témoignent ces exemples tirés des ouvrages traitant de la campagne : ils empoisonnent l'eau des puits pour freiner l'avancée des troupes, se déguisent en portant des uniformes de Canadiens prisonniers, piègent des hangars, utilisent des enfants comme boucliers humains, parsèment autour d'un cadavre un chapelet de mines ou détruisent systématiquement des villages italiens avant de battre en retraite.

En Normandie, les SS et les parachutistes d'élite représentent un ennemi tout aussi coriace : « Il n'y avait pas de quartier à attendre d'eux. Ils ne respectaient rien, n'avaient aucun scrupule à fusiller leurs prisonniers. C'étaient des chacals qui revenaient sur un champ de bataille pour achever les blessés ; une de leurs tactiques consistait même à disposer un traquenard explosif sous un cadavre, pour tuer le premier ennemi qui le retournerait[61]. » Pour le capitaine Sévigny, la présence d'une division Panzer en Normandie « laisse prévoir que le combat sera rude[62] ».

L'âge des ennemis marque de nombreux auteurs. Les gardes entourant les prisonniers canadiens à la suite du raid de Dieppe ont à peine « 16 ou 17 ans. Nous avons du mal à les considérer comme des militaires, écrit le sergent-major Dumais. Ils sont encore imberbes et ressemblent à des gamins jouant à la guerre. [...] Seuls les sous-officiers ont une allure vraiment militaire[63] ». Le premier ennemi allemand que rencontre le lieutenant Forbes appartient aux Jeunesses hitlériennes (*Hitlerjugend*). Il est âgé d'à peine 18 ans[64]. Le lieutenant Gouin éprouve un sentiment de pitié à l'égard de ces jeunes : « Malgré moi, même en me battant contre eux je ne puis les haïr, c'est plus fort que moi ; surtout quand je vois ces jeunes enfants de seize ans, qui ne savent certainement pas pourquoi ils se font tailler en pièces, mais seulement pour obéir à un mégalomane comme Hitler[65]. » Même son de cloche chez l'aumônier Marchand dans sa description d'un Allemand de 20 ans blessé par balle : « Sur le dos, il se lève le bras et murmure *Heil Hitler*. J'admire son courage et j'ai pitié de son fanatisme[66]. » L'état d'esprit de certains ennemis teinte aussi la plume du capitaine Sévigny : « Plus que jamais, je constate le fanatisme incroyable des nazis. Toutes ces troupes de choc sont très jeunes. Un blessé, près de moi, a l'air d'un enfant. Je lis dans son livre de solde sa date de naissance : avril 1931. Et nous sommes en août 1944 ! Ce petit a treize ans. Quelle horreur ! Et ce qui me bouleverse plus que tout, c'est de voir mourir ces hommes au cri de HEIL HITLER[67]. »

Les auteurs soulignent avec raison l'âge des troupes SS déployées à Dieppe, puis en Normandie en juin 1944 : « [L]a détermination, l'ardeur combative sont essentiellement le fait des jeunes Allemands, de ceux qui ont accompli le service d'honneur rétabli depuis 1935 et qui constituent les effectifs des divisions blindées et motorisées ou des formations de parachutistes[68]. » Ces hommes s'avèrent pourtant de coriaces adversaires, notamment contre le régiment des Black Watch, près du village de Saint-André-sur-Orne : « Les SS contre-attaquent quinze minutes après et donnent une démonstration de leur incroyable professionnalisme. Des 620 hommes, une centaine en sortent indemnes[69] », se rappelle le lieutenant Forbes. Ces farouches adversaires massacrent « sans pitié et tout aussi indifféremment civils, prisonniers ou soldats combattants[70] ». Le capitaine Sévigny, tout comme le major Poulin[71], redoute leur côté sournois:

> À Roulers, les SS commirent une abominable trahison. Des patriotes belges avaient prévenu les Polonais de se méfier avant d'entrer dans la ville où un fort contingent de troupes allemandes était résolu à résister dans l'église fortifiée. Les Polonais qui avaient cerné l'édifice se préparaient à attaquer quand les Allemands hissèrent des drapeaux blancs. Leur commandant donna l'ordre aux Allemands de mettre bas les armes et de sortir. La porte s'ouvrit aussitôt et bon nombre de soldats apparurent, les mains croisées au-dessus de la tête, s'avançant vers les Polonais. Sans méfiance, ceux-ci descendirent de leurs chars pour aller à la rencontre des Boches. Soudain, les Allemands se jetèrent tous à plat ventre en même temps et plusieurs mitrailleuses cachées dans les embrasures des fenêtres ouvrirent le feu, tuant bon nombre de Polonais. [...] Les Allemands répétèrent d'ailleurs assez souvent cette manœuvre aux dépens des troupes canadiennes[72].

À mesure que l'avance alliée progresse en Europe de l'Ouest, le désespoir s'installe dans les rangs allemands. Le découragement s'accompagne d'actes de pillage, à Boulogne notamment: «Avant de capituler, les Allemands avaient pillé toutes les caves et des civils me racontèrent les scènes d'orgies effroyables auxquelles se livrèrent les troupes durant les dernières heures de leur résistance[73].» Ces hommes présentés comme très grands, blonds et bien charpentés[74] suscitent constamment la méfiance. Ils n'abandonnent pas facilement la bataille en dépit des morts et des blessés dans leurs rangs, notamment lors de l'assaut de l'île de Walcheren: «Comme il aurait été glorieux pour nous et facile pour eux s'ils avaient décidé de se rendre. Au contraire. Ils abandonnent leurs blessés et leurs morts et retournent dans leurs positions[75].»

En dépit de ces traits essentiellement négatifs, des passages indiquent que les auteurs reconnaissent à l'adversaire une certaine humanité et une aptitude au combat. Ainsi s'exprime le lieutenant Gauvain dans *Les chasseurs d'ombres* à propos des équipages de cinq U-Boats: «Il faut connaître son métier, dans ce boulot-là, pour survivre à trois ans de guerre! Surtout si l'on tient compte des pertes que nous leur infligeons depuis quelque temps. [...] Nos cinq petits amis connaissent tous les trucs, toutes les ruses; ils possèdent chacun la ration maximum de courage, de ruse, de compétences[76]...» Le major Poulin écrit pour sa part : « Je ne veux pas faire passer les Allemands pour des anges de vertu, mais je veux dire qu'en général, ceux à qui nous avons eu à faire face respectaient la Croix-Rouge. Ils se battaient rudement, avec cruauté même, mais en gentils-hommes. D'ailleurs, pour notre part, il n'y avait rien de tendre dans notre attitude[77]. » Même son de cloche chez le caporal Côté qui se souvient d'un moment de fraternité avec l'ennemi, le jour de l'An 1944[78]. Canadiens et Allemands se retrouvent campés sur leur position sur le front d'Ortona lorsque tout à coup :

> une voix encore deux fois plus forte, accompagnée d'un accordéon qui ronflait à en crever, entonna les premières notes d'*Ô nuit d'amour* ! Ce fut un courant de joie indescriptible ; tout le monde se mit à chanter et je dirais même à hurler, à jeun, éméchés ou saouls ! Nous avons tous chanté *Ô nuit d'amour, Ô sainte nuit* d'un côté en français et de l'autre côté en allemand ; au loin, nous entendîmes les Jerries (qui étaient nos amis pour le moment) chanter, eux aussi, avec la même ferveur cette chanson universellement connue. Des fusées de toutes les couleurs furent lancées dans le ciel comme pour souligner un instant de fraternisation entre les deux armées[79].

L'infirmier Bernier se souvient de l'aide apportée par cinq infirmiers allemands qui avaient été laissés en arrière avec une trentaine de patients[80]. Enfin, le capitaine Vallée évoque l'officier SS qui l'accompagne dans les premiers instants de sa capture en Normandie. Hors des combats, les deux hommes se rejoignent dans la même humanité : « En conversant, une certaine sympathie naît entre nous ; cette haine créée par la bataille disparaît comme l'animosité entre deux lutteurs, le combat fini. Nous causons de la guerre, de la destruction qu'elle sème, de la bêtise humaine qui fait qu'on s'entretue […][81]. »

Adolf Hitler : chef charismatique, démagogue et pathétique

Certains officiers allemands, pressentant l'issue de la guerre qui leur sera défavorable, se montrent extrêmement critiques à l'égard de Hitler, sans le nommer. Dans *Les chasseurs d'ombre*, l'un d'eux tient ces paroles : « Gagner ou perdre ? Il faudra bien boire le calice jusqu'au bout. Des gens comme nous, comme vous et moi, Ullman, nous ne croyons qu'à notre métier. À rien d'autre [...]. L'emmerdant est que cette petite ordure ait su qu'il pouvait compter sur nous... Il nous avait vus à l'œuvre en Flandre où des gars comme nous lui bottaient le cul[82]... »

Cependant, jusqu'à la fin, des millions de SS éprouvent une confiance absolue à l'égard du Führer. Imprégnés de l'idéologie nationale-socialiste, ils croient en sa réussite : « Ces jeunes Allemands ont l'esprit complètement faussé par la propagande de leur pays[83] », soutient le sergent-major Dumais. « Nous nous battons pour Adolf Hitler parce qu'il est le chef de l'Allemagne, nous sommes des patriotes[84] », dit un commandant allemand fait prisonnier par le peloton de Richard Lanoue, dans *Les Canadiens errants*.

Pour l'aumônier Marchand, la pensée du Führer devient un prétexte pour stimuler la combativité des hommes du Maisonneuve :

> Dans mes entretiens et mes rencontres, je m'applique à motiver les soldats dans leur vie militaire. Je discute de phrases pigées dans le livre *Hitler m'a dit*. Des exemples ? J'ai trouvé les extraits suivants dans mes notes : *Dans mes bourgs de l'Ordre, nous ferons croître une jeunesse devant laquelle le monde tremblera. Une jeunesse violente, impétueuse, intrépide, cruelle. C'est ainsi que je le veux (p. 278). Nous devons être cruels, nous devons l'être avec une conscience tranquille (p. 33). Nous sommes des barbares, et nous voulons être des barbares. C'est un titre d'honneur (p. 100). L'Allemagne ne sera véritablement l'Allemagne, que lorsqu'elle sera l'Europe. Tant que nous ne dominerons pas l'Europe, nous ne ferons que végéter. L'Allemagne, c'est l'Europe (p. 43). Il faudra instituer une technique de dépeuplement. Vous me demandez ce que signifie « développement » et si j'ai l'intention de supprimer des nations entières. Eh bien oui, c'est à peu près cela. La nature est cruelle, nous avons le devoir de l'être aussi (p. 159)*[85].

Le caporal Houde qualifie Hitler de « monstre sans entrailles qui a mis le monde à feu et à sang en 1939[86] ». Le capitaine Sévigny présente le dictateur comme un homme hystérique sur lequel la réalité n'a aucune prise. De son point de vue, en août 1944, le chef nazi est « à demi fou peut-être, mais toujours tout-puissant[87] ». Il est davantage qu'un simple chef : « c'était un symbole, une religion. Au seul nom du Führer, tout un peuple souffrait[88]. » À Clèves, par exemple, trônait dans les maisons le portrait du Führer, « inventeur de la race supérieure, génie diabolique, contemplant l'infâme pillage dont il était le responsable[89] ». Le capitaine Sévigny éprouve du regret face au désastre qui ravage l'Allemagne, désastre qu'il attribue aux velléités d'Hitler :

> Spectacle d'épouvante, spectacle de mort, de souffrance, de catastrophe et d'infinie désolation. [...] Et je pensais à la littérature et à la philosophie allemandes, aux larges ondes musicales de Wagner, à toute cette civilisation qui finissait lamentablement dans une catastrophe. Tragédie d'un peuple fanatisé par un demi-fou cherchant la gloire dans les conquêtes, chantant la douleur, la mort et finalement accablé, irrémédiablement écrasé par cette guerre éclair dont, cinq ans plus tôt, il s'était proclamé l'inventeur et l'apôtre[90].

On retrouve une idée semblable dans une lettre du lieutenant Gouin : « Le peuple allemand est réduit à l'état de chien battu. Une nation jadis si grande, si laborieuse, voit devant elle, des générations condamnées au malheur en naissant. Je ne sais plus que penser d'une telle catastrophe s'abattant sur un peuple, qui ne peut être entièrement responsable des crimes commis par son élite[91]. »

L'aumônier Marchand, le lieutenant Gouin et le capitaine Sévigny évoquent le suicide du Führer. Le religieux décrit la réaction du cultivateur allemand qui le côtoie lorsqu'ils apprennent la nouvelle : « Sur son visage, un air de satisfaction et de joie. Parce que, nous dit-il, Hitler a tenu sa promesse de mourir à Berlin, s'il le faut[92]. » Pour le capitaine Sévigny :

> Sa mystérieuse disparition rehausse encore son prestige. Même les moins ardents font rarement retomber sur lui les responsabilités des malheurs de l'Allemagne. Les Boches détestent Himmler, Ribbentrop et les autres chefs nazis, mais Hitler reste pour eux le demi-dieu, le surhomme dont on chantera encore la gloire dans cent ans. Ce mythe présente un grand danger chez ce peuple passionnément épris du culte des héros, Hitler trouvera des imitateurs qui voudront continuer sa légende[93].

Le capitaine Vallée présente le peuple allemand comme une victime du dictateur. Vingt ans après la fin de la guerre, il ne nourrit aucune haine ou rancœur à son égard. Le peuple allemand n'a pas souhaité la guerre. Selon Vallée, seuls Hitler et ses sbires l'y ont poussé et on ne saurait imputer à chaque Allemand la responsabilité des crimes commis au nom du national-socialisme : « Le nazisme s'est emparé du pouvoir en Allemagne dans une période de bouleversement et de dépression nationale. Le peuple n'a fait qu'accepter ce qu'il croyait

devoir lui donner du travail, du pain. Il a été dupé, trompé[94]. »
Même opinion dans les lettres du lieutenant Gouin. Celui-ci
attribue également à Hitler la responsabilité de la guerre :
« C'est lui, le seul, l'unique responsable de tout le malheur du
monde entier [...]. Ce n'est que par un entêtement imbécile
qu'Hitler continue cette lutte inégale[95]. »

*

* *

Le discours sur l'ennemi japonais, italien et allemand, ainsi
que celui tenu sur Hitler, a parfois tendance à simplifier la réalité. C'est notamment le cas de la description des SS qui mène
à une représentation manichéenne de l'Autre. La description
qui en est faite s'accorde avec l'historiographie, mais elle fait
aussi place aux lieux communs, aux clichés, voire aux conta-
minations de ce que les auteurs ont pu lire, voir et entendre
après la guerre.

Tout comme les Japonais et les troupes d'élite rapprochées
de Mussolini, les SS sont montrés comme des êtres globalement et intégralement sinistres, dangereux et cruels. Cette
abondance de termes péjoratifs débouche sur une vision certainement schématisée de la réalité. Peut-on se demander si,
dans le chaos des combats, les soldats de chaque groupe ont
toujours agi conformément aux caractéristiques qui leur étaient
attribuées ? Les stéréotypes possèdent peut-être une vertu jus-
tificative pour certains auteurs. Ces clichés contiennent un jugement péremptoire : il fallait mener la guerre contre les nazis
et ce qu'ils représentaient. L'idée de « croisade » contre un ennemi extrémiste participe certainement de la justification de
l'engagement dans le conflit (dans le cas des romans, elle mo-
tive certains personnages). Il fallait combattre ce « mal d'Europe » incarné dans les vils SS et leur Führer. Il faudrait cependant se garder de généraliser cette opinion à l'ensemble des
combattants.

CHAPITRE VIII

Prisonniers de guerre

Le ministère des Anciens Combattants du Canada estime à environ 9000 le nombre de fantassins, d'artilleurs, d'aviateurs et de marins canadiens faits prisonniers entre 1939 et 1945[1]. Cinq ouvrages évoquent l'expérience de prisonniers de guerre[2]. Le signaleur Georges Verreault et le soldat Bernard Castonguay sont capturés par les Japonais au terme de deux semaines de combats à Hong Kong. Leurs journaux décrivent leur détention de quarante-quatre mois qui se termine en août 1945. Le sergent-major Lucien Dumais raconte sa participation au raid de Dieppe du 19 août 1942 à la suite duquel il est brièvement fait prisonnier. Le capitaine Pierre Vallée et le soldat Émilien Dufresne du régiment de la Chaudière sont interceptés par les troupes allemandes dans la nuit du 6 au 7 juin 1944. Le soldat Dufresne, en tant qu'homme de troupe, travaille ensuite dans une usine allemande, tandis que le capitaine Vallée, en sa qualité d'officier, séjourne dans un camp pour officiers appelé oflag (*Offizier Lager*). Ces témoignages montrent le gouffre de souffrances qui sépare la vie du prisonnier de guerre au Japon de celle des hommes détenus en Allemagne. On note aussi la différence de traitement des prisonniers de guerre en fonction des grades : le soldat connaît en effet un sort bien différent de celui de l'officier.

Les camps de Hong Kong et du Japon

Dans la colonie britannique de Hong Kong, 1686 Canadiens sont capturés par l'armée japonaise, le 25 décembre 1941, au terme de durs combats. Ils connaîtront la faim plus que tout autre prisonnier de guerre canadien et la servitude des travaux forcés dans des camps dénués de toute ressource et qui se transformeront parfois en véritables lieux d'horreur. Constamment encadrés par des geôliers d'une grande brutalité, ces hommes subiront plus de trois ans et huit mois de détention. Ils ne bénéficient aucunement des garanties des conventions de La Haye de 1899 et de 1907, confirmées par la conférence de Genève de 1929[3].

Le *Journal d'un prisonnier de guerre au Japon (1941-1945)* de Georges Verreault est publié intégralement à titre posthume en 1993, à la suite de démarches entreprises par le fils de l'auteur auprès de l'éditeur Denis Vaugeois[4]. Le journal, divisé en cinq parties, a été fidèlement tenu dans le plus grand secret entre le 29 octobre 1941 et le 16 septembre 1945. Il relate la traversée vers l'Asie, la bataille de Hong Kong, le confinement dans les camps, puis la libération survenue en août 1945. Le signaleur trouve l'énergie d'écrire régulièrement afin d'oublier l'enfer quelques minutes, sauf durant plus de six mois entre décembre 1943 et juillet 1944, période durant laquelle il est trop affaibli. Il décrit avec minutie ses plus intimes pensées et le quotidien de sa vie de prisonnier, les privations, les maladies, les humiliations, les nouvelles non confirmées, les espoirs de libération déçus, ainsi que les sévices infligés par ses geôliers japonais. Les corrections apportées au manuscrit concernent la ponctuation et les accents. Une préface de l'historien Serge Bernier, une Note de l'éditeur signée Gaston Deschênes, une chronologie de 1939 à 1941, des photographies, un lexique et un hommage à l'auteur par son fils Michel accompagnent le texte.

Le journal du soldat Bernard Castonguay, publié aussi à titre posthume en 2005, s'intitule *Prisonnier de guerre au Japon (1941-1945)*. Il comporte deux parties : la première, fondée sur des souvenirs recueillis par son épouse et éditrice Renée Giard, traite de l'enfance du soldat jusqu'à 1940. La seconde contient la transcription des trois petits carnets conservés clandestinement. Le style télégraphique répond à l'urgence du moment et à la menace constante de voir ces notes découvertes par les gardes japonais. Le journal couvre la période du 27 décembre 1941, date de l'enrôlement avec les Royal Rifles, au 19 avril

1944, puis il reprend du 22 août au 28 septembre 1945, jour de l'embarquement sur le bateau de transport américain devant le ramener au Canada. L'auteur précise que l'interruption d'un an dans la rédaction est due au fait que le travail dans une mine au Japon, la fatigue et la maladie l'ont contraint à cesser d'écrire. Le texte évoque de façon lancinante le quotidien routinier au camp de North Point à Hong Kong, puis à Omine au Japon. Jour après jour, les appels, les conditions de vie précaires et les privations se répètent sans cesse. Des photographies, des fac-similés de lettres écrites par la mère de l'auteur, de coupures de presse, un prologue de l'éditrice, un lexique et une bibliographie complètent cet ouvrage bien fait, paru à compte d'auteur. Il s'avère cependant parfois difficile de savoir qui, du témoin ou de l'éditrice, prend la parole.

La lecture de ces deux documents authentiques se révèle une expérience éprouvante. On découvre la descente aux enfers des auteurs qui tentent de survivre dans des conditions déplorables. Les journaux, parfois rédigés avec une pointe d'ironie et de cynisme, se focalisent sur la vie quotidienne dans ses tâches les plus humbles, donnent à lire des impressions sur la faim, la population civile chinoise de Hong Kong, les geôliers, le mal du pays, les incessants échos de libération, les privations, les amitiés qui se tissent et se défont au gré des vicissitudes de la vie en détention.

Cinq jours après la reddition de Hong Kong, le 25 décembre 1941, le signaleur Verreault arrive à Shamshuipo. Le soldat Castonguay, lui, emménage dans les baraques de North Point, sur l'île de Hong Kong :

> La place est très sale et nous sommes pilés comme des sardines dans de petites huttes. De Fort Stanley au camp de North Point, nous avons marché douze miles environ. Tout le monde était chargé au maximum de tout ce qu'ils pouvaient transporter. C'est alors que j'ai vu des douzaines et des douzaines de canons japonais pointés vers le Fort. J'ai aussi vu un nombre incroyable d'obus sur le champ qui n'avaient pas explosé. Tout au long du chemin, on pouvait voir des morts, de toute race, qui n'avaient pas été ramassés. Les cadavres étaient noirs parce que ça faisait peut-être trois jours qu'ils étaient au soleil[5].

Dès les premiers jours, les hommes vivent empilés les uns sur les autres dans les 16 huttes du camp de North Point, originellement destinées à héberger 70 réfugiés chinois chacune. Or, « la hutte a 125 pieds de long par 18 de large, et nous sommes 183 hommes qui couchent là-dedans[6] », note le soldat Castonguay. Les lits, hauts de cinq étages, sont confectionnés de planches et infestés de punaises. Progressivement, le troc prend forme dans le camp. En février 1942, le soldat Castonguay s'y adonne par nécessité : « J'avais gardé une *bun* de ce matin pour vendre et j'ai eu deux cigarettes ; j'ai payé ma coupe de cheveux avec une et je donne l'autre pour du savon emprunté cet après-midi[7]. » Il échange sa montre contre 20 paquets de cigarettes qu'il troque ensuite pour de la nourriture. Le signaleur Verreault chante parfois lors des concerts pour un salaire de deux cigarettes.

Le journal du soldat Castonguay insiste sur l'inflexible routine du camp, de janvier à août 1942 : lever à 8 h 30, parade et déjeuner. Le reste de la journée passe à vaquer à différentes activités non dirigées : regarder les civils chinois s'affairer autour du camp, nettoyer la hutte et ses alentours, jouer au *deck tennis*, à la balle molle, aux cartes, aux dames, aux échecs et au bridge, flâner dans le camp ou assister à des concerts offerts par les orchestres des régiments. Le dîner est servi vers 13 h 30 et le souper vers 18 h. Le soldat Castonguay et le signaleur Verreault assistent parfois à la messe, le dimanche : « Entendre la messe me ramène chez moi si intimement que je crois que c'est la seule chose qui me rappelle la maison[8]. » Pour meubler son temps, le signaleur forme en juillet 1942 une chorale regroupant une quinzaine d'hommes dont le lieutenant Power, fils du ministre de l'Air du Canada[9]. Les deux hommes trouvent aussi refuge dans la lecture de livres en anglais empruntés à la bibliothèque de Fort Stanley. Lire fait oublier la faim, les caprices du climat, tout en exigeant une faible dépense énergétique.

Après quelques mois, les prisonniers commencent à travailler sous la surveillance armée des gardes japonais[10]. Le soldat Castonguay décharge un camion de provisions pour une semaine devant les cuisines : « 19 poches de riz (200 lb), 95 poches de farine (50 lb), 2 poches de sel (35 lb) pour sept jours et nous sommes 818 hommes[11]. » Les parades et les appels deviennent plus systématiques et surviennent même la nuit : « Dimanche, une heure et quart du matin, nous sommes sortis en parade à la grosse pluie. Moi, quand même que j'étais au lit, il a fallu que je sorte et jusqu'aux malades sur des brancards qui sont sortis; il y en a qui ont vomi, d'autres sont tombés sans connaissance[12]», confie le soldat, le 31 août 1942.

Les discussions entre détenus portent notamment sur la vie au Canada, la nourriture qu'on y savoure, l'époque de l'avant-guerre et l'avenir qu'on souhaite connaître. Elles alimentent les rêves éveillés, mais causent parfois plus de tort que de bien au moral, souligne le signaleur Verreault, car elles nourrissent aussi le mal du pays: «Curieux sentiment, le mal du pays! Ça nous prend par bouffées et si ça durait ainsi continuellement, un humain deviendrait fou en deux semaines. Rien de surprenant à ce que des camarades reviendront vieillis de cinq ans. Peut-être ceux qui sont morts durant la guerre ont-ils un sort préférable au nôtre[13].» Les hommes ressentent le temps écoulé depuis le départ du Canada: «C'est curieux comme l'on se sent vieilli dans un camp de concentration. Tout le passé paraît si loin que l'on doit se demander quel âge on a réellement[14].» Les paris entre prisonniers meublent aussi les discussions. Ils portent sur la date d'une éventuelle libération et de la fin de la guerre en Europe.

S'abreuver aux nouvelles, vraies ou fausses, véhiculées par les prisonniers en contact avec des agents ou des livreurs chinois qui pénètrent dans les camps, devient presque une nécessité. Cela aide à supporter la réclusion et à maintenir l'espoir de jours meilleurs: «Les rumeurs courent de plus belle, les esprits sont fiévreux d'espoir fou, écrit le signaleur Verreault. Les paris se multiplient avec une audace vraiment grisante. C'est ainsi tous les mois et c'est toujours nouveau, que voulez-vous, nous avons tellement hâte de sortir de notre enfer[15]!» Les fausses nouvelles peuvent aussi être sources de découragement et de désespoir si elles paraissent favorables aux Japonais. Les deux auteurs notent la pléthore de ouï-dire selon lesquels les Chinois reprendraient le contrôle autour de Hong Kong, les prisonniers canadiens seraient échangés contre des détenus japonais restés au Canada ou encore que la Croix-Rouge serait sur le point d'acheminer des colis de nourriture. Une autre rumeur envoie les détenus canadiens en Australie. Le signaleur entend une nouvelle n'annonçant rien de moins que la capitulation de l'Allemagne, en avril 1942, devant la pression exercée par les Soviétiques.

Tout comme les rumeurs, le climat influence directement le moral, voire l'état de santé des détenus. Le temps froid, humide, venteux, brumeux ou pluvieux les contraint à ralentir les activités, à demeurer parfois couchés. Durant les hivers, il devient difficile de dormir dans les cabanes humides et sans chauffage. Les premiers rayons de soleil après un dur hiver remontent le moral et font oublier la faim. Par contre, le soleil d'été, implacable, plombe les corps ; il rend l'atmosphère étouffante, provoque de douloureux coups de soleil et de dangereuses insolations.

L'hygiène demeure rudimentaire. Les douches se prennent à l'eau froide et souvent sans savon. Les prisonniers lavent leur linge la plupart du temps sans détergent. Le soldat Castonguay laisse pousser sa barbe, faute de rasoir. Les poux envahissent le corps du signaleur Verreault : « À Hong Kong, c'est le plus gros problème. Depuis neuf mois, nous sommes dévorés la nuit par ces maudits poux qu'on ne peut pas arriver à exterminer. S'il y a un ciel, purgatoire et enfer, j'ai fait mon enfer sur terre[16]. » En hiver, il porte pour tout vêtement deux chemises, un chandail, un pantalon et deux paires de bas. L'été, les hommes portent uniquement un pagne servant de cache-sexe.

L'état permanent de malnutrition (carences en protéines animales, en calories et en vitamines de types A et B) occupe une place centrale dans les deux journaux. Cet état a pour origine le peu de considération du geôlier japonais envers les prisonniers occidentaux, mais aussi le fait que l'approvisionnement de Hong Kong dépend largement de l'importation de riz. Or, le Japon est soumis à un blocus et Tokyo se montre peu enclin à approvisionner le territoire occupé en nourriture[17]. Le mot « faible » revient sans cesse sous la plume du soldat Castonguay. Et pour cause, chaque détenu reçoit en moyenne entre 1000 et 1300 calories quotidiennement alors qu'un homme de 70 kilos doit en absorber le double ou plus pour travailler et simplement maintenir son poids[18]. « Tous les jours, je perds des forces, je me sens aller, écrit le signaleur Verreault. La faim ! La sinistre faim ! dont on lit dans les romans, nous lui "goûtons"[19]. » La transition des rations de l'armée canadienne au régime des camps est extrêmement brutale.

Les deux auteurs font état des maigres repas. À quelques variantes près, le menu se compose des aliments suivants :

gruau, sirop, confitures, fèves, pois souvent mal cuits, pain, thé avec un peu de lait, fromage, riz cru ou bouilli au goût douteux parfois infesté de vers blancs, œufs souvent pourris, *corned-beef*, têtes de poisson, filaments de porc, petits morceaux de baleine, pain dur, patates douces, carottes, chrysanthèmes, galettes, biscuits et beurre. La digestion, parfois difficile en raison de l'absorption d'aliments nouveaux et mal apprêtés, cause de sérieux maux d'estomac. Des prisonniers se lèvent la nuit dans l'espoir de trouver de la nourriture, surtout lorsque, sans raison apparente, les rations se voient coupées de moitié ou des deux tiers[20].

Tôt ou tard, la maladie terrasse les corps affaiblis par les conditions d'hygiène déficientes, la malnutrition et les moustiques qui propagent la malaria. La vue des deux auteurs commence à baisser radicalement par manque de vitamine A. La malnutrition entraîne la perte de sommeil. Après quatre mois, le poids du soldat Castonguay est passé de 145 livres à 124 livres tandis que Georges Verreault, 22 ans, a perdu plus de 32 livres entre son départ du Canada et le mois d'août 1942 : « J'ai les jambes comme des manches à balai et des bras d'adolescent. La peau du ventre collée à celle du dos ! Je ne porte plus mes bottines, elles sont trop lourdes[21]. »

De violents maux de tête et des problèmes intestinaux constituent d'autres symptômes de la malnutrition. La diarrhée foudroie à un moment ou l'autre chaque prisonnier. En avril 1942, une jaunisse contraint le soldat Castonguay à l'hospitalisation dans un garage rempli de malades atteints de dysenterie, d'anémie, de pneumonie, de diarrhée, de pleurésie, de fièvres typhoïdes ou de maladies cutanées. La diphtérie tue plus de la moitié des 112 Canadiens morts en 1942 en captivité. Les autorités médicales canadiennes n'avaient pas fait vacciner les militaires envoyés à Hong Kong avant leur départ et les Japonais ont été très lents à rendre accessible une quantité suffisante de vaccins à cause de problèmes de logistique[22]. L'hôpital est contraint de renvoyer le soldat Castonguay dès le lendemain de son admission afin de faire de la place pour des patients plus malades que lui. Celui-ci souffre plus tard d'une inflammation des testicules due à un manque de vitamine B. Le signaleur Verreault dresse, le 17 juillet 1942, son bilan de santé après vingt-trois semaines :

J'ai été victime de la dysenterie deux fois, j'ai joui d'un mal de gorge enflée durant deux semaines, j'ai connu les bienfaits d'une *gueule galeuse*, je me suis tordu pendant huit jours sous la morsure d'une démangeaison de rectum et quelques semaines plus tard, je fus affligé d'une autre démangeaison, celle-ci du scrotum, endroit malcommode. Actuellement, depuis deux semaines, j'ai les jambes couvertes de rhumatisme [...][23].

Les maladies qui assaillent les jambes et les pieds s'avèrent particulièrement douloureuses et contraignent à l'immobilité. Le signaleur souffre du malaise du «pied électrique» après avoir eu les pieds trop longtemps exposés au froid : «Depuis cinq jours, un élancement atroce me tourmente les pieds. C'est la même douleur qu'on ressent lorsque les pieds nous dégèlent en hiver. J'ai une difficulté irritante et douloureuse à marcher. Le mal est continuel, nuit et jour ; je dors à peine trois heures par nuit lorsque je suis rendu à bout. [...] Si ça continue, je vais devenir fou, car c'est un mal lancinant qui vous rend toute la peau sensible[24].» Bien que la maladie puisse engendrer la gangrène, le médecin ne peut rien faire, faute de médicament et l'hôpital ne peut le recevoir, faute de place. Le soldat Castonguay souffre du béribéri, une maladie qui se manifeste par une accumulation d'eau dans les jambes. Plus de 80 % des prisonniers en souffrent[25]. Après quelques mois, les prisonniers sont littéralement «à bout de force, nous avons un pied dans la tombe et l'autre sur une pelure de banane ; nous ne sommes plus qu'une bande de loques humaines, de squelettes ambulants pour le peu qui peuvent se transporter sur ce qui leur reste de jambes[26]».

En septembre 1942, les Japonais regroupent tous les prisonniers canadiens dans le camp de Shamshuipo, sur le continent, où les troupes s'étaient installées à leur arrivée en novembre 1941. Les lieux ne paraissent pas en meilleur état qu'à North Point : «Le cœur tout brisé de voir notre camp d'avant la guerre si démanché et malpropre. [...] Il y en a beaucoup qui meurent dans le camp[27]», note le soldat Castonguay. Même impression chez le signaleur Verreault : «Malheureusement, la maladie et les circonstances en ont fait un lieu d'enfer. Les impériaux y ont été maintenus captifs et durant les quelques derniers mois la mort a fait un nombre incalculable de victimes. Partout dans le camp les tombes se multiplient. Notre ancien camp est devenu un cimetière[28].»

Le signaleur Verreault travaille à la construction de l'aéroport de Kai Tak, en juin 1942, pour un salaire de 15 sous par jour : « Hier, toute la journée, j'ai travaillé au pic et à la pelle à l'aéroport. Nous étions deux cents de notre groupe sous un soleil mortel et plusieurs faiblirent et tombèrent. Ça m'a secoué toute la carcasse cette journée de l'autre côté et probablement je sentirai cette malencontreuse raideur pour quelque temps[29]. » Le lever se fait avant l'aube et les hommes partent au travail, souvent à jeun. Le soldat Castonguay résume le travail exigé de lui pour un salaire quotidien de 10 sous :

> Nous devions déménager une montagne pour allonger la piste d'atterrissage dans la mer. Sur un chariot à quatre roues sur rail était posée une boîte de bois sans fond de quatre pieds par cinq pieds sur trois pieds et demi de profondeur. La montagne était composée d'un sable compacté. Avec des pics, quelques pelles, et surtout avec de petites grattes et des petits paniers d'osier, nous arrachions ce sable pour le jeter dans la grande boîte. Une fois la boîte remplie, nous poussions le chariot jusqu'au point où nous devions le décharger. [...] Il faisait beau la plupart du temps et très très chaud, environ 95 °F / 100 °F (30 °Celsius). Le midi, pour dîner, on nous donnait un petit bol de riz avec un peu d'eau. Nous travaillions jusqu'à la tombée de la nuit, puis c'était le retour. Nous reprenions le ferry pour retourner au quai, et nous marchions encore deux milles (3,2 km) pour revenir au camp. Nous étions quelques centaines de prisonniers et, on s'en doute bien, tous très affamés et très fatigués. Nous revenions au pas militaire, et il était dix-neuf heures, parfois vingt heures[30].

Un premier bombardement sur Kowloon par 10 appareils de la 14e escadrille de l'Air Force américaine survient en plein jour le 25 octobre 1942, semant l'espoir d'une libération prochaine pour les prisonniers[31]. Aussitôt, le nombre de gardes japonais triple. L'éclairage est coupé la nuit venue et toute circulation dans le camp demeure interdite, y compris pour aller aux toilettes. Les hommes, souvent atteints de diarrhée, doivent se soulager autour des huttes.

L'hôpital de Shamshuipo se compose de six ou sept huttes, entourées de fil barbelé. Les hommes qui souhaitent entrer dans la zone sans autorisation sont brutalement battus par les gardes[32]. L'état de santé du soldat Castonguay se détériore sérieusement lors du séjour à Shamshuipo. Ses yeux et l'intérieur de sa bouche le font souffrir. Le dessus de ses mains et de ses pieds devient violet, jaunâtre et rouge. Des plaques apparaissent sur son visage et des taches rouges parsèment ses jambes. Son pied gauche, très enflé, présente de grosses cloques d'eau. Le soldat se rend à l'infirmerie, mais se heurte à nouveau au manque flagrant d'instruments et de médicaments: «Je suis allé voir le doc pour mes jambes et il m'a dit qu'il fallait que je mange de la viande pour les guérir et il n'y en a pas, ça fait qu'il ne peut rien faire. Je demande quelque chose pour ma bouche et il me répond qu'il a rien, mes yeux même chose[33]. »

En février 1943, les deux hommes s'embarquent en direction du Japon avec quelque 500 autres détenus canadiens. La traversée dure quatre jours. Ils rejoignent ensuite par train les camps où séjournent déjà plus de 1200 détenus venus de Hong Kong en septembre 1942. Il fait très froid et les baraques ne disposent d'aucun moyen de chauffage. Les rations, souvent immangeables, offrent en moyenne 900 calories, ce qui demeure largement insuffisant pour compenser l'énergie dépensée durant les travaux forcés à la surface ou dans la mine d'extraction de charbon de Omine: «Nous sommes très mal traités, écrit le soldat Castonguay, il faut sortir les malades et les faire travailler et, s'ils ne travaillent pas assez, ils les battent[34]. »

L'insalubrité favorise la propagation des maladies: les détenus ne disposent pas de papier hygiénique et le savon manque durant plus de deux mois. Les puces envahissent le corps, la diarrhée l'épuise pendant des jours, voire des semaines, sans espoir de repos, car le travail demeure obligatoire, peu importe l'état de santé de chacun. Dans la mine, les hommes pataugent dans l'eau, l'oxygène se fait rare et les effondrements sont fréquents. Les gardes, intraitables, frappent avec des bâtons de bambou les travailleurs, notamment sur leurs blessures apparentes. Ils saisissent aussi toute éventuelle correspondance, ainsi que les calepins rédigés par les prisonniers. Souvent ivres, ils envahissent le camp au crépuscule et perturbent le sommeil des détenus[35]. Ces derniers, rendus nerveux par le manque de nourriture et de sommeil, le travail harassant et la violence déployée par les gardiens, se battent souvent entre eux. Les hommes vivent ainsi de privations, de travaux forcés et de malnutrition jusqu'à la libération.

En août 1945, l'annonce de la fin de la guerre dans le Pacifique réjouit, on s'en doute, les détenus. L'aviation américaine largue des ballots de vêtements et de nourriture au-dessus des camps. Certains contiennent de la gomme à mâcher, de la viande en conserve, des biscuits, de la confiture et du chocolat : « Ce fut le party dans le camp ! Il y avait tellement de nourriture que nous en avons donnée aux Japonais qui étaient affamés eux aussi. Il y eut bientôt des files d'attente à la porte du camp. Dans ces lignes, on n'acceptait que les femmes et les enfants[36]. » La guerre terminée, la population japonaise paraît craindre les prisonniers.

De retour au pays, l'état de santé des auteurs reste précaire. Tous deux souffrent de problèmes de vision et d'avitaminose. L'espérance de vie des anciens prisonniers des Japonais est passablement réduite (elle est inférieure de 10 à 15 ans à la moyenne canadienne, et leur taux de mortalité est de 23 % supérieur à celui des autres vétérans) : Georges Verreault meurt à 46 ans. À son retour, Bernard Castonguay effectue plusieurs séjours à l'hôpital militaire de Sainte-Anne-de-Bellevue où il reçoit des doses de vitamines. Il fait aussi un stage de réadaptation à l'Institut national canadien pour les aveugles. Il travaillera ensuite vingt-huit ans pour cet organisme avant de perdre presque définitivement la vue en 1984.

D'après l'historiographie, il ne semble pas qu'il y ait eu une volonté systématique d'exterminer les prisonniers, car le gouvernement nippon avait reconnu le code du prisonnier établi à Genève en 1929. Cependant, la convention n'a jamais été ratifiée par la Diète[37]. L'armée disposait d'un manuel contenant les règles de détention des prisonniers. Ceux-ci devaient être traités avec compréhension, sans cruauté ou mauvais traitements. Dans la réalité, ces recommandations contredisaient le code d'honneur du Bushido qui interdit la reddition ou en fait un déshonneur. Dans cette logique, le prisonnier occidental était perçu comme un lâche, un perdant, un homme discrédité que l'on pouvait dépouiller et brutaliser. Cette conception explique certainement en grande partie le régime extrêmement rigoureux des camps dont la garde, considérée comme une tâche peu valorisée, était de plus confiée à des inadaptés, des déséquilibrés ou des malades mentaux[38].

La malnutrition dont ont souffert les prisonniers ne constituait pas vraiment une famine organisée. Cet état de choses avait pour origine le peu de considération du geôlier japonais envers les prisonniers occidentaux et la volonté de les transformer en immenses *troupeaux* d'hommes[39]. Elle résultait également du fait que les Japonais n'étaient pas préparés à héberger et nourrir subitement des milliers de prisonniers, et de ce que l'approvisionnement de Hong Kong en riz dépendait largement de l'importation.

Les gardes semblent avoir ressenti une aversion plus profonde envers les Britanniques qu'envers les Canadiens[40]. C'est peut-être pourquoi les conditions de vie à Shamshuipo s'avéraient pires qu'ailleurs[41]. Le soldat Castonguay mentionne un cas de châtiment corporel imposé par les gardes à un officier britannique accusé de ne pas tout mettre en œuvre avec les infirmiers pour sauver la vie des prisonniers malades[42]. Le sadisme des gardiens se manifestait aussi envers la population chinoise de Hong Kong. Les deux auteurs relèvent des actes de violence commis à leur égard. Des gardes frappaient à coups de baïonnette ou tiraient à bout portant les femmes et les enfants qui vendaient des marchandises aux prisonniers[43]. Ils obligèrent une jeune Chinoise à demeurer agenouillée devant eux durant deux heures[44] et exécutèrent sommairement des civils sans raison apparente. Cela dit, le soldat japonais était aussi émotif et sensible à la peur que tout autre militaire. Certains ont témoigné d'humanité envers les prisonniers en leur fournissant des cigarettes ou en posant une couverture sur les détenus endormis[45].

Expériences de captivité sous le joug allemand

La majorité des Canadiens faits prisonniers l'ont été entre 1942 et 1945 à Dieppe, en Italie ou en Europe de l'Ouest. Il s'agit d'aviateurs pour la plupart, capturés au sol après s'être éjectés de leur appareil abattu en plein vol. Les Canadiens capturés par l'ennemi sont envoyés dans des camps situés au cœur de l'Allemagne nazie. Au moment de la capitulation du Reich, ces camps comptent plus de cinq millions de détenus, toutes nationalités confondues[46]. Les Allemands, tout comme les Britanniques, respectent la plupart du temps les conventions internationales. La situation demeure certes difficile, mais généralement, la plupart des prisonniers reçoivent suffisamment à manger et bénéficient d'un sort matériel qui, sans être idyllique, apparaît tolérable comparé au sort des prisonniers de guerre sur le front de l'Est et au Japon. On note cependant un net recul des conditions à mesure que l'Allemagne s'effondre sous l'assaut des forces alliées. Les rations alimentaires se raréfient et les prisonniers sont soumis à de longues et exténuantes marches forcées à travers le Reich à l'agonie. Malgré les conventions et les accords, les prisonniers subissent des traumatismes psychologiques et ne sont pas à l'abri des réactions de cruauté de leurs gôliers.

Publié à Paris en 1968, *Un Canadien français à Dieppe* du sergent-major Lucien Dumais présente en 10 chapitres l'instruction à l'École pour instructeurs de commandos (chap. 1er), puis le séjour des FMR en Islande de juin à octobre 1940 (chap. II) et l'entraînement en Angleterre à compter de mars 1942 (chap. III à V). Les chapitres VI et VII couvrent le raid de Dieppe, au cours duquel le sergent-major est fait prisonnier, puis son évasion du train qui le mène en Allemagne durant la nuit du 20 au 21 août. L'auteur mentionne combien il lui a été difficile de hisser le drapeau blanc en début d'après-midi et de surmonter sa « honte » d'avoir été fait prisonnier : « Les mots terribles ont été prononcés. Je n'aurais jamais pensé qu'un jour viendrait où je les formulerais ! [...] Est-ce mon devoir qui me fait agir ainsi, ou bien la peur ? Oui, j'ai peur certes ! Mais j'ai peur de tomber aux mains de l'ennemi, et non pas pour ma peau ! J'ai peur d'avoir à vivre avec ma conscience après m'être rendu au premier engagement[47]. »

Aussitôt capturé, il se jure que l'ennemi ne le gardera pas longtemps. Il rejoint la cohorte de prisonniers dans le parc de l'hôpital de Dieppe. Assoiffé et affamé, il est fouillé et mené au village de Saint-Martin-l'Église, puis d'Archelles avec d'autres fantassins canadiens. En soirée, les détenus marchent jusqu'à Envermeu. Les Allemands leur accordent enfin une maigre pitance : du pain noir très pâteux et de l'eau acheminée dans la cour par un boyau d'arrosage. Le sergent-major passe la nuit avec ses compagnons d'infortune sur le plancher en pierres concassées d'une usine en construction. La matinée du lendemain passe à fomenter des plans d'évasion, à manger du pain et boire du café au « goût de caoutchouc » dans la grande cour de l'usine où s'entassent les prisonniers. En fin d'après-midi, le sergent-major embarque à bord d'un wagon à bestiaux à la gare de Saint-Martin-l'Église. Le convoi traverse Dieppe et Rouen. En pleine nuit, il s'évade du train en marche par la lucarne arrière du wagon : « Je me retrouve seul sur le sol français, en uniforme canadien, me cachant de l'ennemi, sans ressource, ne sachant pas ce qui va m'arriver dans les minutes suivantes[48] ! » Les chapitres VIII à X présentent la suite de son périple, via Marseille et Gibraltar, jusqu'à Londres où il rejoint les rangs du MI9, le département des services de renseignements britanniques chargé de récupérer les pilotes tombés derrière les lignes ennemies.

Ces souvenirs de guerre s'inspirent de notes et du récit que l'auteur a présenté à un historien à l'état-major des commandos. L'historien C. P. Stacey a assuré la révision des dates et des faits généraux. L'ouvrage appelle pourtant à faire quelques réserves. L'auteur ponctue ses souvenirs de dialogues, « indice presque infaillible d'une réécriture romanesque *ex post facto*[49] ». De fait, comment l'auteur aurait-il pu se rappeler, plus de vingt ans après des événements chargés de tension et de menaces pour sa vie, les paroles exactes ou une blague qu'il a prononcées à des moments précis du raid ou encore celles qui lui ont été adressées ? De plus, l'auteur commente des événements auxquels il n'a pas assisté, notamment l'attaque des commandos sur Berneval, Varengeville et Pourville, ce qui laisse croire qu'il s'est inspiré de recherches historiques ultérieures. Enfin, le sergent-major a un goût prononcé pour la phrase solennelle lorsqu'il s'adresse au public français : « Nous autres, Canadiens de souche française, nous aimons la France, patrie de nos ancêtres[50]. » Ou encore : « Beaucoup d'entre nous sont restés sur le sol de Dieppe et y dorment maintenant à jamais, entourés de la sollicitude des Dieppois qui les fleurissent comme des êtres chers. Mais pas un seul n'est mort sans avoir fait payer lourdement le prix de sa vie à l'ennemi, car ses pertes furent considérables[51]. »

Deux cartes des opérations et des photographies d'archives accompagnent le texte dans lequel l'auteur n'hésite pas à présenter une image fort positive de lui-même et de son unité. Sous sa plume, les FMR sont « la crème de la 2e division » de l'armée canadienne, il n'hésite pas à prendre « de haut » de sa « voix de stentor » un soldat allemand. Il se décrit lui-même comme un homme courageux qui jamais n'a flanché, qui est

toujours resté dans les rangs et qui a su imposer une réputation d'ordre, d'autorité et d'organisation. Enfin, il se présente
comme n'étant rien de moins que le «champion du bataillon
au tir». On lit ce livre comme un roman au style flamboyant,
cousu, par moments, de fil blanc.

Transportons-nous vers un autre lieu, un autre moment
de la guerre. Le soldat Émilien Dufresne et le capitaine Pierre
Vallée se trouvent sur la route menant à Colomby-sur-Thaon,
la nuit suivant le débarquement en Normandie. Vers deux
heures du matin, le 7 juin 1944, une colonne de motorisés allemands s'infiltre à travers les lignes de la 9e brigade et atteint la position de la compagnie. Une échauffourée éclate[52].
L'attaque imprévue s'avère coûteuse : on compte des morts,
des blessés et des prisonniers, dont le soldat Dufresne et le
capitaine Vallée. Tous deux décrivent l'expérience de détention qui s'ensuit, une expérience fort différente pour l'un et
pour l'autre.

Prisonnier à l'oflag 79 du capitaine Pierre Vallée est publié
en 1964. Il est préfacé par le lieutenant-colonel Paul Mathieu,
commandant du régiment de la Chaudière en 1943-1944. En
sept chapitres, le capitaine décrit avec une grande objectivité,
à laquelle il s'applique au nom de la vérité, ses souvenirs du
débarquement, sa capture par les Allemands et son voyage en
captivité à travers la France et l'Allemagne. Le cinquième chapitre dépeint la vie à l'oflag où le capitaine Vallée demeure
jusqu'en avril 1945. Ce court ouvrage, un peu froid, est une
source unique sur les conditions de vie dans un camp d'officiers du Commonwealth faits prisonniers[53].

Immédiatement après sa capture, le capitaine s'interroge
sur la conduite qu'il aurait dû tenir pour ne pas être pris. La
question le hante toujours au moment d'écrire : «Qu'aurais-je
dû faire pour ne pas être capturé ? Si j'avais agi différemment,
la même chose se serait-elle produite ?... Toujours, j'en viens à
la même conclusion... je suis pris, j'aurais fait autre chose... le
résultat aurait été le même !... Combien de fois, pendant ma
captivité, et même encore aujourd'hui, cette question, ce problème me hante[54]...» Le capitaine montre qu'en l'espace d'une
seconde, il est passé du mauvais côté du front et est devenu un
élément anonyme, soumis aux aléas de la guerre et au bon
vouloir de l'ennemi.

Le voyage vers l'Allemagne depuis Caen, en passant par Alençon, Dreux, Houdan, Versailles, Paris et Châlons-sur-Marne, s'effectue péniblement à pied, en camion et en train dans l'anxiété et l'incertitude. En route vers l'Allemagne, les hommes sont entassés par groupes de 45 dans des wagons de marchandises peu éclairés. La place manque pour s'asseoir. La nourriture se limite à un morceau de saucisson à l'ail et au tiers d'un pain d'une livre[55]. La chaleur de juillet accable les voyageurs. Ces derniers craignent les bombardements de leur propre aviation. Le périple dure cinq jours. Le 20 août 1944, vers huit heures du matin, le capitaine, épuisé et engourdi, arrive à l'oflag 79, situé dans la banlieue de Brunswick, une ville entre Hanovre et Magdebourg. Non loin se dressent un aérodrome, une usine de moteurs d'avion et des camps de travailleurs français, belges, polonais et russes.

En août 1944, l'oflag compte environ 2000 officiers prisonniers, estime le capitaine. Il est structuré sur le modèle du camp de concentration britannique, mis au point pendant la guerre des Boers, soit un ensemble de baraquements entourés de barbelés et dominés par des miradors[56] :

> Le camp est divisé en deux parties bien distinctes : la première comprend les quartiers des gardiens et ceux de l'état-major allemand ; la seconde, les nôtres, l'oflag 79 lui-même. Ce deuxième secteur est entouré d'une double barrière de barbelés haute de dix pieds et séparées l'une de l'autre d'environ huit pieds. Cet espace est couvert de barbelés en « boudin ». À toutes les cent verges, du haut d'une tourelle, une sentinelle surveille jour et nuit les allées et venues des prisonniers dans notre « enclos »[57].

Les officiers prisonniers vivent dans des baraques de deux étages que le capitaine juge convenables : « Un soin particulier est apporté pour répondre aux nécessités hygiéniques, soin que l'on trouve dans les baraquements militaires modernes[58] », précise-t-il. Les chambres abritent entre 10 et 18 prisonniers, selon les dimensions de la pièce. D'autres pièces servent de salle à manger, de salle de lecture et de toilettes.

Le personnel se compose de soldats de la Wehrmacht « qui remplissent leurs fonctions sans abus de zèle, sauf lorsqu'un officier de la Gestapo vient visiter notre prison. À ces occasions, ils deviennent nerveux; les appels se succèdent et les ordres et restrictions se multiplient[59]». Le capitaine note un changement radical dans la tenue des geôliers:

> Jusqu'au début de septembre 1944, la troupe chargée de nous surveiller comprenait de très bons soldats, propres, avec des uniformes convenables et d'une bonne discipline. Quelque temps avant Noël, il y eut un changement dans tout le personnel, sauf pour le commandant et quelques sous-officiers d'un certain âge. [...] Des hommes trop âgés pour aller au front, de grands blessés ou des soldats de capacité physique amoindrie, devinrent alors nos gardiens[60].

L'organisation administrative est caractéristique de l'oflag. Le commandant allemand du camp est un officier supérieur. Chez les prisonniers, la hiérarchie demeure en vigueur. Le doyen du camp est le prisonnier le plus ancien détenant le grade le plus élevé. Il s'agit d'un officier anglais au moment où le capitaine se trouve en détention. À grade égal, les détenus saluent en premier les officiers allemands[61].

Il n'est pas question de mauvais traitements, précise le capitaine. Les Allemands pénètrent rarement dans la section du camp réservée aux captifs à moins d'avoir une tâche à y accomplir: «Ils ne s'occupaient pas des prisonniers. Ils communiquaient toujours avec l'officier prisonnier le plus haut gradé. Ils surveillaient l'arrivée des colis de la Croix-Rouge, la distribution de la soupe, du pain, etc[62].» De son propre aveu, le capitaine n'a que très rarement adressé la parole à ses gardiens: «Nous n'essayions pas de les rencontrer; de leur côté, ils n'ont fraternisé avec nous qu'à l'approche de la libération[63].»

Les prisonniers vivent en vase clos. Ils forment une «seule famille; ils ont partagé les mêmes soucis, les mêmes tourments, connu les mêmes peurs, mais aussi les mêmes joies et les mêmes espérances[64]». Le capitaine propose une typologie de ses compagnons d'infortune. Les «taciturnes» paraissent absorbés dans leurs pensées et ne parlent à personne. Les «marchands» vendent en échange de cigarettes toutes sortes d'objets, comme des bas, des chandails, des bérets, des livres et des vivres. Les «joueurs» parient sur tout et s'adonnent aux jeux de cartes à longueur de journée. La majorité des hommes appartiennent à la «masse». Ces derniers s'avèrent particulièrement sensibles aux rumeurs, nombreuses et contradictoires, qui se répandent quotidiennement avec force et rapidité dans le camp. Les origines des rumeurs sont nombreuses : émissions radio de la British Broadcasting Corporation (BBC) écoutées clandestinement, gardien fiable et bien renseigné, camarades, etc. Tout comme celles véhiculées dans les camps japonais, elles concernent surtout l'éventuelle défaite de l'ennemi et la libération à venir : «Nous allions aux nouvelles, nous cherchions les rumeurs, à défaut d'en recevoir, nous en créions... Bref, nous étions des hommes espérant, cherchant un but, une fin, notre délivrance, oui, mais surtout la victoire de nos compagnons d'armes que nous avions dû, malgré nous, abandonner à la tâche[65].»

Dans les camps d'officiers, les conditions de vie sont moins astreignantes que dans les autres camps de prisonniers. Les hommes sont certes privés de leur liberté et doivent subir inlassablement, matin et soir, la routine de l'appel. Ils se voient imposer une vie oisive. Le principal problème consiste à meubler les journées : s'occuper devient une nécessité primordiale dans ce monde à part, un impératif incontournable du point de vue individuel et collectif afin d'éviter les problèmes physiques et mentaux engendrés par l'ennui et le désespoir. La vie s'organise, malgré le dénuement. Les officiers prisonniers proviennent d'horizons, de professions et de cultures différentes. Mises en commun, leurs connaissances représentent des ressources aussi riches que variées.

L'administration allemande aidant, une certaine vie intellectuelle prend forme. Des prisonniers organisent des causeries et dispensent des cours de philosophie, d'économie politique et sociale, de langues, de littérature et d'histoire, précise le capitaine Vallée. Les détenus peuvent voir, jusqu'en octobre 1944, une pièce de théâtre par semaine, assister à des concerts symphoniques ou se rendre au *Rumpot*, la «boîte de nuit» du camp où l'on ne trouve ni femme ni alcool : «On y servait du chocolat chaud ; les habitués payaient une cigarette la tasse. La veille du jour de l'An 1945, le gérant du *Rumpot* annonce que la boîte serait fermée à l'avenir, faute de clients, ceux-ci n'ayant plus de monnaie courante... et de chocolat, vu le manque de paquets de la Croix-Rouge[66].»

Les détenus attendent avec impatience la distribution des colis. Le capitaine ne tarit pas d'éloges à l'égard de la Croix-Rouge : «Que serions-nous devenus sans cet organisme ?... Il nous a nourris jusqu'à Noël 1944 [...] La Croix-Rouge nous a aidés à survivre à la tourmente[67]... » Jusqu'à cette date, les colis sont acheminés chaque semaine. Chaque colis pesant environ 10 livres contient du beurre, du fromage, des biscuits, du lait en poudre, des sardines, du saumon, de la confiture, du chocolat, du café, du sucre et des cigarettes qui servent de monnaie d'échange entre prisonniers. Les colis complètent les rations servies par les Allemands, dont la qualité et la quantité varient entre août 1944 et avril 1945, et constituées :

> [d']une soupe à l'orge une fois la semaine, [de] pain noir dont la qualité et la quantité diminuaient de semaine en semaine, d'un peu de margarine que nous n'osions pas manger, mais qui servait à fabriquer des lampions pour nous éclairer [...] et de quelques pommes de terre. Au milieu de janvier [1945], les rations atteignirent leur plus simple expression : deux ou trois tranches de pain par jour, un pain noir très pesant, à base de farine et de pommes de terre, deux ou trois petites pommes de terre et, comme breuvage, une tisane d'herbage quelconque[68].

Les conditions de vie à l'oflag se dégradent en janvier 1945, faute de ravitaillement. Les troupes allemandes occupent les routes, les fugitifs et les évacués fuient l'avancée des Soviétiques sur le front de l'Est. Les effectifs du camp ont par ailleurs augmenté de 500 détenus depuis l'arrivée du capitaine Vallée en août 1944 : « La faim est maintenant maîtresse dans le camp... Elle règne sans gloire... mais avec toute sa cour de troubles, d'angoisses et de malaises ; sans pardon, elle s'attaque à tous sans distinction, elle est implacable. Elle s'acharnera sur nous jusqu'à la libération... Elle est la source du peu d'enthousiasme pour l'étude, le théâtre, les distractions[69]. » À la faim s'ajoutent le froid et les bombardements de l'aviation alliée qui prend progressivement le contrôle du ciel. Ces éléments amenuisent le moral des prisonniers qui s'accrochent aux éternelles rumeurs de la libération prochaine.

Le 2 avril 1945, ordre est donné d'évacuer le camp et de marcher vers Berlin, ce à quoi s'oppose le commandant allemand du camp. Il préfère rendre les armes le moment venu. Les chasseurs américains commencent à survoler la région de Brunswick, tandis que les Soviétiques avancent sur Berlin. Les Américains pénètrent dans l'enceinte de l'oflag vers 9 h 30, le 12 avril 1945 :

Il est difficile de trouver les mots pour décrire ces premiers instants de liberté. On court, on crie, on applaudit... Je vois des prisonniers qui se donnent la main, qui pleurent... Tous veulent voir de près nos libérateurs, leur serrer la main, leur dire merci... Des hommes sont grimpés dans les barbelés, les écorchures aux mains, les vêtements déchirés, rien ne les arrête dans leur joie délirante[70].

Le capitaine n'oubliera jamais les privations, la réclusion et toutes les « petites et grandes misères d'un camp de concentration sous le joug nazi, de même je ne pourrai jamais chasser de ma mémoire cet instant de bonheur que fut notre libération[71] ! »

Dans *Calepin d'espoir*, le soldat Dufresne raconte son parcours militaire depuis la réaction de ses parents face à son enrôlement en 1941, et *son* débarquement en Normandie au sein d'un peloton de la compagnie A du régiment de la Chaudière. Deux chapitres présentent les mois de captivité, jusqu'à sa libération et le retour au pays. Le soldat Dufresne, contrairement au capitaine Vallée, ne séjourne pas dans un oflag. Comme des milliers d'autres militaires non gradés, il est astreint aux travaux forcés. Il travaille dans une usine allemande de fabrication de sucre, puis se voit contraint de faire une marche forcée d'une quarantaine de jours durant les premiers mois de 1945. Il est libéré au début d'avril. L'auteur livre ses sentiments et impressions avec clarté, grâce notamment à l'aide de sa fille qui a collaboré à la rédaction finale. *Calepin d'espoir* a fait l'objet d'un lancement au Salon du livre de Québec en 2003 en présence de l'auteur, âgé de 77 ans.

Au moment de sa capture, l'auteur se souvient de ce qui lui a traversé l'esprit : « tout devient aléatoire. Que peut-il se passer ? Que feront-ils de nous ? Le mot avenir prend subitement une signification un peu floue. Même demain semble lointain et représente l'inconnu. La traversée du désert, l'image du noir qui nous envahit quand les yeux sont fermés, apparaît de plus en plus comme le reflet de la réalité[72]. » Les Allemands confisquent tout ce dont disposent les hommes, sauf les vêtements et les bottes. Le soldat passe cinq jours à Alençon pour contribuer au nettoyage de la ville rasée par les bombes alliées. Lui et d'autres prisonniers sont conduits ensuite à pied à Caen, marchant jour et nuit, dormant dans des granges.

De Caen, le voyage s'effectue par camion jusqu'à Falaise puis de nouveau à pied, jusqu'à Chartres. La nourriture vient rapidement à manquer :

> La première journée, on reçoit un petit pain pour deux personnes pour toute la journée. Le lendemain, ce n'est que le soir que la soupe aux patates avec un peu d'orge mou et trop cuit arrive. La troisième journée, ils nous offrent un autre petit pain pour deux personnes et je ne sais pas si c'est déjà les hallucinations causées par la faim, mais ce petit pain nous semble encore plus petit que le premier et il est plutôt difficile à partager[73].

Les détenus passent ensuite par Paris et c'est le départ vers l'Allemagne. La collectivité grouillante et la promiscuité imposée heurtent l'individu dans sa bulle :

> On nous entasse à quarante dans des chars à bestiaux. Le train roule de nuit à cause du danger que représentent les bombes. Dans ce train d'enfer, l'intimité prend une signification particulière. On est moins fragile aux désagréments et plus tolérant face à des comportements qui nous choqueraient en d'autres circonstances. Sans toilette ni eau, le corps s'impose. Il est difficile de dormir et pas moyen de se coucher quand l'espace est tout juste suffisant pour permettre d'allonger un peu les jambes[74].

Après deux semaines de voyage, le soldat Dufresne arrive au stalag 8, puis c'est la marche forcée de 10 à 15 kilomètres par jour. La nourriture manque. Les nuits se passent à la belle étoile, ou dans une grange ou une porcherie. Il essaie de s'adapter à sa pénible situation : «Je tente de dépasser les malaises et de construire comme une barrière avec mes émotions pour me brancher seulement sur ce qui est essentiel à la vie. Tout devient rapidement relatif[75]. »

De nombreux prisonniers de guerre travaillent pour l'ennemi dans des fermes, des boutiques, des ateliers, des mines ou des usines en fonction des besoins de l'économie de guerre allemande :

> L'emploi de prisonniers de guerre est expressément prévu par la convention de Genève. Elle en fait même un droit pour les captifs, le travail étant considéré comme un élément de leur maintien dans de bonnes conditions physiques et morales. Le droit du vainqueur de mettre au travail les soldats ennemis qu'il détient ne s'applique cependant

qu'aux simples soldats ; officiers et sous-officiers ne peuvent être mis au travail que sur leur demande expresse. Et l'emploi de tout prisonnier dans des entreprises touchant directement à la guerre est, d'autre part, expressément interdit[76].

À la fin de juillet 1944, le soldat Dufresne est astreint au travail sous surveillance dans une usine de raffinage du sucre. On l'affecte à un chaudron dans lequel bouillent les betteraves. Il est envoyé au trou durant deux jours pour avoir simulé un accident sur la chaîne de production : il devient « prisonnier chez les prisonniers ». Il est ensuite chargé de vider le sucre dans des sacs avec des Ukrainiens. Il apprend à vivre au jour le jour : « Je dois m'accrocher au seul instant qui existe vraiment : maintenant. Toujours maintenant, une minute après l'autre, en me répétant constamment : "ce n'est qu'une minute, je suis capable de la supporter". Ma liberté doit être au bout de ce périple, de cela je dois demeurer convaincu. Plus j'avance, pas à pas, lentement, plus je reconquiers ma liberté[77]. »

Pendant les cinq mois passés à l'usine, la guerre continue. La rumeur de l'avancée des Soviétiques se fait persistante. Les autorités allemandes ordonnent l'évacuation au début de 1945. Le soldat ramasse ses sabots de bois, sa couverture et son calepin de notes dans lequel il consigne clandestinement son parcours. Une longue et épuisante marche s'annonce à travers l'Allemagne en déroute. Les gardes paraissent nerveux. La neige et le froid agressent les corps maigres et peu habillés. La nuit, les corps se rapprochent, en quête d'un peu de chaleur. La faim est « insoutenable, à chaque mouvement un peu brusque, elle provoque une espèce de "black-out" dans ma tête[78] ». Au jour 27, les détenus reçoivent des colis de la Croix-Rouge, puis marchent vers Nuremberg, puis Stuttgart, et arrivent à Düsseldorf le 14 février 1945 : « J'ai froid, j'ai faim, je suis fatigué de marcher sans but, sans jamais avoir le sentiment d'avancer. Je suis maigre à faire peur et ne reçois plus de nouvelles de cette guerre. Je vis comme sur une autre planète, en enfer[79]. »

Les hommes contraints à la marche forcée deviennent des témoins de la guerre en Allemagne : « Quand on traverse une ville détruite par les Alliés, on dirait que l'énergie du groupe subit un soubresaut. Tout le monde crie et démontre sa joie, sa satisfaction, son plaisir. Les gars constatent les dégâts avec un air de délectation. Les gardes n'ont pas l'air d'apprécier[80]. » Les prisonniers arrivent à Hanovre le 6 mars, après quarante et un jours de marche et de travaux forcés. Le jour, ils assistent aux bombardements alliés, la nuit, ils s'affairent à réparer des voies ferrées endommagées. Les colis de la Croix-Rouge deviennent plus accessibles et les moments de repos plus fréquents. Au début d'avril, les gardiens désertent leur poste et quittent Hanovre. Le 9, le soldat Dufresne célèbre l'arrivée des Américains. L'épreuve prend fin, mais la réadaptation commence. Il est pris en charge par les services de santé alliés avant son rapatriement au pays. Il ne fait pas mention de ce qui lui est ensuite advenu.

*
*   *

Dans chaque guerre, des soldats tombent aux mains de l'ennemi. Privés de leur liberté, ils survivent dans un monde clos selon les conditions dictées par l'ennemi. Ces hommes, on l'a vu, connaissent des expériences de captivité variables en fonction du lieu et de leur grade, mais tous, à un moment ou l'autre, ressentent la faim, la soif, les effets des privations, les intempéries, la fatigue et l'angoisse. L'impression les gagne parfois que la détention se prolongera sans fin. Ces éléments ont évidemment pour effet d'user la résistance des corps et celle des esprits.

CHAPITRE IX

Comment tenir

Sur terre, sur mer et dans les airs, le militaire aspire avant tout à survivre à l'épreuve du feu en maintenant son intégrité physique et mentale. Comment faire pour résister à l'adversité, à la peur et aux misères quotidiennes ? Le moral des troupes, c'est-à-dire de ces individualités fondues en un ensemble indistinct pour la durée de la guerre, constitue un enjeu fondamental. Le moral peut dynamiser ou réduire la combativité. S'il flanche, les troupes s'essoufflent, les hommes se découragent. La peur prend le dessus et pave la voie à la panique et à la défaite : « Je sens bien que le moral tombe, écrit le lieutenant Forbes en se référant à l'automne 1944. Je deviens conscient que le moral des troupes est bel et bien un principe de guerre, que si la machine a ses limites, l'homme a les siennes encore plus[1]. » Sans tendre à l'exhaustivité, ce chapitre met en lumière à partir des ouvrages un éventail de moyens mis en place pour permettre aux hommes de tenir.

La question du moral

Problème singulièrement délicat, le moral est un enjeu central dans la vie militaire, même s'il a peu attiré l'attention des stratèges et des historiens avant la Seconde Guerre mondiale. En France, par exemple, seul Ardant du Picq s'y était intéressé. L'historien Patrick Facon définit le moral en ces termes :

> La définition du concept de moral se situe, en fait, à deux niveaux. D'une part, un bon moral implique la satisfaction au sein des groupes

primaires (par groupe primaire, on entend l'unité élémentaire de combat – escouade, équipage de char ou d'avion, ou encore équipe d'une
pièce d'artillerie – dans laquelle s'intègre l'individu), des besoins affec-
tifs et matériels, indispensables au bon équilibre psychologique et phy-
siologique des individus. D'autre part, la nécessité s'impose aux autorités responsables de la conduite de la guerre de désigner aux groupes
primaires des buts à atteindre, et le moral sera d'autant plus haut que
ces groupes éprouveront le sentiment de progresser vers les objectifs
ainsi définis[2].

Le moral demeure un aspect psychologique relevant d'éléments difficilement quantifiables : « Combien de temps pouvait durer ce qu'on appelait le moral des troupes, se demande
le narrateur des *Canadiens errants*, dans quelles conditions
pouvait-il tenir aussi longtemps qu'on voulait qu'il tînt, dans
quelles circonstances pouvait-il flancher[3] ? » Ces interrogations
soulèvent la question centrale du lien entre moral, affectivité
et aspect matériel et stratégique de la conduite de la guerre. Le
moral concerne le combat lui-même, mais aussi diverses facet-
tes de l'existence des militaires. Plusieurs éléments contribuent
à son renforcement et à son maintien : la discipline et la justice
militaire, la distribution du courrier, le confort des cantonnements, la célébration des fêtes, les permissions loin du front,
les reconnaissances officielles, l'esprit de corps, les rituels, les
objets fétiches et la religion.

La discipline et la justice militaires

Les Canadiens qui s'engagent volontairement pour le service
outre-mer sont, pour la plupart, des civils inexpérimentés du
point de vue militaire. L'entraînement aspire à développer
chez les hommes un mécanisme de défense psychologique
qui les aide à dominer la peur, à avoir le réflexe d'utiliser
leurs armes, à résister à la pression de l'ennemi ou à monter
à l'assaut[4]. L'armée crée également des facteurs de cohésion
prenant la forme de pressions et d'obligations s'appuyant
sur un appareil répressif fondé sur la justice et la discipline.
Il faut, coûte que coûte, que les troupes se battent jusqu'au
bout, plutôt que de se rendre ou de déserter : « le but de la
discipline est de faire combattre souvent les gens malgré
eux[5] ». C'est ce dont témoigne le lieutenant Forbes qui relate

les lourdes pertes de l'infanterie en Hollande : « Le moral a commencé à craquer. Un ordre est lu à haute voix par le commandant de la compagnie : "Quiconque tournera le dos à l'ennemi sera abattu sur-le-champ." Quel scandale ! Je jure sur la tête de ma mère que ce que je dis est vrai[6]. » Une baisse du moral survient quand le conflit traîne en longueur, s'il est ponctué de revers, si aucune victoire ne se dessine, en dépit de pertes importantes : « Il n'y a pas l'espoir d'un répit à brève échéance, écrit le lieutenant [...]. Il ne me restait que onze hommes. Et toujours pas de renforts, ni repos. Fin octobre, nous étions en ligne depuis le 6 juillet[7]. »

Désobéir à un ordre, prendre un congé non autorisé et faire preuve d'impolitesse envers un supérieur hiérarchique s'avèrent des manquements graves, punis par la justice militaire. Le 27 novembre 1943, le père Laboissière mentionne qu'il a rencontré en Algérie sept hommes du R22eR arrivant de Campobasso, en Italie. Ivres, ils sont restés à s'amuser avec des femmes, puis ont été arrêtés comme déserteurs. La sentence : dix-huit mois de travaux forcés à purger à Tripoli[8]. Le lieutenant Châtillon présente le cas d'un soldat de 20 ans qui avait pris un congé que son supérieur lui avait pourtant refusé. Ce moment de liberté aura son prix : « huit ans de pénitencier. L'officier arrache au coupable ses galons de caporal et celui-ci est conduit à un camion par la police militaire[9]. »

La justice militaire ne peut tolérer de manifestation d'agressivité d'un soldat envers un officier. Le père Laboissière résume, le 14 novembre 1942, le cas d'un soldat du camp d'Aboyne qui sera jugé en cour martiale : « Le soldat G. qui boit beaucoup était dans les bleus hier soir. Il a pris une carabine et est allé au quartier des officiers pour tuer le major Arnold, le commandant de la compagnie. [...] Après cela, G. a été conduit à la prison de la compagnie où il a fracassé la mâchoire du sergent-major d'un coup de poing. [...]. On se demande ce que va lui donner la cour martiale[10]. » La structure disciplinaire aspire, par l'ordre et le droit, à maintenir la cohésion et le moral des troupes.

Le courrier et les colis

Toute la correspondance envoyée et reçue par un militaire de même que les colis peuvent être soumis à la censure militaire. En effet, « les commandants peuvent demander aux censeurs en Angleterre d'examiner le courrier des militaires ou bien le faire eux-mêmes une fois que celui-ci est distribué à une adresse autorisée. Les soldats sont complètement à la merci d'un système qui n'a aucune notion du respect de la vie privée[11] ».

Cela dit, les lettres et les colis jouent un rôle central dans la lutte contre la fatigue morale causée par l'éloignement (le fameux « mal du pays ») et les bouleversements engendrés par la guerre : « Une lettre, un mot de l'être aimé, un baume sur les plaies, une douce chaleur pour le cœur glacé par la crainte et la solitude, un espoir, un rayon de soleil qui perce cette froide obscurité qui rend l'homme si seul, si craintif, si infime ! », écrit le major Poulin[12].

Lettres et colis témoignent du monde laissé en arrière. Ils agissent comme gages de sollicitude et d'affection. Ils apportent l'occasion de s'instruire de ce qui arrive au Canada et de s'évader en pensée en se rappelant le logis, les sons, les gens et les odeurs du pays : « Parfois, j'ai la nostalgie de ma famille et de mes amis, écrit le mitrailleur Boulanger. Leurs lettres me font comprendre que je vis une grande aventure, périlleuse parfois, mais que je n'échangerais pas pour une vie ennuyante et sans dangers[13]. » Le courrier « est plus important pour le moral que les rations, et je n'exagère pas[14] », écrit le lieutenant Gouin. Il montre bien la puissance des liens qui unissent les combattants et leur famille. Pour les personnages de *Neuf jours de haine*, « On choisit vite entre la vie et le courrier. On veut le courrier[15] ». Pour certains, le courrier s'avère une source de bonheur ; pour d'autres, il apporte parfois de mauvaises nouvelles (séparation conjugale, décès, etc.). Peu importe la valeur qu'on lui accorde, il est le seul rempart contre l'exil prolongé et la hantise des souvenirs passés. En ce sens, il entretient un lien sacré entre deux mondes, celui du front et celui de l'arrière.

Les colis reçus du Canada ou distribués par la Croix-Rouge aux militaires et prisonniers de guerre s'ajoutent parfois aux lettres. Ceux-ci contiennent notamment de la nourriture (compote, sirop d'érable, chocolat, saumon, conserves de toutes sortes, lait condensé, gomme à mâcher, gâteaux, etc.), des produits de toilette, des cigarettes[16], des livres et des revues, voire des appareils photo. En octobre 1942, et pour le reste de leur détention, les colis de la Croix-Rouge commencent à être distribués, mais très occasionnellement, aux prisonniers canadiens en Asie[17] : « Je brûle du désir de sentir dans mes mains fiévreuses un de ces paquets mystérieusement enveloppés. Ah, quel moment merveilleux! Ouvrir la boîte et… ah! mon imagination travaille sans répit depuis que je suis au courant de cette divine nouvelle[18] », écrit le signaleur Verreault.

La régularité de la distribution varie selon le lieu et la situation militaire. Pour les prisonniers à Hong Kong et au Japon, elle est rarissime entre décembre 1941 et septembre 1945. En juin 1942 seulement, le soldat Castonguay peut écrire sa première carte postale à sa famille depuis sa capture. Chaque prisonnier a droit à une seule carte de 25 mots au maximum, devant obligatoirement être rédigée en anglais afin de permettre aux censeurs japonais de la lire. Les autorités japonaises laissent peu de place à la correspondance, vu le peu de censeurs fiables dont elles disposent dans la région tout au long du conflit[19].

Pour les aviateurs de l'escadron 425 stationné en Tunisie, la poste est irrégulière : « le courrier est transporté par des navires marchands venant de l'Amérique. Ils sont souvent victimes des sous-marins allemands. De temps à autre, je reçois des lettres de Papa, de mes frères et de mes sœurs, lettres qui ont pris des mois à me parvenir[20]. » La livraison s'échelonne sur quelques jours en Italie à cause du relief accidenté et de l'éloignement des troupes par rapport aux grands centres. Intermittente en Normandie à la suite du débarquement[21], la distribution va bon train en Belgique.

Le cantonnement des troupes, les fêtes et les permissions loin du front

L'installation temporaire des troupes hors des zones de combat autorise une période de repos en attendant une nouvelle affectation. Les troupes y reçoivent des renforts, procèdent au nettoyage de l'équipement et des vêtements, refont leurs forces physiques et mentales. Après l'attaque du point 131, le R22ᵉR est retiré du front du 2 au 6 septembre 1944, ce qui paraît bénéfique au major Poulin : « Ayant bien mangé et bien dormi pendant ces cinq jours, nous avions presque oublié nos misères et étions prêts à repartir vers de nouvelles aventures, vers la gloire, la mort peut-être, mais qu'est-ce que ça pouvait bien nous ficher la mort ce jour-là[22] ? » Par contre, la vie de l'unité loin du front comporte une lourdeur administrative pour les sous-officiers et les officiers. Le lieutenant Châtillon, responsable de la compagnie D du R22ᵉR installé à San Apolinare en janvier 1944, écrit ainsi : « Je suis plongé dans la routine militaire : les rations, les munitions, l'effectif de la compagnie, les feuilles de conduite et… les punitions[23]. »

La célébration des fêtes de Noël et du Nouvel An joue un rôle prépondérant dans le maintien du moral. Ce moment privilégié, susceptible d'être en tout temps perturbé par le conflit, permet d'oublier la guerre et de fraterniser dans un cadre rappelant la vie laissée en arrière. Sur le front italien, les cuisiniers du R22ᵉR, cantonné au village de La Torre, dégottent des poulets et apprêtent des tourtières pour le réveillon. Le matin du 1ᵉʳ janvier 1944, le lieutenant Châtillon distribue du vin à ses hommes. Le lieutenant Gouin décrit les activités prévues pour la fête de Noël 1944 : « Tout est organisé en vue d'adoucir le plus possible notre exil. Il y aura des dindes, de la boisson, des spectacles, enfin tout pour nous rappeler les Noëls d'autrefois[24]. » Le lieutenant Cadieux, comme tous les autres officiers de son régiment d'artillerie, joue le rôle de serveur aux tables lors du réveillon organisé pour la troupe : « C'est là paraît-il une vieille coutume de l'armée impériale, adoptée par l'armée canadienne[25]. » La Young Men's Christian Association (YMCA) remet à cette occasion deux petites bouteilles de bière, cinq tablettes de chocolat, un sac de jujubes, un paquet de gomme, deux de bonbons Life Savers et un cigare à chaque convive.

Les permissions individuelles sont un autre moyen de tenir, des espèces de parenthèses destinées à faire oublier les rigueurs de la guerre : « Plongés dans des activités pour le moins inhabituelles, sujets à effectuer des missions infernales dans des conditions souvent impossibles, et fort conscients du fait que la mort nous attendait à chaque détour, nous avions besoin d'exutoires pour laisser échapper le trop-plein de nos émotions[26].» Les aviateurs basés en Angleterre profitent d'une pause de dix jours toutes les six semaines, ce qui est loin d'être le cas des fantassins, des artilleurs et des marins.

Les permissions sont considérées comme un droit et non comme une faveur, du point de vue des militaires. Elles doivent permettre un véritable repos, loin du front, hors de portée des armes ennemies, et procurer confort et divertissement. Compte tenu de l'éloignement géographique, il s'avère impossible pour les militaires canadiens de revenir au pays. Elles se déroulent donc au Royaume-Uni, notamment à Londres, et dans certaines villes continentales nouvellement libérées à partir de 1944, comme Gand[27], Bruges, Bruxelles, Amsterdam et Anvers[28]. En Angleterre, les militaires reçoivent des coupons de rationnement à utiliser dans les hôtels ou les pensions, ainsi qu'une passe (*warrant*) les autorisant à voyager gratuitement sur les chemins de fer britanniques. Si certains combattants en profitent pour faire la fête, multiplier les rencontres féminines ou se trouver une épouse européenne, d'autres choisissent d'apprendre la langue locale ou de découvrir la culture européenne ou maghrébine[29].

Les militaires postés en Angleterre ou dans les pays nouvellement libérés restent toutefois soumis à une vive menace venue du ciel: les V1, des missiles ailés à guidage préréglé: «Que c'est énervant de voir passer ces V1, la nuit, avec cette boule de feu qui sort en arrière[30]», se souvient l'infirmier Bernier en évoquant son passage en Angleterre en avril 1944. Anvers, nouvellement libérée, se trouve dans la mire de ces engins volants: «Peu après notre arrivée, les V1 commencent à tomber sur Anvers. C'est terrible de voir tous les ravages que ces engins de guerre font dans la ville. Anvers étant un port de mer, les Allemands cherchent à détruire cette ville[31].» En plus du V1, un missile de croisière à longue portée, le V2 demeure la plus célèbre et la plus utilisée des armes nouvelles développées par le Reich[32]. C'est la seule fusée utilisée durant le conflit. Les V2 sont lancés depuis des rampes de lancement sur l'Angleterre. Ces engins qui sèment la mort à distance rappellent aux hommes en permission l'omniprésence de la guerre, confie le lieutenant Gouin dans une lettre écrite à Nimègue, en novembre 1944[33].

Les reconnaissances officielles

Les reconnaissances officielles visent à souligner un geste de bravoure. Les ordres du jour, les citations et les décorations peuvent jouer un rôle central dans le maintien du moral, bien que ce ne soit pas vrai pour tous les combattants. Elles visent aussi à stimuler la combativité des recrues : « Celui de vous autres qui irait me faire sauter cette damnée batterie-là, je lui ferais avoir la Médaille militaire ! dit le capitaine Dumont à ses hommes dans *Les Canadiens errants*. Où est-ce qu'elle est, la batterie ? demanda très sérieusement un jeune conscrit[34]. » Le caporal Houde rappelle le courage d'un conducteur de chenille en Normandie, à qui ses actions valurent une agrafe ajoutée à la Médaille militaire qu'il s'était méritée à Dieppe[35]. Le lieutenant Châtillon exprime sa fierté devant la croix Victoria reçue par le capitaine Paul Triquet lors de la bataille de la Casa Berardi. Il s'interroge cependant : « Je suis fier du capitaine Triquet et de l'honneur qui rejaillit sur tout le régiment ; mais cette décoration suffira-t-elle, sera-t-elle l'unique récompense pour symboliser tant de souffrance, de bravoure, de blessés et de morts en ce coin d'Italie[36] ? » Le lieutenant démontre la limite des reconnaissances officielles qui soulignent le mérite de quelques-uns, mais passent sous silence l'apport du reste de la troupe.

L'esprit de corps

L'esprit de corps est un concept développé au XIXe siècle par Charles Ardant du Picq et étudié, dans une perspective plus générale, par le philosophe Georges Palante[37]. Dans son sens militaire, l'esprit de corps réfère à la confiance, la coopération, la solidarité et la camaraderie qui lient les hommes d'une unité primaire. Il se veut un moyen incontournable de surmonter l'angoisse des combats et l'incertitude du lendemain. L'esprit de corps découle de la logique du champ de bataille, mentionne le narrateur des *Canadiens errants* : « L'union morale des soldats surgit d'une nécessité pragmatique. Elle se bâcle sous forme de pactes utilitaires, à l'ombre du péril commun. Mais quand le péril est passé et la nécessité disparue, il est rare qu'il n'en reste pas quelque chose. On risque sa vie ensemble ; ou consécutivement en attendant son tour, ce qui revient au même ; on la risque parfois pour l'autre[38]. »

L'entraînement et le temps que les militaires passent ensemble s'avèrent des facteurs déterminants dans le développement de l'esprit de corps : « Nous avons réussi nos entraînements et dorénavant nous formons une famille. Pendant plus de cinquante heures, nous volons ensemble afin de coordonner nos connaissances. Le temps est venu de quitter l'école et de partir à la guerre », souligne le mitrailleur Boulanger[39]. Le navigateur Duchesnay souligne le lien d'amitié forgé avec le pilote australien de son Wellington : « La confiance que nous avions l'un pour l'autre a certainement contribué à créer l'unité et la fraternité dans notre équipe[40]. » Pour les équipages aériens, le succès d'une mission dépend de la qualité des membres de l'équipage, de la chance et des liens qui se tissent avec l'équipe terrestre responsable de leur appareil[41]. Ce qui précède illustre les conclusions d'un rapport portant sur les équipages de bombardiers américains :

> Le principal facteur qui permettait à ces hommes de continuer à voler était leur appartenance à un groupe dont le seul mode de vie acceptable était de voler et de combattre. Des études effectuées auprès d'équipages britanniques et des Dominions parviennent aux mêmes conclusions. Des études sur les forces allemandes pendant la guerre confirment, elles aussi, que la réussite, même quand la situation se détériorait, était due à la vitalité du groupe. Quand celui-ci restait très soudé, le moral était excellent et la résistance était plus efficace[42].

L'esprit de corps se forge surtout à travers l'épreuve du feu où chaque individu est tributaire de son prochain :

> Ils étaient quatre vieux hommes de la compagnie, lit-on dans *Les Canadiens errants*. Ils étaient, malgré les différences d'âge, unis par la solidarité des compagnons de misère et de devoir. […] Ils s'étaient envoyés promener aux quatre coins de l'enfer, usant et abusant des apostrophes d'origine injurieuse qui n'avaient pas plus de sens, dans leur bouche, que les jurons explosifs empruntés au vocabulaire liturgique. Les mois accumulés de vie au front et les dangers partagés, puis les grades, qui donnaient la responsabilité d'hommes, les avaient marqués ; ils parlaient moins maintenant et pensaient davantage. Tous les bons soldats juraient au front, mais ces quatre-là ne s'injuriaient plus[43].

Après l'attaque du point 131 de la ligne Gothique, le major Poulin écrit : « J'étais fier de ma compagnie, j'étais fier de moi-même. J'avais la confiance de mes hommes et ils me suivraient partout. C'était d'ailleurs ce qu'ils venaient de me démontrer[44]. » L'unité constitue un groupe cohérent dont les assises reposent sur la solidarité et l'altruisme : le caporal Côté, devenu infirmier, refuse d'être hospitalisé à la suite d'une sévère blessure à la main gauche, alléguant qu'il ne peut pas abandonner ses frères d'armes trop peu nombreux[45]. Et le lieutenant Forbes, lors de la campagne de Belgique : « Il me restait une quinzaine d'hommes et je m'accrochais à eux comme on s'accroche à un chapelet. C'étaient des soldats de la première heure. Aguerris, nous étions devenus une équipe. […] Je sentais bien que, sans eux, je ne valais rien, et il en était de même pour eux[46]. »

Pour maintenir l'esprit de corps, les officiers doivent se montrer exemplaires dans l'exercice du commandement[47]. Le sergent Juteau estime que Paul Triquet, héros de la bataille de la Casa Berardi, incarne l'exemple parfait du meneur d'hommes : « Triquet, droit comme un piquet, portant l'équipement de combat comme sur une parade d'inspection [alors qu'il se trouve en plein combat], continuait de commander catégoriquement, sans montrer d'émotion. Il n'avait surtout pas perdu ses habitudes de sergent-major et exigeait que ses ordres soient exécutés immédiatement, sans réplique[48]. » Le caporal Houde trace le portrait d'un officier qui remporte l'adhésion des hommes :

> Son attitude, lors de notre première rencontre, nous a fait découvrir toute sa compétence et son charisme en tant que meneur d'hommes. Le lieutenant [Raymond] Savoie, profondément humain, n'a rien d'un dictateur ; mais, il sait obtenir, de ses subalternes, tout ce dont il a besoin pour accomplir sa mission, sans les écraser d'une autorité despotique. Nous, de l'antichar, l'avons accepté avec respect et lui avons voué une affection et un support indéfectibles. Nous le suivrons jusqu'au bout du monde, et s'il le faut nous irons jusqu'au dernier sacrifice avec lui[49].

L'officier peut toutefois être en proie au doute, mais il doit le dissimuler aux hommes de troupe. Le lieutenant Châtillon, qui vient de recevoir le commandement d'un peloton du R22eR en août 1943, se dit : « Ces hommes ont fait la campagne de

Sicile. Moi pas. Pas un ne m'est familier. Ils ignorent qui je suis. Auront-ils confiance en moi? Vais-je bien les conduire, surtout à la ligne de feu? Je sais que je ne suis ni agressif ni batailleur[50].» Angoissant questionnement pour l'officier inexpérimenté. Pour sa part, le major Poulin ne paraît guère douter de sa capacité de commander. Quels que soient ses sentiments, il affirme avoir manifesté un comportement visant à marquer ses hommes par son intrépidité, dans l'espoir d'être imité ou, du moins, de juguler tout effet de panique: «Craignant une catastrophe morale pour ma compagnie, je quittai mon abri et, tremblant intérieurement de toute mon âme, je me promenai au travers de leurs positions, cigarette au bec et les deux mains dans les poches, affectant un air de nonchalance et d'impassibilité que je n'avais guère goût de démontrer[51].»

Le fantassin appartient à un régiment. Le terme «régiment» désigne une «famille» dans l'infanterie[52]: il est corps organique, cohérent qui se substitue au monde habituel. Le lieutenant-colonel Allard, commandant du R22eR en Italie de janvier 1944 à janvier 1945, évoque l'esprit de famille du régiment. De son point de vue, l'amitié et le respect mutuel tissent les liens entre officiers et soldats. Il souligne le courage, le dévouement, l'intelligence et la détermination des Ovila Garceau, Harry Pope, Henri Tellier, Paul Triquet et J.-L.-G. Poulin. Tous semblent partager la même philosophie:

> La rançon de cette fierté de commander est la loyauté que les officiers affichent envers leurs hommes. Nous ne sommes pas perçus par la troupe comme des nobles, des possesseurs par droit du savoir et de l'autorité. Les officiers ont plutôt été choisis parmi les leurs parce qu'ils avaient le même esprit qu'eux, qu'ils avaient la compétence et le courage de refuser de s'engager à la légère [...]. Cette façon que les officiers ont de tout partager et de commander par l'exemple crée une union d'esprit qui a fait, et fait toujours, la force du 22[e53].

Le père Laboissière souligne aussi l'entente cordiale entre soldats et officiers du R22eR: «C'est vraiment impressionnant de voir comment les officiers et les soldats s'arrangent si bien entre eux. C'est comme une grande famille. Tout le monde est crotté de boue, mais joyeux[54].» Le caporal Côté et le père Laboissière estiment que les officiers du régiment représentent de dignes émules de ceux du temps de la Grande Guerre. Ils se montrent loyaux, compétents et courageux, selon le caporal Côté :

> Nos officiers vivaient avec nous, mangeaient la même nourriture que nous, attaquaient avec nous, à notre tête, partageaient nos misères, nos malheurs et nos joies aussi. Ils n'étaient pas des machines à crier des ordres, mais plutôt des frères plus âgés ou même plus jeunes que nous, qui nous disaient quoi faire quand nous étions mal pris ; ils étaient là pour nous aider à nous sortir du pétrin. Nous pouvions avoir confiance en eux, comme eux pouvaient se fier à nous ; nous serions tous morts plutôt que d'abandonner nos amis, nos frères[55] !

Une nuance s'impose. Le caporal laisse entendre que les soldats n'étaient pas dupes du discours des officiers vantant la bravoure et la combativité soi-disant légendaire du fantassin canadien-français. Les hommes se doutent bien du sort qui les attend. En décembre 1943, soit à la veille des affrontements devant mener à la prise de la Casa Berardi, le caporal Côté se trouve devant le lieutenant-colonel Paul-Émile Bernatchez, commandant du R22ᵉR :

> Après la messe, [il] s'avança pour nous entretenir de la bravoure, de la combativité du soldat canadien-français, et surtout de celui qui faisait partie du R22ᵉR. Il nous parla aussi de la gloire des batailles antérieures et de la chance que nous avions de participer à des combats qui feraient pâlir d'envie les héros d'antan. (Belle perspective.) Alors, comment ne pas se douter de ce qui nous attendait après ce lavage de cerveau[56] ?

L'entraînement, le passage du temps, l'épreuve du feu, la qualité du commandement et l'atmosphère au sein du régiment contribuent au développement de l'esprit de corps. Celui-ci prend aussi racine dans l'histoire de l'unité et des faits d'armes de ceux qui la composent. Le lieutenant-colonel Allard soutient que « l'esprit du 22ᵉ » puise son origine dans les épreuves vécues par le régiment lors de la guerre 14-18. Celles-ci ont forgé un sentiment de fierté qui a traversé les années et s'est perpétué chez ses membres[57]. Le caporal Côté se souvient de la joie manifestée par la compagnie D à l'annonce de l'obtention de la croix de Victoria par Paul Triquet[58]. Dans deux lettres datant d'août 1944, peu de temps après la fermeture de la « poche de Falaise », le lieutenant Gouin exprime sa fierté d'appartenir au 4ᵉ régiment d'artillerie moyenne : « Je suis fier d'appartenir au 4ᵉ Med. Nous avons accompli un travail étonnant. [...] Notre capitaine Sévigny s'est distingué d'une façon extraordinaire et héroïque, alors qu'il dirigeait le feu du régiment sur les tanks ennemis [...]. Notre régiment est à l'honneur et son nom est fait[59]. »

Les écrits de combattants corroborent un fait souligné dans les études portant sur le moral durant les deux guerres mondiales : la solidarité entre camarades agit en tant que facteur essentiel de cohésion et de nivellement social. Les camarades du groupe primaire représentent l'essentiel de l'univers du militaire placé en situation d'insécurité, et la principale raison de poursuivre le combat dans le but de survivre et de faire en sorte que les autres survivent. Le mitrailleur Boulanger écrit à ce sujet : « J'irai au bout de mon engagement. [...] Je ne peux trahir mes compagnons[60]. » L'individu trouve dans le groupe primaire, dans le régiment, l'équipage de son bombardier ou de son navire, les principales raisons de tenir : chacun se reconnaît en tant qu'acteur et victime d'une tragédie commune[61]. Les sentiments à l'égard des frères d'armes « contribuent à façonner une image de la guerre qui n'est pas exclusivement négative ; ils contribuent grandement à rendre la vie de guerre moins insupportable[62] ». L'esprit de corps se construit par petites touches. Il donne un sens aux combats et fournit l'énergie vitale à l'individu oppressé, le sauve de la solitude devant l'épreuve. Il lui impose des sacrifices, mais lui procure en retour des compensations essentielles à sa survie, soit le soutien, le secours et la fraternité[63]. Le sentiment national ne compterait pas pour beaucoup dans le consentement à combattre. L'orgueil, l'opinion des copains ainsi que le sentiment d'appartenance ont certainement constitué des éléments centraux de la combativité de l'engagé volontaire et de son consentement à livrer bataille loin de chez lui, dans une guerre impopulaire dans sa province natale.

Les rituels, les objets fétiches et la religion

Un autre moyen de surmonter les épreuves et d'affronter l'éventualité de la mort consiste à interpréter certains gestes, paroles et objets comme des promesses de victoire sur la mort ou à tout le moins comme un talisman contre le malheur. Le navigateur Taschereau mentionne que des aviateurs recourent à des pratiques apparemment farfelues pour conjurer le sort : une mascotte, prenant souvent la forme d'un ourson ou d'une lapine, accompagne l'équipage d'un bombardier. Certains aviateurs portent continuellement sur eux un chapelet, une médaille soi-disant miraculeuse, une patte de lapin porte-bonheur ou la photo de leur bien-aimée. Plus original, des membres de l'escadron 426 ont peint avec application sur leur bombardier le profil suggestif d'une célèbre héroïne de bande dessinée du *Daily Mirror*. Avant de s'embarquer, chaque membre de l'équipage lui caresse le postérieur. Certains portent un bas de soie autour du cou, arrosent délicatement la roue de queue de leur appareil ou écoutent la même chanson avant chaque départ[64]. Les gestes symboliques et les talismans de toutes sortes sont investis de multiples significations : conjurer le sort, dompter la peur et garantir à ceux qui les détiennent ou les pratiquent un combat dénué de tout malheur.

La religion répond aussi au besoin de réconfort et d'espoir, estime l'aumônier Marchand : « Quand le danger et la mort nous guettent à tout instant, la solidarité, la fraternité et une profonde sympathie nous pénètrent jusqu'au plus profond de l'âme. La foi et l'espérance nous enveloppent malgré nous. Ceux qui ont déjà cru et qui pensent ne plus avoir la foi sont mis à l'épreuve en face de situations réelles comme celles que nous rencontrons à la guerre[65]. » Au cours des deux guerres mondiales, périodes de profonde angoisse, « les combattants ont connu un véritable retour à la foi, amalgame indéfini allant d'un catholicisme doloriste aux croyances les plus diverses[66] ». S'agissait-il pour autant d'un véritable réveil religieux ? Il faudrait des statistiques, impossibles à dresser, pour connaître avec précision ce mouvement de retour[67]. L'aumônier Marchand l'estime en tout cas sincère chez nombre de militaires : « C'est extraordinaire de pouvoir, en de telles circonstances, réunir facilement à l'église et faire prier tout le monde préoccupé par la guerre ! Les soldats semblent heureux de me rencontrer et d'entendre parler de l'Église et de Dieu[68]. »

Chez certains, la proximité du danger entraîne à une nouvelle conversion. L'aumônier Marchand encore : le soldat « m'a révélé qu'il avait été servant de messe dans sa paroisse, mais que dans la suite, il avait abandonné toute pratique religieuse.

"C'est ma mère qui va être contente quand elle apprendra mon retour à la religion[69]"». Et ce clin d'œil du lieutenant Gouin à son épouse : «Je suis devenu plus fervent depuis quelques mois, et je cause souvent avec le padre ; je sais que cela te causera une grande joie[70].»

La prière, telle que présentée dans les écrits de combattants, cumule plusieurs fonctions. Pour l'infirmier Bernier, elle développe un sentiment de protection devant l'apparence ou l'imminence du danger : «Je n'ai jamais prié avec tant de ferveur. Je vous assure que bien des promesses sont faites lorsque nous nous sentons en danger[71].» Même pratique chez deux soldats en Italie, surpris par le père Laboissière à réciter leur chapelet auprès de leur mitrailleuse[72]. La prière donne aussi la force d'accomplir son devoir, par exemple au moment de quitter sa famille : «En de tels moments, il faut demander l'aide de Dieu et de la Vierge Marie, pour avoir la force et le courage d'accomplir son devoir jusqu'au bout[73].» Elle aide à surmonter l'angoisse[74], le haut-le-cœur face aux corps en décomposition ou la peur de la mort à la suite d'une blessure, comme ce fut le cas pour le capitaine Sévigny, blessé près de Clèves. On récite une prière pour demander l'assistance de Dieu sur le champ de bataille[75] ou pour le remercier d'être sain et sauf après une attaque[76]. Dans *Neuf jours de haine*, la prière représente cependant une action essentiellement négative, un appel au secours ou une forme de soumission qui affaiblit celui qui s'y adonne. De l'avis de Noiraud, un militaire qui prie, surtout s'il occupe un poste de commandement, n'est pas digne de sa confiance, car il se place en état de défense plutôt que d'attaque, ce qui réduit ses possibilités de survie et celles de ses hommes.

Le rôle de l'aumônier militaire

L'importance du travail de l'aumônier militaire se révèle à travers les ouvrages du père Laboissière et de Gérard Marchand[77]. L'aumônier Laboissière œuvre au Québec avant d'être envoyé outre-mer. En juin 1940, il visite des camps de prisonniers italiens à l'île Sainte-Hélène à Montréal. Il fréquente les casernes, les camps de détention de soldats à Westmount, et il visite les familles des soldats ; il réconforte des malades à l'hôpital Victoria et à celui de Sainte-Anne-de-Bellevue. L'œuvre d'un aumônier rattaché au QG s'avère difficile et stressante :

> Plusieurs fois par semaine, l'aumônier doit se rapporter à l'aumônier-chef qui lui donne différents travaux à exécuter et lui donne la liste des malades à visiter dans les hôpitaux. Chaque mercredi, l'aumônier détermine l'heure et l'endroit des services religieux après consultation avec l'adjudant de chaque unité. [...] Durant le jour, l'aumônier visite les familles des soldats, leur apporte réconfort spirituel, moral et même matériel. Il fait les investigations préparatoires au mariage et visite surtout les camps de détention des soldats prisonniers où il y a beaucoup de bien à faire. Le soir, il visite les casernes où il peut plus facilement voir les soldats. Le samedi après-midi et le soir, il entend les confessions qui sont peu nombreuses, car la plupart des soldats qui sont de Montréal ou des environs vont chez eux en fin de semaine. Quelquefois durant la semaine, il prend part aux manœuvres à la campagne et le dimanche il accompagne son régiment dans les parades d'église[78].

Le père Laboissière poursuit son ministère au camp de Valcartier. Il prend la charge de 11 compagnies de Forestiers et des Grenadiers de Montréal. En plus, il s'occupe de l'hôpital traitant les maladies vénériennes[79]. Toujours à Valcartier, le religieux organise un programme de « vues parlantes » et de concerts pour tromper l'oisiveté des patients.

Pendant la traversée vers l'Europe, le prêtre ne chôme pas : messes, confessions des soldats, censure des lettres envoyées au Canada. Au terme de son séjour au camp d'Aboyne en Écosse avec le Corps des forestiers canadiens, il mentionne avoir réalisé des dizaines de messes régimentaires, des centaines de confessions et de communions, des conférences, avoir visité des malades dans trois hôpitaux, avoir effectué des dizaines d'investigations préparatoires au mariage à domicile. Il a aussi dispensé des cours d'anglais et de français, rédigé des lettres ou des demandes en mariage pour des soldats, organisé une bibliothèque, monté un orchestre, une chapelle et fait répéter quatre chœurs de chant[80]. Qui a dit que l'apostolat religieux n'occupe pas son homme ?

Au front, le travail d'un aumônier n'est guère de tout repos non plus. Il doit volontairement consentir à braver les dangers sans porter d'arme et soutenir les militaires dans leurs souffrances. Cet engagement illustre une foi sincère, forte et engagée qui peut paraître en décalage avec la réalité d'aujourd'hui. Promettre le sacrifice de soi ne rend pas la tâche plus aisée :

Un régiment sur la ligne de feu, c'est comme une paroisse ambulante, ou encore comme une grande famille qui connaît des jours heureux et des heures de malheur. Quand ça va mal, les soldats ont besoin de solidarité, de se serrer les coudes. Le rôle du «padre», comme on le nomme, c'est celui du prêtre, mais surtout de l'homme au service de tous, l'homme à tout faire, religieusement et socialement. C'est pourquoi on l'appelle «père» ou «padre» [...]. Le «padre» doit connaître tous ses soldats et ceux-ci doivent le distinguer des autres. Ses contacts embrassent tous les aspects de la vie militaire[81].

L'aumônier multiplie les communions et les offices. La messe est souvent célébrée en plein air, au milieu des ruines, sur une table réquisitionnée pour la circonstance[82] ou sur un autel portatif transporté par camion[83]. En Tunisie, le padre de l'escadron 425 célèbre la messe quotidiennement, quand la chaleur trop vive ne l'en empêche pas. Il pratique son office en plein désert, parfois à l'ombre de l'aile d'un Wellington, un engin destiné à semer la mort… La messe se veut une parenthèse de calme, de paix et de recueillement au milieu du chaos.

L'absolution individuelle ou collective demeure à la discrétion de chacun. Elle est donnée la veille d'opérations d'envergure, comme le débarquement en Normandie, ou dans les heures précédant les missions de bombardement:

Avant chaque départ des bombardiers pour une mission, [le padre Barnabé] invitait ses ouailles à se rendre à la table sainte, où nous nous agenouillions côte à côte face au modeste autel érigé par quelques habiles bricoleurs de l'escadrille. Là, il entendait les confessions avant de distribuer la communion. Mais il n'était pas seul à entendre ces confessions. Les voisins de droite et de gauche les entendaient aussi. Mais en réalité, il n'y avait rien de bien confidentiel dans ces rites, car c'étaient toujours les mêmes aveux qui revenaient[84].

Le rite de l'absolution permet de remettre sa vie entre les mains d'une autorité supérieure. L'infirmier Bernier évoque la cérémonie tenue lors de sa traversée vers la France, le 28 juillet 1944:

Le Padre protestant est à un bout de la barge avec ses ouailles et le père Gagnon fait de même avec nous. Il nous dit quelques mots: "Les gars, le temps de jouer à la guerre est terminé, nous allons à la guerre." Les deux aumôniers réunis ainsi que tous les gars, l'aumônier protestant demande au nôtre (catholique) de bien vouloir bénir ses gars en même temps que nous. C'est l'absolution générale. [...] C'est très émouvant, c'est une chose que l'on ne peut décrire. Il faut le vivre pour le comprendre[85].

Outre de donner l'absolution, le padre a pour fonction de visiter les hôpitaux canadiens installés à proximité des théâtres d'opérations afin de s'occuper des blessés et d'administrer les derniers sacrements. En évoquant l'hôpital n° 14 en Italie en février 1944, le père Laboissière confie : « Que de misères physiques et morales nous voyons à cet hôpital. Malgré tout, le moral semble bon [...]. Plusieurs soldats me donnent une foule d'articles à envoyer chez eux[86]. »

Le grand défi demeure cependant de se rapprocher des hommes en leur apportant du réconfort et en distribuant des petites douceurs comme des cigarettes, un « excellent moyen de se faire des amis[87] ». Le padre demeure en effet celui qui écoute et saisit la détresse humaine :

Ce soir un jeune officier anglais de Liverpool vient me visiter sous ma tente, note le père Laboissière en novembre 1943. Il vient de recevoir deux télégrammes, l'un annonçant la mort de son frère, tué en Italie, l'autre lui apprend la mort accidentelle de sa fiancée, garde-malade d'un hôpital anglais d'Alger. L'an dernier, à pareille date, ses deux meilleurs amis se faisaient tuer devant lui à Saint-Nazaire dans un raid en France et le même jour son père mourait subitement. On peut s'imaginer le désespoir de ce jeune homme. Comment consoler une si grande douleur ? J'ai pleuré avec lui[88].

L'aumônier est celui qui console, conseille et encourage[89]. Il est également habilité à parler de la mort, à lui donner un sens en célébrant les disparus lors des messes. Il assure parfois la mise en terre des défunts[90] et le lien entre les victimes des combats et leur famille restée au pays : « À la première occasion, j'écrivais à l'adresse trouvée dans les poches du soldat tué et je donnais en détail ce que je savais de la mort du disparu. Souvent, on m'écrivait pour plus de renseignements. Je comprends l'angoisse des parents. Cela compliquait tout de même ma correspondance déjà si chargée. Mais c'est une question d'honneur pour moi[91] », écrit le padre Marchand. Enfin, mentionnons pour l'anecdote que l'aumônier a également pour tâche de décourager les soldats désirant se marier outre-mer et d'inciter les futurs démobilisés à investir dans l'achat de terrains ou de fermes[92]. Dans les écrits de combattants, l'aumônier est présent comme un individu dévoué, courageux, un être d'exception en qui les militaires peuvent placer leur confiance en tout temps, particulièrement dans les moments de détresse. Ses paroles et ses gestes, souvent de bon conseil, contribuent certainement au maintien du moral. Cet apport, l'armée s'avère certainement incapable de le fournir.

CHAPITRE X

Séquelles, silences et retour au pays

Les auteurs sont des acteurs et des témoins oculaires de la guerre. Leurs témoignages présentent le conflit sous un angle essentiellement subjectif. Ils dépeignent, d'une plume souvent crue, la violence, les blessures, la mort, la peur, la vie quotidienne, l'ennemi et les moyens de conserver le moral. Que racontent-ils des séquelles physiques et psychologiques héritées d'une exposition prolongée à la violence? Que disent-ils de la violence imposée à l'ennemi? Comment présentent-ils leur retour au pays? Quels aspects de la guerre abordent-ils moins souvent?

Les séquelles physiques et psychologiques de la guerre

Les traumatismes de guerre ont été décrits pour la première fois lors de la guerre de Sécession (1861-1865)[1]. Ils ont porté différents noms, selon les époques et les conflits. Appelés «nostalgie», «vent du boulet», «commotion», «obusite» du côté français, les Allemands leur ont attribué le nom de *Krieghystery*, les Alliés, le terme *shell shock*, devenu d'usage courant seulement après la guerre du Vietnam. Lors de la Seconde Guerre mondiale, le terme «fatigue de guerre» (*battle fatigue*) est employé. La quasi-totalité des combattants en ont souffert à des degrés divers[2].

L'exposition continue aux dangers lors des campagnes en Italie, en Europe de l'Ouest et sur l'Atlantique, engendre «des conséquences somatiques considérables en termes d'épuisement physique et de prolongation interminable de la durée des situations de stress[3]». Le surplus d'agression, avec tout ce que cela suppose comme enjeux vitaux pour l'intégrité physique de la personne, finit presque immanquablement par faire passer le militaire, même expérimenté, au-delà de son seuil de tolérance. Ce seuil est établi autour de 200 à 240 jours chez les fantassins[4]. La question n'est pas de savoir si un militaire va craquer, mais plutôt quand il cédera : «Tout individu soumis au stress du combat pendant un certain nombre de jours consécutifs est susceptible de souffrir de lésions psychiques[5].»

La proximité avec le danger altère inévitablement le comportement. «C'est une erreur de croire que les soldats sont plus forts et plus braves à mesure que la guerre avance. Ce qu'ils gagnent en technique, en savoir-faire face à l'ennemi, ils le perdent en épuisement nerveux[6].» Chez un personnage du roman *Les Canadiens errants*, l'état d'hébétude rencontré après un bombardement devient chronique[7]. D'autres souffrent de souvenirs obsédants, de visions hallucinées, de cauchemars récurrents, de sursauts, de comportements étranges, d'angoisse, d'insécurité, de lassitude ou de peur phobique.

Les souvenirs du lieutenant Forbes sont particulièrement précis sur cette question : «Je deviens de plus en plus conscient de ma vulnérabilité. Dans mon esprit se loge l'épouvantable angoisse d'une mort inévitable. Je ne crâne plus comme avant. La déprime s'empare de moi, je perds confiance[8].» Parfois «la peur de la mort, la peur de la mutilation atroce deviennent obsessionnelles, et sont autant d'indices d'une profonde dépression[9]».

Cet état d'épuisement nerveux coexiste souvent avec des flash-back, des réminiscences. Le lieutenant Forbes se remémorait continuellement et involontairement un blessé allemand aperçu durant l'attaque de Walcheren ainsi qu'un camarade blessé[10]. Le sergent-major Dumais garda «longtemps le souvenir atroce de nos camarades mourants, se noyant sans secours, et de ces visages défigurés par la douleur et le désespoir, disparaissant à jamais dans les flots[11]» lors du raid de Dieppe. Pour sa part, le lieutenant Châtillon pensait sans cesse à «l'image des croix blanches alignées près de la Casa Berardi[12]». De retour au pays, le père Laboissière ne pouvait oublier les longues marches dans la boue, les nuits sans sommeil, les blessés couverts de sang, les croix blanches des disparus[13]. Le lieutenant de marine Balcer conserva longtemps le souvenir des voix des naufragés d'un U-Boat abandonnés dans les eaux glacées entre l'Écosse et Mourmansk après un violent affrontement en surface en octobre 1944 : « Il m'est arrivé bien souvent de les entendre dans mes rêves, surtout dans les premiers mois qui suivirent[14]. »

Des troubles sérieux du sommeil affectent certains militaires. Jérôme Gauvain, personnage principal du roman *Les chasseurs d'ombre*, peine à dormir après un affrontement en mer. Des images obsessives le tourmentent :

> Le sommeil ne vient pas : des images l'obsèdent : "Gannet" mourant en deux tronçons... le nez bulbeux des JU-88 plongeant pour vous mitrailler, le duvet blond sur la joue du canonnier, le multiple aboiement des canons, les bestioles engluées de mazout accrochées au radeau-Carley... le canonnier mort dans ses courroies, les yeux fixés sur une cible lointaine... les signaleurs allongés bien sagement sur le pont, anonymes déjà[15].

Le lieutenant Forbes évoque une nuit en particulier :

> De toute part, j'entends claquer les balles. J'ai beau chercher le sommeil, je reste éveillé. Mon cerveau ne cesse de dérouler devant mes yeux les scènes angoissantes de cette terrible journée. Sons et images, pas un seul détail n'est oublié. Mon cerveau sombre dans la folie. J'hallucine. [...] Enfermé dans une chambre pendant cinq jours, j'ai vécu seul le calvaire de mon corps épuisé et de mes incontrôlables tremblements. J'étais vaincu. Vaincu dans mon esprit, vaincu dans ma résistance physique[16].

Le militaire peut également être victime de visions hallucinatoires : l'imagination dérape, les sens, trop en alerte, envoient des informations embrouillées au cerveau qui peine à les interpréter. Ces hallucinations s'accompagnent parfois de trouble de la rétention urinaire et de tremblements incontrôlables. Le lieutenant Forbes encore : « J'ai des tremblements involontaires ; à demi endormi, je me réveille en sueur. J'ai uriné sans m'en apercevoir[17]. »

D'autres séquelles apparaissent une fois le militaire retiré du front ou de retour au pays. Le manque de nourriture et de repos a complètement épuisé le caporal Côté[18]. Le lieutenant Châtillon souffre de maux d'estomac chroniques, d'anémie et de fatigue[19]. À son retour au Canada en juillet 1945, l'aumônier Laboissière est reconnu inapte au service à cause « de la haute pression causée par la vie énervante des champs de bataille et de l'arthrite dans le genou droit, blessé par des shrapnels ennemis[20] ». Pour le lieutenant Forbes, les problèmes surviennent aussi après la guerre : « J'avais remarqué depuis quelque temps que mon ouïe avait perdu de son acuité. Je percevais difficilement les sons aigus métalliques et plus particulièrement les voix féminines. Je les entendais, mais je ne les comprenais pas[21]. » Les traits de caractère forgés au front, le lieutenant les traîne avec lui à son retour : « Pris entre le brouillard des opérations de l'entreprise familiale, mes obligations de mari et les stigmates profonds de la guerre, mes choix sont confus, écrit-il. Mes années de guerre ont faussé mes valeurs. Chef naturel, j'exigeai de ma femme les mêmes sacrifices demandés à mes hommes sur le champ de bataille[22]. »

À des degrés divers, les écrits de combattants abordent les traumatismes de guerre, communiquant au lecteur la frayeur des combats et leurs conséquences à long terme. Ces traumatismes n'ont pas été passagers pour ces hommes ; ils ont fondamentalement modifié leur existence pendant et après le conflit. La névrose de guerre a remis en question le stéréotype de la virilité construit au XIXe siècle en coupant la cohésion entre le corps et l'esprit du combattant, homme d'action par définition : elle « apparaissait comme la traduction psychique de l'incapacité à surmonter la peur, donc de demeurer un homme[23] ». Lors de la guerre, la tendance générale est cependant à la reconnaissance des troubles psychiques, bien que la suspicion demeure chez certains officiers.

La violence infligée

L'historien Frédéric Rousseau écrit : « l'acte de tuer est si contraire aux normes culturelles occidentales que très peu de témoins se vantent d'avoir tué en personne, en conscience et *de visu*, un autre homme[24]. » C'est ce qu'a démontré S. L. A. Marshall dans *Men Against Fire*. Il soutient que seulement 25 % des fantassins de l'armée américaine ont utilisé leur arme au contact de l'ennemi à cause de la peur et de l'impossibilité de surmonter l'interdit moral de l'homicide. Il appert également que, parmi les troupes ayant combattu en Europe de l'Ouest sous les ordres du général américain George S. Patton, « 10 % des hommes s'étaient battus en toutes circonstances, 20 % épisodiquement et que 70 % n'avaient pas tiré un seul coup de fusil[25] ». Ces études menées auprès de combattants américains démontrent qu'une majorité d'individus demeurent peu engagés dans les combats, leurs actions se limitant à tenter de survivre.

Pourtant, certains auteurs issus de l'infanterie, tels le caporal Côté, le sergent-major Dumais, le lieutenant Forbes, le capitaine Sévigny et le major Poulin, évoquent plutôt une forte combativité. Sous le feu, il devient difficile de départager ce qui relève de l'entraînement préalable et ce qui s'apparente à un réflexe dicté par les instincts les plus primitifs. Les affres de la guerre engendrent chez certains fantassins un comportement agressif et violent. Le major Poulin en témoigne : « À mesure que les jours passaient, que les nuits sans sommeil s'ajoutaient les unes aux autres, à mesure que la fatigue et la faim venaient s'ajouter à nos misères, je sentais croître en moi une impatience et une rage que je ne pouvais que difficilement contrôler. Plus je voyais tomber mes hommes, plus je devenais avide de vengeance, et sans pitié pour l'ennemi[26]. » Le sergent-major Dumais exprime son désir de vengeance lors du raid de Dieppe[27]. L'aumônier Marchand mentionne trois situations mettant en scène ce sentiment. Le lieutenant Boisvert, après avoir échappé dans la nuit du 27 au 28 novembre 1944 à l'enlèvement de deux soldats de la compagnie B du Maisonneuve par une patrouille allemande, décide d'organiser, sous le coup de la fureur, une riposte à coups de grenades et de mortiers[28]. Seconde situation : durant l'attaque du 25 février autour du bois de Calcar, le major Charlebois souhaite « retourner au combat pour prendre sa revanche. On a de la peine à le retenir et à le raisonner[29] ». Enfin, l'aumônier cite un incident survenu en mars 1945 : « De retour au poste médical vers trois heures, je trouve le médecin le visage ensanglanté. Il amenait un Allemand blessé au dos quand une grenade enfouie dans le sac du prisonnier lui a éclaté en pleine face. Au lieu de soigner l'Allemand, le docteur voulait le tuer[30]. » L'esprit de vengeance anime également le personnage de Lanthier dans *Les Canadiens errants* :

Il y avait trop longtemps qu'il haïssait l'ennemi. Il y avait trop long-temps qu'il avait des raisons de le haïr, ayant trop vu de ses œuvres, trop de saloperies perfides ; des soldats canadiens fusillés en Norman-die après s'être constitués prisonniers, des brancardiers abattus délibé-rément dans l'exercice de leurs fonctions [...]. Ce sentiment le mordit au cœur. Il releva la tête et retrouva la face stoïque de son ennemi, atten-dant son sort. [...] Il fit un léger *han !* et lâcha son poing dans la face de son ennemi[31].

Certains militaires succombent à la rage, voire à un accès passager de folie meurtrière à la suite d'une surexposition à la violence qui entraîne chez eux détresse et angoisse. Leur com-portement s'en trouve profondément transformé. Le sergent-major Dumais cite deux exemples :

le ton du soldat Vermette n'est plus celui que j'ai toujours connu, celui du petit père Vermette, calme, tranquille, timide même [...]. On me l'a changé mon petit père Vermette, il a les yeux exorbités, il bave, il n'a plus le temps d'avaler sa salive. C'est de la rage pure et simple. [...] Plus loin sur la plage, un de mes soldats se bat durement, c'est Casimir Dubord, le plus grand du peloton, car il dépasse les 1,85 m. C'est un autre Vermette en plus timide, très nerveux. [...] Il se bat sur la plage mêlé à un groupe du peloton 4, sous les ordres du sergent Michaud. Ils en sont venus au corps à corps avec les Allemands et leur impétuosité les rend maîtres de la lutte. Quand le sergent reprend son souffle, il aperçoit Dubord qui a maîtrisé un soldat allemand, l'a flanqué à plat ventre à terre, et de ses deux genoux lui tient les deux bras serrés tout en essayant à l'aide de sa baïonnette de lui couper la tête. [...] Dubord est fou de colère[32].

Le combat de fantassins métamorphose l'apparence physi-que de ceux qui s'y livrent. Le major Poulin et ses hommes présentent l'image d'une « bande de démons hirsutes, sales et dégoûtants, hurlant comme des diables et tirant à bout portant sur tout ce qui bougeait. J'avais moi-même une barbe longue de quatre jours, une chemise sale et déchirée, de vieux panta-lons de toile kaki, retenue par une corde à la ceinture, le visage empreint d'une expression qui trahissait à la fois la fatigue morale et une rage amère[33]. » Le caporal Côté décrit l'allure des hommes après la bataille de la Casa Berardi : « Nous avions le regard de meurtriers. Normal : cela faisait six jours que nous ne cherchions qu'à tuer. [...] Nous avions certainement l'air d'hommes préhistoriques. [...] Ils devaient nous prendre pour des fous… et nous l'étions aussi, sans erreur possible[34]. » Il en est de même le 31 décembre 1943, alors que le peloton du caporal reçoit l'ordre d'attaquer :

> tout le monde se mit à hurler comme des forcenés, sacrant, courant comme des dératés ; des sueurs froides nous coulaient sur la figure et les dents nous claquaient dans la bouche. Nous avions l'air de vrais diables sortis de l'enfer. Nous avons grimpé la côte à nous en faire éclater les poumons, chacun cherchant son maudit casque allemand avec des yeux en dessous. Ce casque d'acier était tellement haï qu'en le voyant, on devenait fou de rage. Seule la mort de l'ennemi pouvait nous faire oublier notre soif, notre faim et les misères subies sans maugréer. Nous en avions trop enduré, il fallait absolument nous défouler. En un instant toute notre fatigue avait disparu, nous étions devenus des "superhommes". Tout ce qui importait, c'était de tuer, d'écraser ces maudits casques allemands ! […] Le dernier, un gars du R22eR, était debout dessus et il le frappait avec sa baïonnette. J'ai remarqué qu'il levait sa carabine aussi haut que possible (geste anormal) pour frapper plus fort ! Quand il a été fatigué de frapper, il s'est assis près du corps de son ennemi et il riait doucement, heureux comme un roi et satisfait de son exploit. J'ai constaté que tout le monde souriait, tout le monde était heureux, moi le premier[35].

Le major Poulin se rappelle avoir combattu au corps à corps avec l'ennemi :

> Ceux de nous qui parvinrent au but furent sans pitié. Pas un ennemi n'échappa au massacre. Déchargeant nos armes à bout portant, nous ne leur laissions même pas le temps de lever les mains et de se rendre. […] nous lançâmes des grenades explosives et phosphorescentes dans les ouvertures des casemates. L'explosion tuait ou blessait les défenseurs et sans pitié, nous abattions ceux qui tentaient d'en sortir. Pas un prisonnier ne fut pris dans cette position[36].

Un autre passage tiré des souvenirs du major évoque le « plaisir » de mettre à mort l'ennemi pendant l'attaque de la crête de Coriano, en septembre 1944 : « Nous étions dans la mêlée grisés du goût de tuer, gonflés d'orgueil, une voie intérieure semblait nous crier, *tue, tue*[37] ! » Le major estime que l'agressivité dont lui et ses hommes ont fait preuve a contribué en partie au succès des manœuvres auxquelles ils ont pris part. Le sergent-major Dumais, le capitaine Sévigny et le lieutenant Forbes admettent avoir tué directement au moins un Allemand : le premier à Dieppe[38], le second dans le village normand de Venoix[39], le troisième sur la butte de Quilly, également en Normandie[40]. Les auteurs assument pleinement leur geste, par nécessité peut-être d'inscrire leur action combattante dans un manichéisme absolu (le bien doit combattre le mal, incarné par les SS) ou tout simplement par honnêteté intellectuelle. Ceux-ci semblent avoir surmonté la difficulté d'écrire les blessures ou la mort infligées, si tant est, bien sûr, que les évènements décrits aient réellement eu lieu.

On a recensé des comportements d'agressivité semblables dans certains témoignages de soldats de la Grande Guerre. Ces actions, qu'on retrouve aussi bien dans les récits autobiographiques que dans les romans de guerre, témoignent d'un certain dérèglement nerveux prenant la forme d'une agressivité subite hors du commun à l'égard de l'ennemi[41]. Celle-ci paraît évidemment inacceptable socialement avant et après la guerre. Le conflit semble en fait rendre brutales les normes de la vie sociale de ceux qui y participent[42]. Autrement dit, la guerre a pour effet de rabaisser chez nombre de militaires le seuil d'acceptabilité de la violence, cette dernière devenant acceptable, voire souhaitable, le temps du conflit.

Ces hommes racontent la violence, mais leurs écrits n'évoquent ni malaise ni regret. On ignore même s'ils ont ressenti de la culpabilité après les faits. Peu font état d'un quelconque regret, sauf le caporal Côté : « Je n'ai jamais vu autant d'ennemis mourir dans un si petit secteur. J'en ai rêvé longtemps, car nous en étions les principaux responsables[43]. » Ainsi animé d'une « pulsion de silence », le combattant serait peut-être enclin à raconter la violence qu'il a subie plutôt que celle qu'il a infligée. Et s'il le fait, il aborde rarement la question de la gestion de cette culpabilité. Cet aspect est également très peu présent dans les témoignages de combattants français de la Grande Guerre[44].

Des aspects de la guerre moins souvent abordés

La « pulsion de silence », manifeste chez certains auteurs, couvre plusieurs aspects de la guerre. Outre la gestion de la violence dans le temps, rares sont les écrits abordant concrètement les formes généralement peu avouées de la somatisation de la peur (sécrétions urinaires, diarrhée, etc.). On remarque un silence semblable dans les écrits de combattants de la Grande Guerre concernant les effets de la peur sur la vessie et les intestins, silence qu'on explique ainsi : « Dans ce monde masculin où le sens de l'honneur est constamment alerté, où le regard de l'autre est tout, ces troubles sont particulièrement mal vécus. Par pudeur, les combattants témoignent peu sur ce type de problèmes[45]. »

Les aviateurs s'attardent rarement sur les effets des bombardements stratégiques imposés aux populations civiles allemandes en quelque sorte déréalisées[46]. En témoigne cet extrait d'entrevue avec le mitrailleur Boulanger : « Quand les bombes tombaient, je ne voyais pas les ravages qu'elles causaient. Et ce qui m'inquiétait davantage, c'est le sort qui était réservé à tous mes compagnons qui volaient sur d'autres bombardiers[47]. »

Certains détournent volontairement leur regard de la violence pour le poser sur des réalités moins choquantes de la guerre, afin, peut-être, de ne garder que le souvenir des jours heureux vécus outre-mer. Le navigateur Taschereau préfère aborder les à-côtés de la vie d'aviateur, plutôt que les missions de bombardements. L'infirmier Bernier écrit : « Je ne m'attarde pas sur la souffrance physique et morale de nos militaires et des patients que nous avons eus à soigner au cours de cette guerre. Ce sont des souvenirs dont j'ai peine à parler encore aujourd'hui, même après tant d'années[48]. » Il insiste plutôt sur les lieux visités durant ses permissions. Le caporal Houde évite les descriptions les plus épouvantables et écarte les horreurs affrontées en multipliant les anecdotes. Le fait de recourir à l'humour ou de taire l'indicible a certainement pour effet d'adoucir l'expérience de la guerre ou d'épargner au témoin l'évocation de pénibles souvenirs. Par nécessité personnelle, fort légitime du reste, par sentiment de culpabilité peut-être, mais aussi par souci de se forger une image de soi plus acceptable par rapport à eux-mêmes et au sein de leur société qui nourrit une aversion canadienne-française/québécoise envers les guerres, les auteurs ont peut-être choisi de circonscrire la question de la violence interpersonnelle au strict temps de la guerre.

Les cas de suicide sont peu mentionnés, sauf dans le journal du père Laboissière, les souvenirs du caporal Côté et ceux du lieutenant de marine Balcer. Les auteurs en exposent les cau-

ses variées : la timidité excessive, de mauvaises nouvelles venues du Canada, la volonté d'en finir avec les souffrances de la
vie au front, le découragement, la peur ou un moment de folie
passagère. Un moyen de se suicider est d'offrir sciemment son
corps aux balles de l'ennemi[49]. Le caporal Côté se souvient
d'un soldat stationné au camp de Whitley qui avait retourné
sa carabine contre lui en lisant dans une lettre que sa femme
s'était trouvé un amant et dépensait follement tout l'argent
qu'ils avaient amassé avant son départ[50].

Tout comme la question du suicide, la consommation abusive d'alcool sur le champ de bataille est un sujet peu abordé.
L'ivresse sert à tromper la peur, la fatigue, le froid et la faim ou
simplement à oublier les affres de la guerre lors des permissions. Elle est largement répandue bien que pas forcément gé-
néralisée. Le père Laboissière en dénonce les méfaits en Italie :

> Les pères Bénédictins me disent aussi que la discipline allemande était
> très sévère à Avellino et, durant l'occupation, on ne voyait pas de sol-
> dats ivres sur la rue comme on voit les Canadiens. Ils ont bien raison ;
> nous n'avons pas de discipline. Chaque soir on rencontre des soldats
> ivres partout et nous, officiers, nous avons plus peur de nos soldats que
> des Italiens qui d'ailleurs n'osent pas sortir le soir. Plusieurs de nos sol-
> dats osent même attaquer les civils dans leurs maisons et souvent ils se
> font recevoir à coup de revolver[51].

Seuls le père Laboissière[52], le sergent Juteau[52] et le lieutenant
Cadieux font état de l'ivrognerie répandue dans les troupes.
Le lieutenant est le plus loquace, probablement parce qu'il est
l'un de ceux qui décrivent leur parcours militaire dans les
moindres détails. Il dénonce les effets de l'alcool sur le militaire, le jour de Noël 1944 : « C'est malheureux de constater
comment certains types savent si peu se contrôler. Surtout ici
plus qu'ailleurs, c'est le moment d'être sobre, car la boisson ne
donne qu'un courage de surface ; ce n'est pas de la bravoure,
qui anime le soldat ivre, mais de la bravade causée par son
intoxication et qui souvent peut lui être fatale[53]. » Il est le seul
auteur à relever le travail des « entraîneuses » dans les bars et
les hôtels en Belgique et en Hollande : « Elles s'invitent à votre
table sans façon et demandent qu'on leur paie un cognac ou
un sherry brandy. Évidemment c'est de l'eau colorée qu'elles
boivent ; elles sont là pour activer le commerce et touchent un

pourcentage sur les boissons qu'elles boivent ou font boire. Elles sont insatiables, preuve évidente de la fausseté de ce qu'elles boivent[54]. »

Fait à noter, aucun ouvrage ne fait mention de crimes qui auraient été commis par des militaires envers des civils en Angleterre, en Italie ou en Europe de l'Ouest. On ne pourrait cependant prétendre pour autant que les GI détiennent le monopole des vols, des gestes brutaux et surtout des viols sordides au Royaume-Uni, en France et en Allemagne, dont l'historiographie américaine récente du conflit a fait état[55].

Une chape de silence opaque entoure également le rapport aux femmes et à la sexualité. La majorité des auteurs demeurent extrêmement pudiques sur la question des frustrations, de la prostitution, des obsessions, des fantasmes sexuels, de l'homosexualité entre militaires ou de la masturbation. Cette dernière devient souvent l'unique moyen pour les jeunes hommes de se soulager. Il est vrai que les soldats, les artilleurs sans grade et les marins sont peu en contact avec les femmes, compte tenu de leur isolement sur les théâtres d'opérations, où ils avaient d'ailleurs trop à faire, trop peur et trop faim pour penser au sexe : « En fait, le seul endroit asexué du temps de la guerre fut le front[56]. »

Seuls les romans *Les Canadiens errants* et *Les chasseurs d'ombres* présentent le côté plus « obscur » des permissions et de la vie en cantonnement : les femmes faciles, les beuveries, etc.[57]. Il est également question d'une sexualité un peu glauque dans les premières pages du journal du signaleur Verreault qui n'était pas initialement destiné à la publication. Il aborde la question des maladies transmises sexuellement au contact des prostituées chinoises de Hong Kong. Ces femmes, rencontrées dans les tavernes, les hôtels et les clubs de Kowloon, « s'agrippent à vous avec enthousiasme et vous invitent à leur chambre (un dollar, *short time*, cinq dollars, *long time*) [...]. Quelques camarades se sont acheté une femme pour soixante dollars par mois. Elle fait tout le train de vie d'une épouse et très fidèle à son maître ! (plus qu'on peut dire des épouses canadiennes). La Chinoise de Hong Kong est délicate, ses traits sont fins et réguliers, "à deux", elle a le diable dans le corps[58] !» Dans un style plutôt elliptique, il décrit ce que l'on peut déduire comme ayant été sa rencontre charnelle avec une prostituée :

Un soir, un soldat canadien… diète liquide… esprit conciliant, accepte invitation… courte marche avec elle, maison, escalier noir, tortueuse chambre, suspecte, lit invitant! P'tite mère déjà réchauffée. Jupon vole, jambes volent et vole aussi mon cœur plein de bonheur! Affolement divin, culbutes, promesses triomphantes! Aoooch, elle mord avidement mes jours, mon cœur. Quelle tempête! Elle pousse des soupirs et des petits cris qui me chavirent le cœur. Elle me fait des caresses à damner Saint-Pierre lui-même. Ai-je commis un péché mortel[59]?

Le lieutenant Cadieux mentionne en des termes peu élogieux la présence de prostituées en Normandie:

Dans l'après-midi [du 20 juillet 1944], j'observe bien le manège de trois vulgaires créatures d'assez belle apparence qui viennent quotidiennement s'offrir à nos hommes sur un tas de foin avoisinant pour quelques misérables francs; il y en aura donc toujours de cette rapace; ce qu'elles font avec nos troupes évidemment elles le faisaient aussi pour les boches, les gueuses; elles travaillent systématiquement, à ce qu'on rapporte. Elles ont deux sessions de 14 h à 17 h 00 et de 19 h 00 à 22 h 00 et ne refusent personne dit-on; moi ça me dégoûte et je les ignore totalement[60].

Le sergent Juteau fait état d'une relation entretenue avec une femme qui s'était auparavant compromise avec un officier allemand: «Heida ne semblait pas trop récalcitrante pour occuper la couche rugueuse d'un fantassin […]. Elle collaborait bien avec moi, et ce de toutes les manières, je ne m'en plaignais pas[61].» Le sergent est le seul à évoquer les péripéties découlant d'une relation entre un soldat canadien et une femme recherchée par des gens de la place soucieux de lui administrer le châtiment réservé à celles qui avaient fraternisé avec l'ennemi. Les aviateurs Boulanger et Taschereau accordent une place aux rencontres féminines et à la sexualité dans leurs souvenirs. Pour sa part, le navigateur Duchesnay mentionne qu'il avait une copine dans le Yorkshire et une autre à Londres: «Vêtu en uniforme d'officier de la division BC et identifié, par-dessus le marché, de l'emblème du Canada que je portais fièrement, il n'y avait pas de quoi s'ennuyer parce que les belles filles nous couraient après[62].»

Les unions se font et se défont au gré des aléas de la guerre et des permissions. Les nuits d'amour représentent souvent des expériences sensuelles sans lendemain pour les aviateurs qui, de par leur situation, ont davantage d'occasions de rencontrer des civiles[63]. L'intimité avec une Anglaise s'accompagne parfois de surprises, pour le mitrailleur Boulanger en tout cas, originaire du Québec, une province alors fortement catholique où les interdits liés à la sexualité étaient très présents à l'époque. Il ignore totalement ce qu'est un stérilet[64].

L'urgence de la guerre scelle aussi des unions. Le mitrailleur Boulanger et le personnage de Jérôme Gauvain dans *Les chasseurs d'ombres* sont les seuls à décrire la rencontre avec une Anglaise (une Écossaise dans le cas de Gauvain) qui deviendra leur épouse. On estime à 48 000 le nombre d'épouses de guerre canadiennes (*war brides*), la plupart d'entre elles étant originaires de Grande-Bretagne. On compte aussi parmi elles des jeunes femmes provenant d'autres pays européens, dont les Pays-Bas, la Belgique, la France, l'Italie et même l'Allemagne. Dès 1945, la majorité des épouses de guerre, accompagnées de plus de 22 000 enfants, sont venues s'installer au Canada avec leurs époux[65].

Le retour au pays

Une fois la guerre terminée en Europe, l'armée canadienne doit veiller au rapatriement des hommes en tenant compte des moyens de transport limités. L'armée canadienne distribue aux soldats un questionnaire destiné à révéler la préférence de chacun entre trois choix : le service volontaire dans l'armée d'occupation en Allemagne, le service dans le Pacifique ou la libération[66]. Ceux qui optent pour la libération sont rapatriés graduellement selon les contraintes logistiques et leurs années de service. L'ordre de priorité est établi selon le principe du «premier enrôlé, premier démobilisé», et calculé selon un système de points : tout militaire reçoit 2 points pour chaque mois de service au Canada, 3 par mois de service outre-mer et 20 points supplémentaires si, comme le lieutenant Gouin, il est marié ou s'il a un enfant à charge. Plus le nombre de points obtenus est élevé, plus les probabilités de rentrer rapidement le sont aussi[67].

Le thème de la vie après la guerre est abordé par plusieurs auteurs, dont le lieutenant Gouin :

> Je commence à mesurer toute la gravité sur le *désorientement* que nous éprouvons après quelques années de vie militaire. Il me semble que je

serai trop vieux et trop désemparé dans la vie civile, après ce long cau-chemar, et cette pensée m'inquiète. Je voudrais étudier encore et je ne puis me décider à quoi que ce soit. L'expérience m'a mûri et changé ma conception des valeurs. Si j'étais sûr d'avoir une situation convenable avec un avenir assuré, ce serait une grande inquiétude de moins pour moi. Je ne suis pas le seul évidemment, à éprouver cette inquiétude. C'est entre vingt et trente ans qu'on prépare et oriente sa vie. J'ai peur qu'il soit difficile de reprendre ce fil brisé à vingt-quatre ans. Quand on parle de génération mutilée par la guerre, ce n'est pas un mot en l'air, c'est réel[68].

À son retour au pays, le mitrailleur Boulanger est «ner-veux, tendu, inquiet». Il écrit: «Les émotions se bousculent en moi. C'est la fin de l'aventure et le début de l'inconnu. Que sera ma nouvelle cible[69]?» Ce passage suggère que les situa-tions extrêmes vécues en temps de guerre constituent la norme pour l'aviateur, alors que le retour à la vie civile incarne la nouveauté, l'inconnu. Pour l'infirmier Bernier, ce retour néces-site une réadaptation: «Durant mon absence, il s'est opéré de nombreux changements. Voilà la question de trouver un em-ploi afin de reprendre une nouvelle vitesse de croisière dans la vie civile[70].» Le lieutenant Châtillon espère que la vie qu'il trouvera à son retour aura changé depuis son départ, afin que le sacrifice de certains n'ait pas été vain:

> Tous ces risques, ces fatigues, ces sueurs auront-ils quelque valeur dans la recherche d'un emploi, dans la réadaptation sociale? J'ai l'impression que la masse de soldats et d'officiers, une fois au pays, sera dispersée et lentement absorbée sans exercer une quelconque influence. [...] Que reste-t-il de la guerre de Quatorze, si ce n'est des tombes, des monu-ments, des médailles, des souvenirs et des pensions. Il n'y a aucune raison de croire qu'il en sera autrement cette fois. Et ne vaut-il pas mieux qu'il en soit ainsi. [...] Il faudra donc s'adapter aux conditions de vie telles qu'elles existeront au retour, espérant toutefois qu'elles seront plus encourageantes qu'avant le départ; un grand nombre de militaires laissent leur peau pour que les survivants aient une vie meilleure[71].

Alors qu'il se trouve dans un camp de prisonniers, le si-gnaleur Verreault craint déjà de subir l'incompréhension à son retour: «Lorsque je parlerai de mon voyage à Hong Kong, si je retourne chez nous, on m'écoutera avec une demi-pitié et l'on pensera "Un autre que la guerre a blessé au cerveau". On sait comment l'on prend les histoires de guerre racontées par les vétérans. Elles sont parfois si invraisemblables que l'on saute tout de suite à la conclusion que la mentalité du raconteur est dérangée[72]. »

Ce sentiment et la difficile réinsertion sociale qui en découle, les personnages des romans présentés ici les vivent pleinement. Dans un espace de création littéraire qui facilite la contestation et offre une liberté d'expression généralement censurée sous le poids de la pudeur, de l'orgueil et des conventions sociales s'exprime la révolte de certains personnages face à un Québec jugé aliéné et aliénant. Ainsi s'exprime Richard Lanoue, personnage principal des *Canadiens errants* : « Les civils du Canada, qui sont loin d'être comme ceux d'icitte, avaient peur de nous autres quand ils nous voyaient arriver dans une ville ; c'qui les empêchait pas d'écrire dans leurs journaux qu'on allait se battre pour sauver la Chrétienté. Y'en a qui voulaient pas nous voère, malgré leur chrétienté en péril[73]. »

Les personnages ayant parcouru l'Europe et connu la fraternité de l'armée reviennent dans une société traditionnelle demeurée inchangée à leurs yeux. Pour certains, le passage par l'armée devait constituer un moyen idéalisé de s'ouvrir au monde. Les personnages se sentant trahis deviennent des « Canadiens errants ». D'ailleurs, les romans de Jean Vaillancourt et de Jean-Jules Richard s'achèvent sur le thème de la trahison :

> Dans la littérature de guerre canadienne-française, les hommes voient donc dans la guerre une issue inespérée à un milieu oppressant. [...] Seuls les auteurs qui ont connu les champs de bataille semblent en mesure d'exprimer la désillusion du retour. Pour eux, elle est totale. Dans leurs œuvres, l'irrésistible « métamorphose par la guerre » oblitère la quête de « salut par la guerre » manifestée au départ. Métamorphose tragique qui les rend irrémédiablement étrangers à leur société[74].

Le retour au pays du caporal Côté s'avère tout aussi pénible que pour ces personnages de papier : la guerre a été désastreuse pour lui et ses proches. Sa bien-aimée ne l'a pas attendu, pensant qu'il était probablement mort. La guerre a miné la santé de son père qui devait faire face à de trop lourdes responsabilités avec le moulin familial, elle a compromis son avenir en mettant un terme à son apprentissage dans l'entreprise familiale et l'a privé de moyens financiers pour le propulser plus loin dans le monde des affaires : « Et voilà le résultat de cette guerre, écrit-il en 1995. Pour avoir servi mon pays, j'ai hypothéqué mon avenir et j'ai perdu. Et de ça, je m'en souviens[75]. »

À l'instar des personnages des romans, le père Laboissière constate avec amertume peut-être que la guerre a finalement peu changé la face du Canada :

> Chez nous, au Canada, est-ce que notre situation est meilleure qu'avant 1939 ? Nous, vétérans qui sommes allés combattre en Europe et en Afrique pendant plus de cinq ans, avons remarqué à notre retour la même désunité [sic], les mêmes querelles et injustices dans toutes les sphères. On essaie de diviser protestants et catholiques, Anglais et Français, gentils et juifs, patrons et employés. Partout on ne voit que troubles et grèves fomentés par les agents de Moscou qui se servent d'une propagande vraiment diabolique pour semer partout la discorde et faire croire aux badauds que le salut du monde réside dans le communisme rouge[76].

L'aumônier affiche un anticommunisme virulent très répandu à l'époque. Il soutient que le communisme représente le nouveau péril pour l'Occident : « Le nazisme était une doctrine plutôt nationale, mais le communisme est international. Par conséquent, ce dernier est plus dangereux, bien que tous deux soient basés sur les mêmes principes et se servent des mêmes méthodes de mensonge, d'intimidation et d'esclavage[77]. » Ici, le prêtre associe nazisme et communisme. Sur la conduite de la guerre par les Alliés, il se veut extrêmement critique :

> Pourquoi la Grande-Bretagne, la France et le Canada ont-ils déclaré la guerre à l'Allemagne d'Hitler ? Pour sauvegarder les libertés et l'intégralité territoriale des petits pays et surtout pour empêcher les nazis de s'emparer de la catholique Pologne, envers laquelle nous avions des engagements sacrés. Avons-nous été logiques dans notre conduite ? Non. Vers la fin de la guerre, on oublie tout. À Téhéran et à Yalta, on fait des accords secrets avec les Soviets. On renie les engagements pris au début de la guerre et on laisse les petits pays se débattre sous la botte russe. On laisse une poignée de scélérats à la solde de Moscou s'emparer du pouvoir dans une foule de pays[78].

Le capitaine Vallée soutient que, au moment de publier ses souvenirs en plein bouillonnement de la Révolution tranquille, les anciens combattants demeurent toujours méconnus et incompris : « Ce que les anciens combattants désirent, ce n'est ni la pitié, ni la charité à leur égard, mais la compréhension. Que leur famille les comprenne, que leurs amis les comprennent, que les gens qu'ils coudoient tous les jours les comprennent et ainsi qui sait, peut-être la nation tout entière comprendra sa voisine, et alors, les peuples vivront plus facilement en paix[79]. »

Conclusion

Le sergent Juteau estime que la vie de soldat en Italie fut « un mélange de sang, de boue, de saleté, de fatigue, mais pire encore c'est trop souvent hélas, une servitude remplie d'ignorance, de stupidité et d'arrogance[1] ». À l'inverse, le lieutenant Châtillon conserve, trente ans plus tard, un souvenir somme toute positif de son service militaire. De son point de vue, l'armée « est une excellente école de formation, de partage, d'amitié[2] ». Le lieutenant Gouin estime quant à lui que la guerre lui a appris à se débrouiller seul devant l'adversité :

> L'armée a finalement dompté tous mes penchants vers la tristesse, en développant une confiance en moi que je n'avais jamais eue auparavant. La vie militaire est semée de contrariétés, de désappointements, de tourments physiques et moraux, causés le plus souvent par les intempéries et la peur, pure et simple ; mais toutes ces misères conjuguées ensemble sont une école incomparable d'énergie, de domination de soi-même et de résignation. La guerre n'est certes pas souhaitable, après ce que j'en ai vu, mais par contre, ce n'est pas une si méchante chose pour les enfants gâtés comme moi[3].

Plus de soixante ans après la fin de la guerre, le navigateur Duchesnay affirme qu'il a « acquis durant [ses] six années de service militaire non seulement l'esprit de devoir envers [son] pays mais aussi le désir de liberté et d'aventure que même maintenant à l'âge de quatre-vingt-cinq ans [il n'a] pas perdu[4] ». La guerre, malgré ses horreurs et la multitude de manières d'en subir et d'en imposer la violence, a certainement constitué pour de jeunes civils engagés volontaires canadiens-français une occasion inespérée de découvrir le monde, de vivre des dépaysements, de connaître une remise en question profonde

de leurs certitudes au contact des us et coutumes des populations locales en Angleterre, en Afrique, en Italie, en France, en
Belgique, aux Pays-Bas et en Allemagne. Ils ont parcouru le
monde, fait inusité et imprévu pour ces hommes qui n'avaient,
pour la plupart, jamais franchi les limites de leur province natale.

· Certains passages évoquent la découverte de Londres, de
Hong Kong, l'accueil triomphal et le calvados offerts par les
populations nouvellement libérées ou les fortes impressions
laissées par le survol des côtes de l'Afrique du Nord. Le mitrailleur Boulanger se souvient du voyage le menant en Tunisie, depuis l'Angleterre : « Au loin, à la pointe sud du Portugal,
le cap Saint-Vincent fait le guet sur l'océan Atlantique. Il y a à
peine quelques mois, identifier ces caps terrestres faisait partie
de questionnaires d'examen de géographie à mon collège.
Quelle chance de me trouver ici à la découverte de la terre,
assis dans une boule de verre[5]. » Cet extrait témoigne du chemin parcouru en très peu de temps par les auteurs. Baignés
dans la tradition catholique qui imprégnait alors le Canada
français, certains d'entre eux ont discuté avec des musulmans
en Tunisie[6].

· Le roulement régulier du personnel dans l'armée, les permissions souvent passées à visiter l'Europe ou à échanger avec
d'autres militaires de tout horizon dans les pubs anglais, sans
oublier l'expérience commune du feu qui a forgé l'esprit de
corps ont assurément cimenté des amitiés entre ces jeunes à
l'aube de leur vie d'adulte. Les rencontres féminines plus ou
moins sérieuses, mais souvent intenses, d'après ce qu'en évoquent les textes, ont parfois mené à des mariages improbables
entre Canadiens français et Européennes. Chaque jour et chaque rencontre se vivaient dans l'urgence du moment.

Il y avait aussi la guerre, la vraie, celle qui se fait sur terre,
sur mer et dans les airs. Je me suis efforcé de considérer l'expérience de la guerre comme étant avant tout une épreuve du
corps, un corps qui inflige la violence, qui la subit, qui souffre
des conditions difficiles et des privations de la vie au front.
Évidemment, les uns et les autres n'ont pas connu exactement
la même guerre. Celle-ci s'est avérée fort différente, selon le
grade de chacun, le corps d'armée, le moment et le lieu. Cependant, qu'ils soient fantassins, artilleurs, aviateurs ou marins, les auteurs recourent systématiquement à la métaphore

de l'enfer pour décrire les lieux des affrontements ou de détention. Des expressions telles que « fournaise », « enfer épouvantable », « bruit infernal », « cirque infernal », « il fait noir comme
en enfer », etc., désignent en fait cet endroit où règnent le
chaos, le désordre, l'abandon, la destruction, le cauchemar et
la mort. Elles apparaissent de façon récurrente et sont à peine
métaphoriques.

Dans les journaux du signaleur Verreault et du soldat
Castonguay, le paysage se limite à celui du camp de prisonniers à Hong Kong et au Japon. Dans les écrits traitant de la
campagne d'Italie, les auteurs présentent les combats se déroulant dans des villages, rue par rue, maison par maison,
dans les montagnes, les vallées. Ceux ayant pour cadre la
campagne de libération de l'Europe de l'Ouest évoquent les
champs et les chemins bordés par des milliers de haies en
Normandie, le plat pays belge, les sols détrempés des Pays-
Bas et le territoire allemand ravagé. Dans ces paysages de
désolation, les soldats se heurtent aux obstacles naturels, au
spectacle des ruines et des destructions, mais surtout, ils ren-
contrent l'ennemi dont la résistance acharnée par moments
suscite l'étonnement et la crainte. Un ennemi souvent présenté en catégories typées qui renvoient à des clichés qui servent de justification aux auteurs pour avoir participé à un
conflit largement impopulaire au Québec. Pour tenir, il fallait
maintenir le moral par la discipline militaire, la distribution
du courrier, le confort des cantonnements, les décorations,
mais surtout par l'esprit de corps. La religion et toutes sortes
de croyances et de rituels ont également permis à certains de
se soulager de la peur, en se confiant notamment aux aumôniers militaires.

Ceux qui ont pris la plume se présentent, à un moment ou
à un autre de leurs ouvrages, en victimes d'une tuerie souvent
anonyme du fait de la technologie militaire moderne. Ils en
dépeignent les horreurs en rapportant parfois des détails qui
donnent froid dans le dos, mais qui transmettent la triste réalité du champ de bataille. Le voisinage soutenu de la mort et la
confrontation directe avec la mort de masse, vue de près et
sous toutes ses formes, ont assurément constitué une épreuve
pour la majorité des auteurs vivant presque constamment
sous sa menace. Les années passées en des lieux hostiles ont

souvent laissé des séquelles physiques et psychologiques douloureuses.

Les auteurs prétendent écrire la guerre qu'ils ont faite. Les
auteurs de journaux tenus au fil des jours sous le feu ou en
détention s'en approchent assurément le plus. Toutefois, ceux
qui ont rédigé des souvenirs tardifs furent certainement soumis, consciemment ou non, aux dédales de la mémoire, au
passage du temps qui a suffi à adoucir le souvenir. Influencés
par la «pulsion de silence» qui entoure certaines problémati-
ques telles que le suicide, la consommation abusive d'alcool, la
criminalité, la violence infligée ou la sexualité, certains ont
choisi de taire ou d'éviter, par souci peut-être de leur image,
des aspects douloureux ou moins reluisants de ce qu'avait été
la guerre.

La «pulsion de silence», manifeste chez certains, a contribué à présenter une guerre édulcorée ou idéalisée par rapport
à la réalité. Pourquoi transformer ainsi l'expérience traversée?
Personne ne peut évidemment se substituer aux témoins pour
répondre à cette question. Il est cependant possible d'émettre
une hypothèse: ces hommes ont peut-être voulu mieux vivre
avec le traumatisme engendré par la violence du champ de
bataille en taisant des aspects moins reluisants de l'expérience
du combat.

C'est moins le cas des romans de guerre, à cause de l'espace de liberté créative qu'ils procurent. Quelques chercheurs,
des littéraires pour la plupart, se sont penchés sur les romans
Les Canadiens errants de Jean Vaillancourt et *Neuf jours de haine*
de Jean-Jules Richard[7]. L'historienne Béatrice Richard est reve-
nue sur les destins personnels des deux romanciers, ainsi que
sur la réception critique de leurs œuvres[8]. La comparaison de
leurs vies met en relief des points communs, dont on trouve
un reflet dans leurs œuvres: tous deux s'étaient engagés dans
l'espoir de quitter un monde jugé étouffant; ils ont connu le
front et en sont revenus profondément transformés, étrangers à
leur contrée d'origine. Selon l'historienne, la critique a manifesté à l'égard des personnages un mélange de compassion, de
répulsion et d'incompréhension; elle n'a pas saisi à sa juste
valeur la problématique de la réadaptation des militaires à la
vie civile ni l'évocation des combats et la vulgarité langagière
des personnages. Ces œuvres sont vite tombées dans l'oubli

et ont été laissées en marge de notre patrimoine littéraire. Ces romans n'ont jamais été considérés pour ce qu'ils sont : l'appel de combattants qui cherchaient à faire partager leur expérience de la guerre à la population civile québécoise. Leurs qualités littéraires manifestes méritent qu'on les (re) lisent d'autant plus qu'ils ont récemment fait l'objet de rééditions.

*

* *

En empruntant divers jalons historiographiques et en multipliant les citations tirées des textes, ma démarche visait avant tout l'exploration d'un ensemble de témoignages longtemps délaissés par les historiens et souvent méconnus du grand public.

Mon ambition était de souligner leur nombre restreint et de mettre en lumière leur valeur intrinsèque en tant que moyen d'accéder au vécu et à l'imaginaire des combattants à travers ceux d'entre eux qui ont choisi de prendre la plume pour relater leur expérience de la guerre. Je voulais aussi montrer la guerre « au ras du sol », c'est-à-dire au plus près du corps, des pratiques et des gestes de ceux qui ont vécu les combats entre 1939 et 1945.

Les ouvrages présentés ici incarnent des « lieux de mémoire » d'une expérience vécue par plus de 130 000 Canadiens français, dont environ 55 000 Québécois pour l'armée de terre seulement. Ces lieux de mémoire permettent non pas de comprendre ce que fut la guerre dans notre propre chair, mais d'appréhender, par la lecture, ce qu'elle fut pour des milliers d'individus.

Les quelques similitudes thématiques et stylistiques entre les 26 ouvrages recensés à BAnQ et les écrits de combattants français de la Grande Guerre invitent à penser que les témoignages étudiés s'inscrivent dans une vaste tradition d'écrits de guerre occidentaux. Dans cette perspective, il serait sans doute intéressant de les comparer avec ceux de combattants canadiens-anglais ou de Canadiens français ayant combattu dans d'autres conflits. Par ailleurs, l'étude des récits publiés par des civils canadiens-français, des membres du clergé pour la plupart, ayant connu la guerre en Europe ou en Asie reste à faire[9]. Il en va de même pour celle portant sur les ouvrages publiés par des citoyens français s'étant établi au Québec pendant la guerre ou après le conflit[10].

Au terme de ce travail exploratoire, force est de mettre en évidence les trous, les manques, au sein d'un corpus déjà limité. Ainsi, on ne dispose que d'un seul recueil de lettres publié par un combattant canadien-français ayant servi outremer ou par sa descendance. Ce genre est particulièrement intéressant, surtout lorsqu'il s'agit d'une correspondance régulière bénéficiant de la cohérence inhérente à une relation épistolaire inscrite dans la durée[11]. Pourtant, en France et dans le monde anglo-saxon, la publication de « *Lettres de...* combattants, prisonniers de guerre, civils ayant connu la guerre, etc. » s'avère une activité éditoriale féconde[12]. Il faut espérer qu'on en publie davantage dans les années à venir, car les qualités d'authenticité des lettres en font un matériau très riche.

À ce jour, aucune Canadienne française ayant intégré les Forces armées, l'ARC ou la Croix-Rouge, à titre d'infirmière par exemple, ne semble avoir publié de témoignage écrit que l'on pourrait consulter à BAnQ[13]. Cependant, les femmes ont joué un rôle déterminant dans l'effort de guerre, au front comme à l'arrière.

BAnQ ne dispose pas d'ouvrages écrits par des membres de certaines unités francophones ou bilingues déployées outre-mer telles que la 82e batterie antichar, le 12e régiment blindé (Three Rivers Regiment), le 3e bataillon de génie et la 18e ambulance de campagne.

Elle recense peu de témoignages de Canadiens français issus de la Marine ou d'une unité anglophone (seul le romancier Jean-Jules Richard a servi dans un régiment anglophone et André J. Duchesnay dans un escadron de l'ARC), alors que la vaste majorité des Canadiens français ont servi dans des unités de langue anglaise au sein de l'armée canadienne, de l'ARC, de la RAF ou de la MRC. On ne possède pas non plus de témoignages de membres d'une unité blindée ou de la RAF, bien que des Canadiens français aient combattu en leurs rangs. De fait, étant donné le statut quasi colonial de Dominion qui était celui du Canada de l'époque, plus de 50 % des volontaires canadiens de l'aviation ont servi dans des unités britanniques.

Il n'existe pas de témoignages de Canadiens français d'une unité mobilisée pour la défense du Canada, tels le régiment des Fusiliers de Sherbrooke (blindés), cantonné à Debert en Nouvelle-Écosse, ou le régiment de Hull (blindés). Ce dernier est le seul bataillon francophone à avoir relevé d'un district militaire ontarien dans lequel des Canadiens français nés au Québec ont servi. Ce régiment a été envoyé sur l'île de Vancouver durant l'été 1941 pour participer à la défense du territoire national, au sein de la 13ᵉ brigade d'infanterie. En août 1943, il a pris part à l'invasion de l'île de Kiska, dans les Aléoutiennes. Cependant, les Japonais ayant secrètement abandonné l'île, il n'a pas eu à combattre, mais il y est demeuré, en affrontant de difficiles conditions climatiques, jusqu'en janvier 1944. On serait heureux de lire sur cet événement méconnu de la participation des Canadiens français à la Seconde Guerre mondiale.

Enfin, BAnQ ne dispose d'aucun écrit de ces quelques Canadiens français ayant combattu en Afrique du Nord ou ayant occupé des fonctions administratives dans l'armée, dans l'ARC ou dans la MRC. Aucun médecin canadien-français du Corps médical canadien ni aucun membre de la marine marchande ne semble avoir laissé de témoignage écrit de son expérience.

Devant la disparition prochaine des derniers acteurs ayant pris part au conflit, les écrits publiés par des combattants participent d'une sorte de mémoire collective de la vie quotidienne au front, laquelle survivra aux témoins oculaires. L'éventuelle et nécessaire publication de lettres, de journaux personnels et de souvenirs inédits qui sont peut-être conservés dans des archives familiales comblerait assurément des vides et ajouterait forcément à l'éclairage fourni par les textes déjà disponibles à BAnQ[14]. Le présent essai constitue donc un sillon que d'autres voudront peut-être élargir.

Annexes

ANNEXE I
Profil des auteurs

Nom	Lieu et année de naissance	Études	Année de l'enrôlement	Profession, métier ou fonction au moment de l'enrôlement	Nom de l'unité	Grade(s) durant la guerre	Fonction dans l'unité
ALLARD, Jean Victor	Sainte-Monique de Nicolet 1913	Collège Saint-Laurent (Montréal) et dans un collège de Kitchener (Ontario) pendant deux ans	1933	comptable dans une entreprise de pompes funèbres; secrétaire-trésorier d'une compagnie d'assurances funéraires	Régiment de la Chaudière (août 1943) R22eR (août 1943 - janvier 1945)	lieutenant-colonel brigadier général	commandant en second du régiment de la Chaudière; commandant en second et commandant du régiment en Italie (janvier 1944 - janvier 1945); commandant de la 6e brigade d'infanterie (janvier - été 1945)
BALCER, Léon	Trois-Rivières 1917	droit (Université Laval)	1941	avocat	HMCS Annan	lieutenant de marine	n/m
BERNIER, Roland	Saint-Eugène de l'Islet 1916	n/m	1940 (LMRN) 1942 (volontaire)	manœuvre à la Fonderie de l'Islet depuis 1932	6e Hôpital général canadien; Corps médical canadien	soldat	infirmier

Nom	Lieu et année de naissance	Études	Année de l'enrôlement	Profession, métier ou fonction au moment de l'enrôlement	Nom de l'unité	Grade(s) durant la guerre	Fonction dans l'unité
BOULANGER, Gilbert	Montmagny 1922	Collège des Frères du Sacré-Cœur (Montmagny) et une année à l'École technique de Québec	1940	étudiant	425e Alouette	sergent d'aviation sous-lieutenant d'aviation	mitrailleur 37 missions de bombardement effectuées
BRISSON, Paul	Montréal 1913	septième année et un an d'École technique	1942 (LMRN) 1944 (volontaire)	jardinier/fleuriste ; ouvrier dans une usine de guerre	n/m	caporal	n/m
CADIEUX, Benoît J. S.	n/m 1916	n/m	n/m	n/m	4e régiment d'artillerie de campagne de l'Artillerie royale canadienne	lieutenant	en charge de quatre canons ; assistant de l'officier en charge d'une batterie
CASTONGUAY, Bernard	Montréal 1921	septième année non complétée	1940	bûcheron	Royal Rifles	soldat	fantassin, peloton 4, compagnie B
CHÂTILLON, Claude	Ottawa 1917	philosophie (Université d'Ottawa)	1942	rédacteur au journal Le Droit d'Ottawa et élève au CEOC de l'Université d'Ottawa	R22eR	lieutenant	commande un peloton de la compagnie D à la Casa Berardi

Nom	Origine / année	Éducation	Année	Occupation	Régiment	Grade	Notes
Côté, Lucien A.	Gaspésie 1917	n/m	1940	employé dans le moulin à scie de son père	R22eR	caporal	fantassin chargé de la mitrailleuse Bren d'un peloton de la compagnie D à Casa Berardi; infirmier durant six mois
Duchesnay, André J.	Québec 1922	Pensionnat Saint-Louis-de-Gonzague (Québec); Séminaire de Nicolet; Collège des Jésuites (Québec) (cours classique complété)	1938	étudiant	Royal Rifles 57e bataillon anti-tank RAF Ferry Command 10e escadrille du 4e groupe du BC	sous-lieutenant d'aviation	navigateur 63 missions effectuées incluant celles avec le RAF Ferry Command
Dufresne, Émilien	Gaspésie 1923	n/m	1941	bûcheron	Régiment de la Chaudière	soldat	fantassin, peloton 8, compagnie A
Dumais, Lucien	Montréal 1904	n/m	1934	n/m	FMR	sergent-major	commandant de peloton de mortiers; agent d'exfiltration (1944)
Forbes, Charly	Gaspésie 1921	études secondaires en anglais (Victoriaville Commercial College)	1940		Régiment de Maisonneuve	lieutenant	commande le peloton 18 de la compagnie D

Nom	Lieu et année de naissance	Études	Année de l'enrôlement	Profession, métier ou fonction au moment de l'enrôlement	Nom de l'unité	Grade(s) durant la guerre	Fonction dans l'unité
GAGNON, Maurice	Winnipeg 1912	baccalauréat (Collège de Rimouski); Université Laval; Faculté de droit (Université McGill)	n/m	journaliste; décorateur; chauffeur de camion	n/m	n/m	n/m
GOUIN, Jacques	Montréal 1919	cours scientifique (Collège du Mont-Saint-Louis); baccalauréat en langues et littératures française et anglaise (Université McGill, 1941)	1942	n/m	4e régiment d'artillerie moyenne	lieutenant	commande le tir d'un canon
HOUDE, Ludger	Gaspésie 1921	n/m	1941	sans emploi	FMR	caporal	tireur-viseur de canon antichar
JUTEAU, Maurice	n/m 1921	n/m	1942	n/m	R22eR	sergent	sergent de peloton des mortiers de trois pouces

Nom, lieu et année de naissance	Études	Année	Occupation civile	Régiment	Grade	Service militaire
LABOISSIÈRE, Alphonse-Claude (Joseph-Paul), Saint-Hyacinthe 1901	cours classique (Collège séraphique, Trois-Rivières); baccalauréat en philosophie et en théologie	1940	père franciscain, vicaire à Winnipeg	R22eR	major	Aumônier des Forestiers canadiens (janvier 1941 – septembre 1943); aumônier du R22eR en Afrique et en Italie (janvier - avril 1944)
MARCHAND, Gérard, Québec 1904	n/m	1940	aumônier militaire	Régiment de Maisonneuve	n/m	aumônier du Maisonneuve (septembre 1943 – mai 1945)
POULIN, Jean-Louis-Gaston, Québec 1918	Cours classique (Petit Séminaire de Québec)	1939	n/m	R22eR	major	commandant, compagnie D en août et septembre 1944
RICHARD, Jean-Jules, Saint-Raphaël-de-Bellechasse 1911	études classiques à Ottawa non complétées	1940	chroniqueur littéraire dans divers journaux et revues; voyageur de commerce; débardeur	Black Watch	n/m	fantassin
SÉVIGNY, Pierre, Québec, 1917	Loyola High School; Séminaire de Québec; Université Laval (commerce)	1933 (milice et CEOC, Université Laval) 1940 (armée active)	étudiant en commerce	4e régiment d'artillerie moyenne	capitaine	observateur avancé

Nom	Lieu et année de naissance	Études	Année de l'enrôlement	Profession, métier ou fonction au moment de l'enrôlement	Nom de l'unité	Grade(s) durant la guerre	Fonction dans l'unité
TASCHEREAU, Gabriel	Victoriaville 1915	Académie Saint-Louis-de-Gonzague; études secondaires, cours scientifique (Séminaire de Québec et Académie commerciale)	1940	étudiant	425e Alouette	commandant d'aviation	navigateur; instructeur à l'école d'entraînement opérationnel n° 21 (Stratford-upon-Avon, Angleterre) 49 missions effectuées
VAILLANCOURT, Jean	Montréal 1923	études secondaires (Collège Ste-Croix) non-terminées	1942	commis dans un chantier de bûcherons	Régiment de Maisonneuve	soldat	fantassin brancardier
VALLÉE, Pierre	Québec 1916	baccalauréat ès arts (Petit Séminaire de Québec) CEOC (Université Laval)	1939 ? CEOC 1940: Armée active	n/m	Régiment de la Chaudière	capitaine	commandant en second de la compagnie A du régiment de la Chaudière
VERREAULT, Georges	Montréal 1920	12e année complétée	1941	Monteur de lignes Bell Téléphone	quartier général de brigade	n/m	signaleur

Biographies des auteurs

Jean Victor Allard (1913-1996)
Mémoires, Boucherville, Éditions de Mortagne, 1985

En 1933, Jean Victor Allard devient sous-lieutenant de milice active non permanente au sein du régiment de Trois-Rivières (le futur 12ᵉ régiment blindé du Canada), puis il est promu capitaine. Enrôlé volontaire en 1939, Jean V. Allard voit sa carrière militaire prendre son envol pendant la Seconde Guerre mondiale. Lorsque le régiment de Trois-Rivières est appelé à devenir une unité blindée anglophone, il demande son transfert à l'infanterie et œuvre au Collège d'état-major de l'armée canadienne à Kingston. Il passe en Angleterre et devient pour quelques semaines le commandant en second du régiment de la Chaudière en août 1943. Il succède au major Paul Garneau en tant que commandant en second du R22ᵉR à compter du 23 août. Le régiment se trouve alors en Sicile. Promu au grade de lieutenant-colonel, il commande le R22ᵉR entre janvier 1944 et janvier 1945, puis la 6ᵉ brigade d'infanterie de la 2ᵉ division du Corps d'infanterie canadien en Belgique, aux Pays-Bas et en Allemagne. Il termine la guerre avec le grade de brigadier général, fait rare pour un Canadien français. Il est attaché militaire à Moscou de 1945 à 1948, puis commandant de la 25ᵉ brigade d'infanterie en Corée. Il représente le Canada lors de la signature de l'armistice mettant fin au conflit. De 1961 à 1963, il commande la 4ᵉ division de l'Armée britannique du Rhin, accomplissement exceptionnel pour un militaire canadien, sans distinction linguistique. De 1966 à 1969, il devient le premier Canadien français à occuper la fonction de chef d'état-major de la Défense du Canada. À ce titre, il doit réaliser l'unification de l'armée, de l'aviation et de la marine canadiennes malgré de fortes résistances internes. Il demande la garantie que sera formé un comité d'étude sur la place des francophones dans les Forces armées et que sera assurée l'égalité des chances d'avancement de ces derniers au sein de la hiérarchie militaire. On lui doit la désignation de Bagotville comme base aérienne francophone, l'instauration d'un destroyer comme unité navale francophone et l'établissement du Collège militaire royal de

Saint-Jean. Il prend sa retraite des Forces en 1969. Pour ses faits de guerre, le général Allard a reçu l'Ordre du service distingué à trois reprises, ce qui est extrêmement rare, la Croix de guerre et la Légion d'honneur de France, ainsi que le Lion de Bronze des Pays-Bas. En plus d'être compagnon de l'Ordre du Canada et commandant de l'Ordre de l'Empire britannique, il a reçu des doctorats *honoris causa* de cinq universités canadiennes pour services rendus dans plusieurs milieux dont le milieu universitaire. Le nom du mont du Général-Allard (640 m) situé sur la base militaire de Valcartier dans la région de Québec et celui du manège militaire de Trois-Rivières qui accueille le 12ᵉ régiment blindé rappellent sa mémoire.

Léon Balcer (1917-1991)
Léon Balcer raconte, Sillery, Septentrion, 1988

Léon Balcer sert en qualité de lieutenant dans la MRC entre 1941 et 1945 à bord, notamment, de la frégate *HMCS Annan* et de la corvette *Rivière-du-Loup*. Après la guerre, il entame une prolifique carrière politique au sein du Parti progressiste conservateur (PPC). En juin 1949, Léon Balcer est élu député de Trois-Rivières. Il sera réélu à cinq reprises entre 1953 et 1963. De 1950 à 1953, il préside l'association des jeunes du PPC. Préoccupé par le sort des Canadiens français au sein de l'armée canadienne, il mène entre 1951 et 1952 avec le colonel John Drew, chef du Parti conservateur, George Pearkes, critique militaire de l'opposition, et d'autres alliés anglophones et francophones une campagne qui pavera la voie à la création du Collège militaire royal de Saint-Jean. En 1956, il devient président du Parti conservateur du Canada. Après la victoire des conservateurs en 1957, le premier ministre canadien John Diefenbaker le nomme solliciteur général. Il devient membre du Conseil du Trésor jusqu'en 1963, ministre suppléant des Mines et des Relevés techniques (21 juin - 6 août 1957) et ministre des Transports (11 octobre 1960 - 22 avril 1963). Il ne se présente pas aux élections de 1965 à la suite de différends importants avec le premier ministre Diefenbaker, notamment au cours du débat sur le drapeau. En 1966, il se porte candidat pour le Parti libéral de Jean Lesage aux élections provinciales. Défait, il se retire de la vie publique et passe à l'entreprise privée en tant que président de l'Association des industries électroniques du Canada, puis comme président de Elinca Communications.

Roland Bernier (1916 – non mentionné)
Carnet de guerre, Cap-St-Ignace, Amicale des vétérans
et des marins de l'Islet, 1992

Roland Bernier est mobilisé en décembre 1941 en vertu de la LMRN, puis il s'engage volontairement et devient soldat dans le régiment de Montmagny. Le 20 août 1943, il est transféré au 6ᵉ Hôpital général canadien du Corps médical de l'armée canadienne et devient infirmier, soignant surtout les fantassins. Il fait la traversée vers l'Angleterre en septembre à bord du *Queen Elizabeth* réquisitionné pour le transport massif de troupes. Le 6ᵉ Hôpital général canadien entre officiellement en fonction en Angleterre en décembre 1943, puis s'installe en Normandie en juillet 1944 pour soigner des blessés sous la tente. En septembre, l'hôpital déménage à Anvers, puis en Hollande en décembre. En avril 1945, l'infirmier Bernier accueille des malades arrivant des camps de concentration de Dachau et de Buchenwald. L'hôpital est démobilisé le 16 octobre et l'infirmier rentre au pays à bord de l'*Aquitania* en février 1946. Après la guerre, il occupe divers emplois dont celui de préposé aux bénéficiaires au Foyer de Saint-Eugène.

Gilbert Boulanger (1922 -)
L'alouette affolée. Un adolescent à la guerre,
Sherbrooke, G. Boulanger, 2006

Gilbert Gilles Boulanger s'enrôle dans l'ARC, rue Buade, le 3 juin 1940. Après les premiers mois d'entraînement, il passe par l'école de vol n° 7 à Summerside (Île-du-Prince-Édouard). Comme il lui manque une année d'études pour devenir membre du personnel volant, il devient commis. Au printemps 1942, il passe à la station de Glace Bay (Île-du-Cap-Breton) où il est nommé commis dans un hangar. Une révision de son dossier militaire lui permet d'opter pour la fonction de mitrailleur. En novembre, il se rend à Mont-Joli où l'entraînement au sol se fait avec des carabines Remington ou Enfield et, dans les airs, sur des bombardiers légers de type Fairey Battle. Au terme de son instruction, il est promu sergent et part pour Greenock (Écosse) le 2 janvier 1943, via Halifax, Moncton, le Rhode Island et New York. L'entraînement final sur des Wellington se déroule à l'Operationnal Training Unit (OTU) de Stratford-upon-Avon, en Angleterre, puis au Ferry Training Unit (FTU) 311 à Moreton-in-Marsh. Le mitrailleur Boulanger passe ensuite par Gibraltar, le Maroc et l'Algérie, puis rejoint l'escadron 425 en Tunisie. Au terme de 37 missions de bombardement sur l'Italie, la France, la Belgique et l'Allemagne, il devient officier de liaison chargé de recruter des éléments francophones pour l'escadron 425 et il épouse Marie Rees, une télégraphiste de la RAF originaire de Londres. Il rentre au Canada en mai 1945, et son épouse le rejoint au Québec le 15 juin 1945. Il demeure actif dans le monde de l'aviation civile québécoise et vit toujours dans la région de Sherbrooke.

Paul Brisson (1913 – non mentionné)
Coq-à-l'âne de mes souvenirs, Beloeil, P. Brisson, 2000

Paul Brisson est mobilisé le 23 octobre 1942 en vertu de la LMRN. Le 5 novembre, il entame un cours d'infanterie élémentaire au CABTC 45 à Sorel. Le 6 janvier 1943, il suit un cours d'instruction supérieure d'infanterie et de conduite de camion de quatorze jours à Petawawa. Il est envoyé à Arvida, à titre de responsable des deux batteries antiaériennes de 3,7 pouces destinées à protéger l'usine d'aluminium Alcan en cas d'attaque de l'aviation allemande. Le caporal suit ses batteries dépêchées pour assurer la protection aérienne lors de la conférence dite Quadrant, réunissant à Québec, du 10 au 17 août 1943, Winston Churchill et Franklin D. Roosevelt. Il complète également une formation de maniement et d'entretien des armes portatives à Toronto dans une école de sous-officiers, puis une autre de fantassin au Manitoba. Alors que la conscription pour le service outre-mer est instaurée à compter de novembre 1944, il s'enrôle volontairement le 28 décembre: «J'ai décidé que je n'irais pas en Europe de force.» Il se présente à Valcartier, puis traverse en Angleterre où il reste six mois, avant de passer en Europe de l'Ouest (Belgique, Hollande et Allemagne) où il sert durant onze mois. Il est démobilisé le 18 juin 1946.

J. S. Benoît Cadieux (1916 – non mentionné)
Mémoires de campagne d'un officier d'artillerie. Ma guerre 1944-1945,
Montréal, Coups de plume, 1994

J. S. Benoît Cadieux ne mentionne nulle part la date de son enrôlement. Pour compléter sa formation d'officier d'artillerie, il passe par Huntingdon, Montréal-Sud, Saint-Jérôme, Brockville et Petawawa. Il se rend à Liverpool (Angleterre) le 13 juillet 1943, puis il séjourne à Borden. En avril 1944, il rejoint le camp des renforts n° 2 à Fleet, près d'Aldershot en tant qu'officier d'artillerie. Après de nombreux transferts, il est incorporé aux renforts de la 3e division. Il quitte Fleet le 12 juillet 1944 pour se rendre au port de New Haven. Il débarque en France face à Graye-sur-Mer, le 13 juin, soit exactement une semaine après le débarquement en Normandie et onze mois jour pour jour après son arrivée en Angleterre. Placé en réserve, il rejoint le 4e régiment d'artillerie de campagne de la RCA le 17 juillet à Rots et devient assistant de l'officier responsable de la seconde batterie. En juillet et en août, il traverse notamment Verrières et Falaise, puis la Seine, le 30 août, et passe en Belgique le 9 septembre. Entre autres, le lieutenant prend part au pilonnage de la forêt de la Reichswald et de Clèves en Allemagne en mars 1945. Il est de retour au Canada le 20 novembre.

Bernard Castonguay (1921-2000)
Prisonnier de guerre au Japon (1941-1945), avec la collaboration
de Renée Giard, Longueuil, R. Giard Impression, 2005

Bernard Castonguay ne souhaite pas entreprendre une longue carrière militaire lorsqu'il s'enrôle dans les Royal Rifles of Canada, le 27 décembre 1940. Il se rend avec son régiment à Terre-Neuve en janvier 1941 pour suivre un entraînement. Le régiment est de retour à Valcartier le 25 août 1941. Le régiment part le 22 septembre pour Saint-John, au Nouveau-Brunswick, puis revient à Valcartier le 13 octobre. Bernard Castonguay reçoit son dernier congé le 16 et quitte le 22 par train avec son bataillon en direction de Vancouver. Il participe à la bataille pour la défense de la colonie britannique de Hong Kong au terme de laquelle il est fait prisonnier. Il revient au Canada le 3 novembre 1945 après plus de 1331 jours passés dans les camps de North Point et de Shamshuipo à Hong Kong, puis dans celui d'Omine, au Japon.

Claude Châtillon (1917- décédé il y a une quinzaine d'années)
Carnets de guerre. Ottawa-Casa Berardi 1941-1944,
Ottawa, Éditions du Vermillon, 1987

Claude Châtillon s'enrôle le 13 janvier 1942. Il passe l'automne au camp de Saint-Jérôme où il est promu lieutenant. Arrivé en Angleterre en septembre, il y poursuit son entraînement jusqu'en juin 1943. En juillet, il rejoint le R22eR à Philippeville en Algérie. Après la Sicile, le régiment traverse en Italie, le 2 septembre. Il participe notamment à la bataille de la Casa Berardi en décembre 1943 en tant que commandant de peloton de la compagnie D. Il quitte le front en février 1944, puis est hospitalisé pour des maux d'estomac. Démobilisé en mars 1945, il entreprend une carrière diplomatique et devient ambassadeur. Il prend sa retraite en 1982 et se consacre à l'écriture.

Lucien A. Côté (1917 – non mentionné)
Je les ai vus mourir, Montréal, Éditions Macadam, 1995

Lucien A. Côté est mobilisé en octobre 1940 en vertu de la LMRN. Il se rend au CABTC 55 de Rimouski pour recevoir l'instruction militaire de base, puis il reprend le travail au moulin de son père. En février 1942, il s'enrôle de nouveau et suit notamment un cours de l'Ambulance Saint-Jean à Québec en plus de son instruction de fantassin. Il passe en Angleterre, puis à Philippeville en juin, et à Bizerte en Tunisie. Il rejoint le 4e bataillon de renforts de la 1re division d'infanterie canadienne en Italie, puis le R22eR à San Pietro. Versé avec son frère dans le peloton commandé par le lieutenant Châtillon, il participe à la bataille de la Casa Berardi en décembre 1943. Au début de 1944, il devient infirmier dans la section médicale du régiment. À ce titre, il prend part à la bataille de San Nichola, en avril 1944, et à celles d'avril et de mai autour du mont Cassin. Après la guerre, il vend la scierie familiale et travaille aux ateliers du Canadien National à Rivière-du-Loup. En 1948, il réintègre l'armée en tant qu'instructeur dans la milice à Valcartier. Il quitte l'armée en 1963 avec le grade de sergent-major de compagnie. Il travaille ensuite pour la Société canadienne des postes jusqu'à sa retraite en 1980. Je n'ai pu joindre son éditeur qui ne semble plus avoir pignon sur rue.

André J. Duchesnay (1922 -)
Les anges de la guerre. Mémoires d'un vétéran de la Seconde Guerre mondiale,
Outremont, Carte Blanche, 2007

André Juchereau-Duchesnay s'enrôle dans l'infanterie avec les Royal Rifles of Canada, le 26 août 1938 (il a alors 16 ans). Après un court passage par l'artillerie, il rejoint l'ARC en 1941. Il suit une formation de pilote aux écoles d'aviation de Victoriaville, Miramichi (Nouveau-Brunswick) et Summerside (Île-du-Prince-Édouard). Après un accident survenu au cours d'un vol d'entraînement de nuit, il est contraint de renoncer à la carrière de pilote. Muté au rôle de navigateur, il fait aussi des stages de mitrailleur. En mars 1942, il intègre le Ferry Command dont la tâche principale est de convoyer des avions construits en Amérique du Nord entre leur usine d'origine et les théâtres d'opérations actifs. À titre de navigateur, il effectue depuis Dorval, Nashville et West Palm Beach, des traversées transatlantiques pour acheminer de nouveaux appareils vers l'Europe et l'Afrique. Après une formation de navigateur sur un bombardier lourd, il reçoit une affectation sur un Halifax. Dans la nuit du 22 au 23 avril 1944, l'appareil dans lequel il se trouve est abattu au-dessus de la banlieue de Düsseldorf. Rescapé grâce à son parachute, il passe trois jours caché, à pied et sans papiers en Allemagne, puis il regagne l'Angleterre, non sans peine, avec l'aide de membres de la résistance via les Pays-Bas, la Belgique, la France et l'Espagne. Il rejoint ensuite l'escadron 426 et participe jusqu'en avril 1945 aux bombardements sur l'Allemagne. Après plus de 63 missions, il rentre au Canada en mai 1945. Il travaille ensuite comme apprenti consultant à la réintégration des vétérans sur le marché du travail à la base aérienne de Lachine (sud-ouest de Montréal) jusqu'en août. Dès l'obtention de son congé de l'armée, il entame une carrière dans les assurances, les affaires et l'immobilier au Québec, en Floride et au Costa Rica. Âgé de 85 ans, il demeure dans les environs de Rigaud.

Émilien Dufresne (1923 -)
Calepin d'espoir, avec la collaboration de Danielle Dufresne,
Sillery, Septentrion, 2003

Émilien Dufresne a 18 ans lorsqu'il s'enrôle dans la municipalité du Canton de Cloridorme, le 26 juillet 1941. Il passe par Valcartier et le camp 55 de Rimouski. Du régiment des Voltigeurs de Québec, il est transféré au régiment de la Chaudière. En avril 1942, il quitte Halifax pour l'Angleterre. Il participe au débarquement comme soldat du régiment de la Chaudière. Il est capturé par une patrouille allemande dans la nuit du 6 au 7 juin. Il s'ensuit une dizaine de mois de captivité. Il est libéré le 9 avril 1945 dans la région de Hanovre. Il revient au Canada via Cologne, l'Angleterre et New York. Il devient menuisier et demeure encore en Gaspésie.

Lucien Dumais (1904 – 1993)
Un Canadien français à Dieppe, Paris, Éditions France-Empire, 1968

En 1934, Lucien Adélard Dumais s'enrôle comme soldat de réserve avec les FMR et obtient, trois ans plus tard, le grade de caporal. Il est promu sergent, puis sergent-major de peloton. Il commande un peloton des FMR en Islande du 28 juin au 3 octobre 1940. Il part ensuite pour l'Angleterre où il suit un entraînement de commando. À 38 ans, il participe au raid de Dieppe. Il est fait prisonnier, mais réussit à s'évader et à rentrer en Angleterre. Il suit un entraînement de combat de quatre mois de la 1re armée britannique en Afrique du Nord, puis il s'engage dans les services secrets britanniques. Sous les auspices du MI9 qui s'occupe du soutien aux réseaux de résistance des pays occupés, Lucien Dumais et Raymond Labrosse deviennent le pivot d'un plus vaste réseau dont le but est de récupérer le personnel navigant des avions alliés abattus en France, et de lui permettre de rejoindre l'Angleterre via la Manche, une voie plus rapide, mais plus dangereuse, que la voie habituelle par les Pyrénées. De janvier à août 1944, le réseau «Shelburn» permet le retour en Angleterre de plus de 300 pilotes alliés, sans subir de pertes humaines. Après le débarquement en Normandie, le Special Operations Executive l'envoie mener des opérations d'attaques contre les forces d'occupation allemandes aux côtés de la Résistance française. L'auteur a rédigé ses mémoires d'agent d'exfiltration pour les services d'espionnage britanniques dans *Un Canadien français face à la Gestapo*. Il est le seul auteur parmi ceux recensés à avoir publié deux ouvrages de témoignage.

Charly Forbes (1921 -)
Fantassin. Pour mon pays, la gloire et… des prunes, Sillery, Septentrion, 1994

D'ascendance écossaise, Charly Forbes entame en septembre 1940 sa formation militaire au Collège militaire de Kingston avec l'intention de devenir aviateur. Ayant finalement opté pour l'artillerie, il se rend au camp Borden au printemps 1941, puis à Brockville et à Petawawa. Il découvre le *battle drill* à l'école de Vernon (Colombie-Britannique). Passionné par ce qu'il voit, il demande son transfert dans l'infanterie. Il enseigne le *battle drill* à Brockville et à Valcartier. En janvier 1943, il rejoint le Maisonneuve à Brighton, en Angleterre. Le régiment débarque en Normandie le 6 juillet 1944. Une blessure subie à l'œil dans le secteur de Groesbeek en Hollande met fin à sa guerre. Il est hospitalisé à Gand, puis en Angleterre, avant de subir une chirurgie plastique en janvier 1945. Le lieutenant Forbes retrouve sa famille à Lévis le 14 août. Il quitte le service militaire pour se consacrer au commerce de bois de son père et se marie en septembre 1945. À la suite de la faillite du moulin familial, il rejoint le R22eR dont on veut alors faire un bataillon de parachutistes en plus de l'unité de combat qu'il est déjà. En février 1950, il quitte le Canada pour participer à la guerre de Corée (1950-1953). Nommé lieutenant-colonel honoraire du Maisonneuve en 1985, il habite toujours à Saint-Ferréol-les-Neiges.

Maurice Gagnon (1912 – non mentionné)
Les chasseurs d'ombres, Montréal, Cercle du livre de France, 1959

On sait peu de choses sur la vie de Maurice Gagnon. Il fait son service militaire dans la MRC. À compter de 1956, il se consacre à l'écriture de romans policiers et de science-fiction. Son œuvre compte plus d'une vingtaine de romans, dont *L'échéance*, *L'anse aux brumes* et *Rideau de neige*, des contes et des nouvelles parus dans *La Revue populaire* et *La Revue moderne*, des pièces de théâtre pour la radio et la télévision en plus d'une douzaine de traductions d'ouvrages en anglais. En 1956, il reçoit le prix du Cercle du livre de France pour *L'échéance* et, en 1972, le prix de l'Actuelle pour son roman d'anticipation *Les tours de Babylone*.

Jacques Gouin (1919 – 1987)
Lettres de guerre d'un Québécois 1942-1945, Montréal, Éditions du Jour, 1975

Jacques-Roméo Gouin fait son instruction militaire dans les camps de Saint-Jérôme, de Brockville et de Petawawa entre juillet 1942 et mars 1943. Il passe ensuite en Angleterre, en Écosse et au Pays de Galles. Après trente-neuf mois de service, notamment au sein du 4ᵉ régiment d'artillerie moyenne, il est libéré de l'armée le 15 octobre 1945. À son retour au pays, il entre dans la fonction publique fédérale à titre de traducteur tout en poursuivant des études en sciences politiques et en histoire à l'Université d'Ottawa entre 1946 et 1952. Tout en poursuivant son travail de fonctionnaire fédéral jusqu'à sa retraite en 1974, il est journaliste au quotidien *Le Droit* d'Ottawa et au journal *Le Jour* de Jean-Charles Harvey. Il collabore notamment à la *Revue d'histoire de l'Amérique française*, à la *Revue d'histoire de la Deuxième Guerre mondiale*, au *Dictionnaire des œuvres littéraires du Québec* et il enseigne la traduction à l'Université d'Ottawa. Il a en outre écrit plusieurs ouvrages dont l'histoire du 4ᵉ régiment d'artillerie moyenne et celle du régiment de Maisonneuve. Il s'est également intéressé à la généalogie dans *Les Panet de Québec. Histoire d'une lignée militaire*, écrit avec Lucien Brault (Ph.D.). Le prix David-M. Stewart de la Fédération des sociétés d'histoire du Québec lui a été décerné en 1980.

Ludger Houde (1921 – non mentionné)
1939-45 Ma guerre, mon implication personnelle et générale. Récit anecdotique,
Boucherville, Éditions Sans Âge, 1997

Ludger Houde s'enrôle le 15 octobre 1941 à Montréal au sein des FMR alors qu'il se trouve sans emploi. D'abord cantonné à Longueuil, il passe par Sherbrooke pour parfaire son entraînement de base, puis par Farnham et par Kingston où il suit un cours de signaleur. Il quitte le Canada vers l'Angleterre le 31 mai 1942. En Angleterre, il est affecté à la compagnie de réserve du régiment lors du raid de Dieppe. L'essentiel de sa guerre se déroule durant la campagne de libération de l'Europe de l'Ouest. Il prend part avec les FMR aux combats près de la ferme Beauvoir et de May-sur-Orne, en Normandie, en juillet et août 1944. Il participe à la libération de Dieppe, le 1er septembre, puis passe par la Belgique et la Hollande. Au début de 1945, le caporal se trouve à Clèves en Allemagne et participe à l'assaut de la forêt de la Ho-chwald, puis aux combats près de la ville de Groningen (Hollande). Il est à Oldenbourg quand l'Allemagne rend les armes, le 8 mai 1945. Au retour, il passe par Ostende, puis s'embarque en Angleterre pour le Canada, à bord du *Queen Elizabeth*.

Maurice Juteau (1921 – non mentionné)
Ma drôle de guerre, Farnham, Formulaires Ducharme inc., 1980

Maurice Juteau s'enrôle au printemps 1942, à 18 ans. Promu sergent, il est intégré aux troupes de renforts du R22eR, puis participe notamment à la ba-taille de la Casa Berardi en tant que sergent de peloton des six mortiers de trois pouces. Il accompagne ensuite le régiment en Hollande et en Allema-gne. Il est blessé par une mine lors de la guerre de Corée. Au début des an-nées 1960, il devient instructeur de peloton d'aspirants officiers de langue française et commandant de peloton au cours d'armes portatives à l'École d'infanterie de Borden (Ontario).

A.-C. Laboissière (1901 – 1962)
Journal d'un aumônier militaire canadien 1939-1945,
Montréal, Éditions franciscaines, 1948

Joseph-Paul Laboissière, dit Alphonse-Claude, devient aumônier militaire dans l'armée canadienne le 9 mars 1940. Le 7 janvier 1941, il se présente au Corps des forestiers à Valcartier. Il œuvre jusqu'en septembre 1943 au camp d'Aboyne en Écosse. Le 28 décembre, il passe en Italie et prend en charge le service religieux pour tous les renforts de la 1re division. Le 19 janvier 1944, il apprend qu'il remplacera l'aumônier Gratton qui se trouve sur la ligne de feu depuis juillet avec le R22eR. Le 15 mars, des shrapnels provenant d'un obus de 88 mm l'atteignent à la cuisse et au genou droit. Il demeure tout de même au front. Un mois plus tard, soit le 25 avril, il quitte le régiment afin de remplacer l'aumônier principal du 1er corps canadien au QG en Italie. Le 1er mai, il est promu aumônier senior des aumôniers responsables des hôpi-taux et camps de renforts de toute l'Italie. Il est le seul Canadien français des trois aumôniers supérieurs du front de la Méditerranée. Il est démobilisé le 11 août 1945 avec le grade de major.

Gérard Marchand (1904 – 1980)
Le Régiment Maisonneuve vers la victoire 1944-45,
Montréal, Les Presses libres, 1980

Entre 1938 et 1940, Gérard Marchand est aumônier au régiment de Montmagny, puis au CABTC 54 à Montmagny. En août 1942, il accompagne le régiment de Montmagny en Nouvelle-Écosse, puis il devient l'aumônier des Voltigeurs de Québec avec lesquels il embarque en juillet 1943 pour Glasgow. Le 18 septembre, il devient l'aumônier du Maisonneuve qu'il accompagne en Europe de l'Ouest jusqu'en mai 1945. Revenu au Canada le 27 novembre 1945, il est démobilisé le 19 mars 1946. Il reprend ensuite son ministère à Québec à titre de vicaire de la paroisse Saint-François-d'Assise et de curé fondateur de la paroisse Saint-Albert-le-Grand à Québec où il demeure jusqu'à sa retraite en 1973. Il consacre une partie des sept dernières années de sa vie à la rédaction de ses souvenirs de guerre dont il ne voit pas la publication, puisqu'il s'éteint une semaine après avoir remis le manuscrit final à l'éditeur.

J.-L.-G. Poulin (1918 – non mentionné)
696 heures d'enfer avec le Royal 22ᵉ Régiment. Récit vécu et inspiré d'un journal
tenu tant bien que mal au front, Québec, Éditions A. B., 1946

Jean-Louis-Gaston Poulin s'enrôle comme lieutenant du R22ᵉR et part outre-mer en décembre 1939 avec la 1ʳᵉ division de l'armée canadienne. Promu major à 24 ans, il commande la compagnie D du R22ᵉR lors de l'attaque menée par le 1ʳᵉ division d'infanterie canadienne des points 194 et 131 de la ligne Gothique en août et septembre 1944. À son retour du front, il s'inscrit au Collège militaire de Kingston. Il quitte l'armée canadienne en 1967 avec le grade de colonel, puis occupe divers postes dans le monde des affaires.

Jean-Jules Richard (1911 – 1975)
Neuf jours de haine, [1948], Saint-Laurent,
Éditions Bibliothèque Québécoise, 1999

Jean-Jules Richard intègre en 1940 les Black Watch (Royal Highland Regiment). Il participe notamment à l'assaut de l'île de Walcheren en novembre 1944. Blessé en Europe de l'Ouest, il est rapatrié en 1946. Bénéficiaire d'une pension d'invalidité, il devient sympathisant communiste. Il se consacre à l'écriture de contes et de poésie, fonde en 1951 *Place publique,* une éphémère revue, et produit une dizaine d'œuvres s'inspirant de l'actualité et de l'histoire dont *Le feu dans l'amiante* (1956) qui évoque la grève de 1949 dans le secteur de l'amiante au Québec. Il est aussi chroniqueur littéraire dans divers journaux et revues. Il travaille également à la télévision de Radio-Canada. Il reçoit le prix Jean-Béraud pour *Faites-leur boire le fleuve* en 1970.

Pierre Sévigny (1917 – 2004)
Face à l'ennemi, [1946], Saint-Lambert, Sedes, 1995

Joseph Pierre Albert Sévigny est le fils d'Albert Sévigny qui a été président de la Chambre des communes, ministre du cabinet Borden en 1917-1918 et juge en chef de la Cour supérieure de la Province de Québec. Pierre Sévigny est sergent de la milice et membre du CEOC de l'Université Laval de 1933 à 1939. Il s'enrôle dans l'armée régulière en 1940 et devient sous-lieutenant d'infanterie. Muté dans l'artillerie en 1941, il est promu lieutenant du 4e régiment d'artillerie moyenne en mars 1942, puis capitaine en mai après son instruction suivie à Brockville, Petawawa et Trenton. Pour ses faits d'armes réalisés sur les positions polonaises de la côte 262 (Maczuga) en Normandie en août 1944, il reçoit la croix d'Argent de l'Ordre militaire polonais *Virtuti Militari*, l'équivalent de la croix Victoria britannique, le 4 avril 1945. Grièvement blessé en février 1945, il revient du front le 16 avril, avec le grade de lieutenant-colonel. Après sa carrière militaire, il se présente comme candidat conservateur indépendant dans le comté des Îles-de-la-Madeleine aux élections de 1949, mais il est battu par 58 voix. Il est président du PPC du Québec de 1954 à 1956. Il remporte l'élection fédérale de 1958 dans la circonscription de Longueuil-Pierre-Boucher, alors que le conservateur John Diefenbaker prend le pouvoir à Ottawa. Nommé vice-président de la Chambre des communes en mai 1958, il devient ministre associé à la Défense du 20 août 1959 au 8 février 1963, date où il démissionne à la suite d'un désaccord avec Diefenbaker sur la question des armes nucléaires. Durant son mandat de ministre, il représente le gouvernement fédéral dans le comité pour l'obtention d'Expo 67 à Montréal, il préside des délégations commerciales canadiennes en Amérique du Sud et il est coprésident du Conseil du Trésor en 1962-1963. Ayant démissionné du cabinet Diefenbaker, il perd l'élection de 1963. Il retourne à des fonctions d'administrateur au sein d'entreprises privées et il publie ses mémoires politiques sous le titre *Le grand jeu de la politique* (Éditions du Jour, 1965). En 1966, en pleine guerre froide, les libéraux accusent Diefenbaker d'avoir mis la sécurité nationale en danger en laissant, en 1959-1960, son ministre associé à la Défense entretenir une relation avec une « espionne communiste » du nom de Gerda Munsinger, une Allemande de l'Est vivant au Canada depuis 1958. L'affaire Munsinger est très médiatisée et a des conséquences négatives sur la carrière politique de Pierre Sévigny. Une commission royale d'enquête n'a pu établir s'il avait confié des secrets d'État à cette femme, mais il a été démontré que Gerda Munsinger n'avait jamais été une espionne. En 1968, Pierre Sévigny tente un retour en politique fédérale en se présentant comme candidat indépendant dans Saint-Henri. Il est candidat à la direction de l'Union nationale en 1971. En plus de ses activités politiques, Pierre Sévigny est un homme d'affaires, membre de plusieurs conseils d'administration et président d'entreprises en construction, commerce et immobilier. De 1969 à 1994, il enseigne la gestion à l'Université Concordia. Durant les années 1970, il rédige un roman de fiction politique intitulé *Talbot* qui ne sera pas publié et fait une apparition spéciale dans le film américain *Agency* mettant en vedette Robert Mitchum.

Gabriel Taschereau (1915 – début des années 2000)
Du salpêtre dans le gruau. Souvenirs d'escadrille 1939-1945,
Sillery, Septentrion, 1993

Enrôlé le 12 septembre 1940 dans l'ARC, Gabriel Taschereau entame son instruction initiale de pilote et de navigateur à l'École d'entraînement n° 3 (Victoriaville). Il effectue au printemps 1941 un stage à l'école de pilotage n° 11 (Cap-de-la-Madeleine), puis il est muté à l'école d'entraînement avancé n° 8 à Moncton (Nouveau-Brunswick). Il arrive à Bournemouth en juin 1942 pour subir un entraînement opérationnel sur un Wellington à l'OTU de Pershore. Il part ensuite rejoindre le 425ᵉ. Il participe à 21 raids sur l'Allemagne à titre de navigateur, puis il suit l'escadron muté en Tunisie. Au terme de 49 missions sur l'Italie et l'Allemagne, il devient instructeur à l'OTU n° 21 de Stratford-upon-Avon. Il revient au Canada en décembre 1944 et suit un cours de spécialiste en navigation au Manitoba. Il est nommé conseiller de l'Aviation de réserve pour la région de Québec et promu *Group Captain*. De 1956 à 1980, il est secrétaire général, aide de camp, chef de cabinet et aide de camp principal des lieutenants-gouverneurs de la province de Québec.

Jean Vaillancourt (1923 – 1960)
Les Canadiens errants, [1954], Saint-Laurent, Éditions Pierre Tisseyre, 1994

Jean Vaillancourt exerce divers métiers avant la guerre, dont celui de commis dans un chantier de bûcherons situé près du lac des Quinze dans le Témiscamingue. Il n'a jamais été bûcheron, contrairement à ce qu'indique la notice biographique du *Dictionnaire des œuvres littéraires du Québec*. Il rejoint les FMR le jour de son dix-neuvième anniversaire. En février 1943, il quitte les FMR pour les Voltigeurs de Québec avec lesquels il traverse en Angleterre. En 1943 toujours, il rejoint le régiment de Maisonneuve stationné sur les côtes anglaises. Lors de la bataille de Normandie à laquelle il participe avec le Maisonneuve, il est blessé par balle. Une fois rétabli, il intègre la section médicale du régiment comme brancardier. Alors qu'il ramasse des blessés en Allemagne en février 1945, sa jeep saute sur une mine antichar. De retour sur le front allemand en avril, il est à nouveau blessé, au tibia cette fois, par une balle tirée à bout portant par un SS blessé qu'il tentait de secourir. Il revient au Canada la même année. En 1947, il est admis à l'École des arts graphiques de Montréal où il côtoie notamment le peintre Albert Dumouchel. Installé à Sorel, il travaille au quotidien *La Presse* comme traducteur tout en écrivant ce qui sera son unique roman, *Les Canadiens errants*. Il publie aussi des critiques de théâtre et de littérature. Titulaire d'une bourse du Conseil des Arts du Canada, il quitte le Québec en 1960 pour terminer un second roman en Europe. Celui-ci demeure inachevé à la suite de la mort prématurée de l'auteur.

Pierre Vallée (1916 – non mentionné)
Prisonnier à l'oflag 79, Montréal, Éditions de l'Homme, 1964

Pierre Vallée fréquente le CEOC de l'Université Laval, puis il se joint aux Voltigeurs de Québec où il devient officier. Il s'enrôle dans l'armée active avec le régiment de la Chaudière en 1940. Il participe au débarquement en Normandie à titre de commandant en second de la compagnie A du régiment de la Chaudière. Dans la nuit du 6 au 7 juin, il est fait prisonnier. Il demeure à l'oflag 79 situé à Braunschweig du 20 août 1944 au 12 avril 1945. À son retour au pays en juin 1945, il entame des études de droit à l'Université Laval. Il est reçu au barreau trois ans plus tard. En 1949, il participe à la Commission des Nations unies pour l'Inde et le Pakistan. Il séjourne cinq mois en Inde et au Cachemire. Il est ensuite nommé avocat à la cour municipale de la Ville de Québec, fonction qu'il occupe jusqu'en 1978.

Georges Verreault (1920 – 1966)
Journal d'un prisonnier de guerre au Japon 1941-1945, Sillery, Septentrion, 1993

Georges Verreault s'enrôle en 1941 à la suite d'une déception amoureuse. En octobre, il part de Vancouver vers Hong Kong. Arrivé le 16 novembre, il travaille comme signaleur du RCCS rattaché au quartier général de la brigade. Il a vécu les mêmes épreuves que les fantassins du Royal Rifles et des Winnipeg Grenadiers. Fait prisonnier par les troupes japonaises le 25 décembre, il séjourne dans des camps jusqu'en août 1945. De retour à Montréal le 16 octobre, il reprend ses fonctions de monteur de lignes chez Bell Téléphone et s'installe à Cap-de-la-Madeleine. Son décès précoce est une conséquence de ses années de détention.

Notes

Notes de l'Avant-propos

1. Comme l'a défini l'historien Pierre Nora, maître d'œuvre de l'entreprise éditoriale *Les lieux de mémoire*, toute représentation porteuse de réminiscences du passé collectif peut incarner un lieu de mémoire. Souvenirs rédigés par un acteur et témoin des événements qu'il relate, autobiographies, journaux intimes, romans peuvent être abordés en tant que lieux de mémoire. À leur sujet, Nora écrit : « indépendamment de la valeur inégale des textes, le genre a ses constantes et ses spécificités : il implique un savoir des autres Mémoires, un dédoublement de l'homme de plume et de l'homme d'action, l'identification d'un discours individuel à un discours collectif [...] : autant de motifs qui obligent [...] à les considérer comme des lieux ». Pierre Nora, « Entre mémoire et histoire. La problématique des lieux », dans *Les lieux de mémoire*, Paris, Gallimard, coll. « Bibliothèque illustrée des histoires », 1984, p. 40-41.
2. Yves Tremblay propose le chiffre de 131 618, dont 94 446 dans l'armée de terre (*Volontaires. Des Québécois en guerre (1939-1945)*, Montréal, Athéna, 2008, p. 17). Serge Bernier et Jean Pariseau avancent le chiffre de 139 550 dans « La Deuxième Guerre mondiale : la diversité du service repose sur le bilinguisme à sens unique », dans *Les Canadiens français et le bilinguisme dans les Forces armées canadiennes*, Ottawa, Service historique de la Défense nationale, 1987, p. 133.
3. Serge Bernier et Jean Pariseau, *loc. cit.*, p. 133 et Jean-Yves Gravel, « Le Québec militaire (1939-1945) », dans *Le Québec et la guerre*, Montréal, Boréal, 1974, p. 84. Ce nombre s'élevait à près de 12 % lors de la Grande Guerre, selon Gravel.
4. Paul Fussell, *À la guerre. Psychologie et comportement pendant la Seconde Guerre mondiale*, Paris, Seuil, 1992, p. 186.
5. Pour établir le corpus, j'ai écumé le catalogue de BAnQ et consulté deux articles : Jean-Pierre Gagnon, « Les historiens canadiens-français et la participation militaire canadienne-française à la Deuxième Guerre mondiale », dans Serge Bernier, Robert Comeau, Béatrice Richard, Claude Beauregard et Marcel Bellavance (dir.), « La participation des

Canadiens français à la Deuxième Guerre mondiale : mythes et réalités », *Bulletin d'histoire politique*, vol. 3, n°s 3-4, Montréal, Lux éditeur, 2005, et Gilbert Drolet, « La littérature de guerre du Canada français », *ibid.* J'ai aussi parcouru l'ouvrage de O. A. Cooke, *Bibliographie de la vie militaire au Canada (1867-1995)*, Ottawa, Direction – Histoire et patrimoine, Ministère de la Défense nationale, 1997, et celui de Yvan Lamonde, *Je me souviens. La littérature personnelle au Québec*, Québec, IQRC, 1983. Enfin, j'ai bénéficié de bibliographies offertes par Béatrice Richard et le major Michel Litalien.

6. Le roman aborde longuement le thème de la transformation de l'individu au contact de la guerre et les désillusions du retour à la vie civile. Ces éléments sont bien mis en lumière par Robert Viau dans « Le "courage sans gloire" du retour au foyer ou "la réadaptation, c'est la régression" », dans Roch Legault et Magali Deleuze, *Lendemains de guerre*, s.l., s.é., 2006, p. 75-88.

7. Stevens Leblanc, *Mon plus beau souhait. Revenir sur les îles de mon enfance*, Québec, Y. Le Blanc, 2003 ; Charles Laforce, *Un soldat de cœur. Mémoires de la guerre 1939-1945*, Montréal, MFR éditeur, 2003 et *Retour à la vie civile*, Montréal, MFR éditeur, 2004.

8. Dans *Ton kaki qui t'adore. Lettres d'amour en temps de guerre* (Québec, Septentrion, 2008), Denys Lessard publie plusieurs lettres d'amour tirées de la correspondance de ses parents entre 1942 et 1945. Son père a servi dans l'armée pendant trois ans, mais ne sera jamais envoyé au front.

9. Par exemple, Jean-Paul Gagnon, *Mon journal de guerre*, Sainte-Foy , s. é., 1968.

10. Bill Rawling, *Victor Brodeur, officier de marine canadienne (1909-1946)*, Montréal, Athéna, 2008 ; Pierre Vennat, *Général Dollard Ménard. De Dieppe au référendum*, Montréal, Art global, 2004 ; Claude Chamberland et Richard Taillefer, *Maurice Taillefer. Pilote de l'Aviation royale canadienne*, Ottawa, Éditions JCL, 1992 ; Robert Bernier, *Jacques Chevrier, chef d'escadrille, R.C.A.F., tombé en service au large de Cap-Chat*, Montréal, Éditions de l'A.C.J.C., 1943.

11. Roger Sarty, *Le Canada et la bataille de l'Atlantique*, Montréal, Art global, 1998 ; Bill McAndrew *et al.*, *Les Canadiens et la campagne d'Italie*, Montréal, Art global, 1996 ; Bill McAndrew, Bill Rawling et Michael J. Whitby, *La libération. Les Canadiens en Europe*, Montréal, Art global, 1995 ; Bill McAndrew, Donald E. Graves et Michael Whitby, *Normandie 1944. L'été canadien*, Montréal, Art global, 1994, et Brereton Greenhous, *Dieppe, Dieppe*, Montréal, Art global, 1992.

12. Jacques Castonguay, Armand Ross et Michel Litalien, *Le régiment de la Chaudière (1869-2004)*, Lévis, Le Régiment de la Chaudière, 2005 ; Serge Bernier, *Le Royal 22e Régiment (1914-1999)*, Montréal, Art global, 1999 ; Jacques Gouin, *Bon cœur et bons bras. Histoire du Régiment de Maisonneuve (1880-1980)*, Montréal, Cercle des officiers du Régiment de Maisonneuve, 1980 ; Fusiliers Mont-Royal, *Cent ans d'histoire d'un régiment canadien-français (1869-1969)*, Montréal, Éditions du Jour, 1971 ; Jacques Gouin, *Par la bouche de nos canons. Histoire du 4e régiment d'artillerie*

moyenne (1941-1945), Hull, Gasparo, 1970, et Comité d'officiers du Royal 22ᵉ Régiment, *Histoire du Royal 22ᵉ Régiment*, Québec, Éditions du Pélican, 1964.

13. Sébastien Vincent, *Laissés dans l'ombre. Les Québécois engagés volontaires de la guerre 39-45*, Montréal, VLB éditeur, 2004 ; Ronald Cormier, *Entre bombes et barbelés*, et *J'ai vécu la guerre. Témoignages de soldats acadiens, 1939-1945*, Moncton, Éditions d'Acadie, 1988. J'ai aussi mis de côté Jacques Henry, *La Normandie en flammes. Journal de guerre de Gérard Leroux, capitaine au Régiment canadien de la Chaudière*, Condé-sur-Noireau (France), Éditions Charles Corlet, 1984, car le journal du capitaine Leroux est fondu dans le texte de Jacques Henry. Il est difficile de distinguer qui de l'auteur ou du militaire Leroux prend la parole.

14. Voir notamment <www.thememoryproject.com>.

15. Maurice Desjardins, *Momo s'en va-t-en-guerre*, Montréal, Ferron éditeur, 1973, et Charles Miville-Deschêne, *Souvenirs de guerre*, s.n., 1946. Voir l'étude d'Aimé-Jules Bizimana, *De Marcel Ouimet à René Lévesque. Les correspondants de guerre canadiens-français durant la Deuxième Guerre mondiale*, Montréal, VLB éditeur, 2007.

16. Yves Tremblay, *Instruire une armée. Les officiers canadiens et la guerre moderne, 1919-1944*, Montréal, Athéna, 2007. Les chapitres III à VIII couvrent la période 1939-1945. L'auteur aborde la déroute de l'entraînement des bataillons d'infanterie au moment de la mobilisation en 1939, l'organisation de l'instruction jusqu'en 1943, particulièrement celle des élèves officiers francophones, et les débuts du *battle drill* en Angleterre. La mise en pratique du *battle drill* témoigne de l'implantation progressive, à compter de 1941-1942, d'une nouvelle conception de l'instruction dans l'armée canadienne outre-mer, puis au Canada. L'historien s'intéresse enfin aux limites des réformes tactiques et aux résistances du haut commandement soumis au poids de la culture institutionnelle. Les annexes comprennent notamment une liste des camps et écoles d'instruction de l'armée canadienne en territoire national au 1ᵉʳ juillet 1943, les activités d'entraînement et la théorie du *battle drill*.

17. Pour reprendre la formule de Stéphane Audoin-Rouzeau et Annette Becker, *14-18. Retrouver la guerre*, Paris, Gallimard, 2000.

18. Stéphane Audoin-Rouzeau, *Combattre. Une anthropologie de la guerre moderne (XIXᵉ-XXᵉ siècles)*, Paris, Seuil, 2008, p. 11.

Notes de l'Ouverture

1. Jean Norton Cru, *Témoins. Essai d'analyse et de critique des souvenirs de combattants édités en français de 1915 à 1928*, Nancy, Presses universitaires de Nancy, 1993 [c1929], p. 28-29.

2. Ardant du Picq remet en question les dogmes de la pensée militaire de son époque fondés sur l'idée que la supériorité du nombre et des moyens agit comme condition essentielle de la victoire : « *La théorie des grands bataillons* est une théorie honteuse ; il ne s'agit plus avec elle de quantité de courage, mais de quantité de chair humaine. C'est un

mépris de l'âme. Du plus petit au plus grand orateur, tout ce qui parle de choses militaires aujourd'hui, ne parle plus que de masses ; la guerre se fait par des masses énormes, etc. ; et, dans les masses, l'homme disparaît. On ne voit plus que le nombre ; on oublie la qualité et, cependant, aujourd'hui, comme toujours, la qualité seule fait, en somme, l'action réelle.» Charles Ardant du Picq, *Études sur le combat*, Paris, Éditions Ivrea, 1999 [c1880], p. 83.

3. John Keegan, *Anatomie de la bataille*, Paris, Presses Pocket, 1993, p. 15.

4. *Ibid.*, p. 29.

5. Victor Davis Hanson a appliqué la pensée de Keegan à la bataille d'infanterie de la Grèce classique dans *Le modèle occidental de la guerre*. Son analyse porte sur l'équipement, la formation, le moral et la violence vécue et infligée par le fantassin grec. Davis Hanson montre que les Grecs ont inventé le principe de la «bataille décisive», c'est-à-dire le face-à-face direct, intense et limité dans le temps entre deux groupes politiques distincts. L'historien soutient que le mode de combat grec a traversé les époques, devenant le noyau du modèle occidental de la guerre. Les batailles demeurent cependant le fait d'individus dont l'historien doit tenir compte dans son analyse, plaide Davis Hanson.

6. Richard Holmes suit le soldat moderne depuis son entraînement jusqu'au champ de bataille en interrogeant ses impressions, sentiments et ce que les conditions extrêmes des combats révèlent sur les instincts de l'humain, sur son courage, sa peur, son esprit de préservation ou de sacrifice. Son exploration de la dimension psychosociale du combattant se fonde, entre autres, sur des témoignages de vétérans de la Seconde Guerre mondiale et de conflits subséquents. Voir Richard Holmes, *Acts of War. The Behavior of Men in Battle* [titre original : *Firing Line*, 1985], New York, The Free Press, 1986.

7. Joanna Bourke analyse la relation parfois trouble qui existe entre les soldats et l'acte de tuer. Elle soutient, non sans créer la polémique, que nombre d'entre eux éprouveraient un certain plaisir à donner la mort. Voir Joanna Bourke, *An Intimate History of Killing. Face-to-Face Killing in Twentieth-Century Warfare*, Londres, Granta Publications, 1999.

8. Paul Fussell, *À la guerre. Psychologie et comportements pendant la Seconde Guerre mondiale*, Paris, Seuil, 1992.

9. Pour comprendre les différentes perspectives historiographiques européennes sur la Grande Guerre depuis les années 1920, lire Antoine Prost et Jay Winter, *Penser la Grande Guerre. Un essai d'historiographie*, Paris, Seuil, 2004.

10. L'Historial de la Grande Guerre de Péronne se veut à la fois un musée d'histoire sociale et militaire, d'art et d'ethnographie. Son centre international de recherche, fondé en 1989, est présidé par Jean-Jacques Becker. La présence d'un comité scientifique élargi comprenant des dizaines d'historiens de langue française, allemande, anglaise, italienne et russe témoigne de l'ouverture internationale du centre qui propose des colloques, des publications et distribue des bourses : <www.historial.org>.

11. Stéphane Audoin-Rouzeau et Jean-Jacques Becker (dir.), *Encyclopédie de la Grande Guerre (1914-1918). Histoire et culture*, Paris, Bayard, 2004.

12. Sur l'intérêt d'aborder la bataille et la violence en tant qu'objets historiques, voir Stéphane Audoin-Rouzeau et Annette Becker, *14-18. Retrouver la guerre*, Paris, Gallimard, 2000, p. 23-30.

13. Stéphane Audoin-Rouzeau, Annette Becker, Christian Ingrao et Henry Rousso (dir.), *La violence de guerre 1914-1945. Approches comparées des deux conflits mondiaux*, Bruxelles et Paris, Éditions Complexe et IHTP-CNRS, 2003, p. 13-14.

14. Jean Norton Cru, *op. cit.*, p. 24.

15. Carine Trevisan, «Jean Norton Cru. Anatomie du témoignage», dans Jean-François Chiantaretto et Régine Robin (dir.), *Témoignage et écriture de l'histoire. Décade de Cerisy*, Paris, L'Harmattan, 2001, p. 48.

16. Frédéric Rousseau, *Le procès des témoins de la Grande Guerre. L'affaire Norton Cru*, Paris, Seuil, 2003, p. 61. Bien que novatrice, l'approche scientifique développée par Norton Cru ne considère ni l'angoisse morale de l'acteur témoin ni les troubles engendrés par l'expérience permanente de la peur. Norton Cru estime que le fait de présenter le «vrai» visage de la guerre devrait conduire inévitablement à la haine de cette dernière. Son ouvrage se transforme ainsi en un réquisitoire pacifiste, ce qui l'éloigne de la démarche scientifique si chère à l'auteur.

17. *Ibid.*, p. 17.

18. Jean Norton Cru, *op. cit.*, p. 10.

19. *Ibid.*, p. 10-11.

20. Annie Oliver, *Le biographique*, Paris, Hatier, 2001, p. 5.

21. Il s'agit des préambules, des préfaces, du nom de l'auteur, du titre, du sous-titre, de l'indication du genre littéraire ou du texte de quatrième de couverture. Ces éléments conditionnent la lecture et la réception du texte. Voir Gérard Genette, *Seuils*, Paris, Seuil, 1987.

22. C'est ce que Gérard Genette appelle la narration autodiégétique. «C'est dans ce nom que se résume toute l'existence de ce qu'on appelle l'*auteur*: seule marque dans le texte d'un indubitable hors-texte, renvoyant à une personne réelle qui demande ainsi qu'on lui attribue, en dernier ressort, la responsabilité de l'énonciation de tout le texte écrit.» Philippe Lejeune, *Le pacte autobiographique*, nouvelle édition augmentée, Paris, Seuil, 1996, p. 23.

23. Paul Ricœur, *La mémoire, l'histoire, l'oubli*, Paris, Seuil, 2000, p. 201-208.

24. Jean-Yves et Marc Tadié, *Le sens de la mémoire*, Paris, Gallimard, 1999, p. 101-130.

25. Ruth Amossy, Jean-Michel Adam *et al.* (dir.), *Images de soi dans le discours. La construction de l'éthos*, Lausanne, Delachaux et Niestlé, 1999, p. 9-30.

26. Leonard V. Smith, «Le récit du témoin. Formes et pratiques d'écriture dans les témoignages de la Grande Guerre», dans Christophe Prochasson et Anne Rasmussen (dir.), *Vrai et faux dans la Grande Guerre*, Paris, La Découverte, 2004, p. 291.

27. *Ibid.*, p. 286.

28. Paul Fussell, *op. cit.*, p. 368.

29. Claude Beauregard, *Guerre et censure au Canada (1939-1945)*, Sillery, Septentrion, 1998, p. 114.

30. Élisabeth Nardout-Lafarge, «Mal d'Europe, mauvais règne et cratères de l'histoire», dans Paul Bleton (dir.), *Hostilités. Guerre, mémoire, fiction et culture médiatique*, Montréal, Nota Bene, 2001, p. 273.

31. «[...] le roman autobiographique englobe aussi bien des récits personnels (identité du narrateur et du personnage) que des récits impersonnels (personnages désignés à la troisième personne); il se définit au niveau de son contenu. À la différence de l'autobiographie, il comporte des degrés. La ressemblance supposée par le lecteur peut aller d'un air de famille flou entre le personnage et l'auteur, jusqu'à la quasi-transparence qui fait dire que c'est lui tout craché.» Philippe Lejeune, *op. cit.*, p. 25.

32. L'historien Marc Ferro cité par Sonia Combe, «Témoins et historiens. Pour une réconciliation», dans Jean-François Chiantaretto et Régine Robin (dir.), *Témoignage et écriture de l'histoire. Décade de Cerisy, op. cit.*, p. 31.

33. On peut lire *La destruction des Juifs d'Europe* de Raul Hilberg fondé sur des archives et visionner le film *Shoah* de Claude Lanzmann, reposant uniquement sur des témoignages.

34. Louis Crocq, «Et puis, c'est vous qui montez à l'assaut. Entretiens» propos recueillis par Bruno Cabanes, *L'Histoire*, n° 267, juillet-août 2002, p. 68-69.

35. Stéphane Audoin-Rouzeau, «Au cœur de la guerre, la violence du champ de bataille pendant les deux conflits mondiaux», Stéphane Audoin-Rouzeau, Annette Becker, Christian Ingrao et Henry Rousso (dir.), *op. cit.*, p. 76.

36. Paul Ricœur, *op. cit.*, p. 205.

37. Leonard V. Smith, *loc. cit.*, p. 289.

Notes du chapitre premier

1. Serge Bernier, «Participation des Canadiens français aux combats», dans Serge Bernier, Robert Comeau, Béatrice Richard, Claude Beauregard et Marcel Bellavance (dir.), «La participation des Canadiens français à la Deuxième Guerre mondiale: mythes et réalités», *Bulletin d'histoire politique*, vol. 3, n°s 3-4, printemps-été 1995, p. 21.

2. Jean-Yves Gravel, «Le Québec militaire», dans *Le Québec et la guerre*, Montréal, Boréal, 1974, p. 82.

3. Béatrice Richard, *La mémoire de Dieppe. Radioscopie d'un mythe*, Montréal, VLB éditeur, 2002, p. 99-118.

4. *Ibid.*, p. 33.

5. Dans ses souvenirs, le caporal Côté écrit: «La plupart des soldats qui sont revenus de cette guerre meurtrière n'ont jamais voulu ni aimé parler de leurs faits d'armes, de ce qu'ils ont vécu et vu.» Lucien A. Côté,

Je les ai vus mourir, Montréal, Éditions Macadam, 1995, p. 9. L'éditrice et conjointe de Bernard Castonguay, auteur d'un journal évoquant sa détention dans les camps japonais, écrit dans sa présentation : « Comme beaucoup de vétérans, Bernard n'était pas très bavard quand il s'agissait de cette période de sa vie. Quand je l'ai connu en 1979, le seul avertissement que j'ai eu, c'est qu'il ne pouvait pas voir un film de guerre. Et je ne me rappelle pas l'avoir questionné une seule fois sur ce sujet parce que sans doute je sentais que ces événements ramenaient encore trop d'émotions. », Bernard Castonguay, avec la collaboration de Renée Giard, *Prisonnier de guerre au Japon, 1941-1945*, Longueuil, R. Giard Impression, 2005, p. 52. La fille d'Émilien Dufresne écrit pour sa part dans l'avant-propos de *Calepin d'espoir* : « Quand j'étais jeune, mon père était très avare de commentaires sur ce qu'il avait vécu lors de la Deuxième Guerre mondiale. [...] Quand nous insistions pour avoir des détails, mon père nous disait que ce n'était pas important, ou qu'il avait d'autres choses à faire. Souvent, il demeurait tout simplement silencieux. Dans ces moments-là, ma mère nous lançait un coup d'œil de côté que nous comprenions bien, et on le laissait tranquille. » Émilien Dufresne, *Calepin d'espoir*, Sillery, Septentrion, 2003, p. 15. André J. Duchesnay raconte en entrevue à la suite de la publication de ses mémoires : « "Je n'en avais jamais parlé à ma famille. Penser à ces souvenirs était stressant. Quand j'ai entrepris ce projet d'écriture, ça faisait longtemps qu'ils voulaient savoir. [...]" Il lui a fallu décloisonner sa mémoire, dit-il où il avait enfermé ces souvenirs. » <www.tribune-express.ca/>.

6. Béatrice Richard, *op. cit.*, p. 82.

7. Le film *The Schindler's List* de Steven Spielberg (1993) marque l'époque. Pour comprendre les phases d'amnésie, de refoulement et de surgissement de l'Holocauste dans la mémoire collective américaine, voir Peter Novick, *L'Holocauste dans la vie américaine*, Paris, Gallimard, 2001 [c1999].

8. Annette Wieviorka, *L'ère du témoin*, Paris, Plon, 1999.

9. Au printemps 1994, le Québec apprend avec stupéfaction qu'une partie de l'élite canadienne-française s'était montrée favorable pendant la guerre au maréchal Pétain et avait soutenu certains collaborateurs français notoires à la fin de la guerre. L'affaire Bernonville, du nom du collaborateur et membre de la Milice française Jacques Bernonville, éclate à la suite d'une série d'articles publiés dans *Le Devoir* (26 et 27 mai, 3 et 9 juin 1994) et de la parution du livre de Yves Lavertu, *L'affaire Bernonville, le Québec face à Pétain et à la collaboration (1948-1953)*, Montréal, VLB éditeur, 1994. Deux ans auparavant, un tollé avait éclaté après qu'une historienne à la méthodologie douteuse eut accusé d'antisémitisme virulent le chanoine Lionel Groulx dans une thèse de doctorat polémique à l'Université Laval. Voir Esther Delisle, *Le traître et le Juif. Lionel Groulx, Le Devoir, et le délire du nationalisme d'extrême droite dans la province de Québec (1929-1939)*, Outremont, L'Étincelle, 1992. Cette dernière a récidivé dans *Mythes, mémoire et mensonges. L'intelligentsia du*

Québec devant la tentation fasciste (1939-1960), Éditions multimédias Robert Davis, 1998 et dans *Essais sur l'imprégnation fasciste au Québec*, Montréal, Varia, 2002.

10. Les actes du colloque sont parus sous le titre « La participation des Canadiens français à la Deuxième Guerre mondiale : mythes et réalités », *Bulletin d'histoire politique*, vol. 3, n°s 3-4, printemps-été 1995, AQHP/ Septentrion.

11. En 2004, les chefs d'État des pays ex-belligérants, dont la génération actuelle n'a pas connu la guerre, célèbrent en collégialité la mémoire du sacrifice de jeunes soldats d'une autre génération. Soixante ans après le conflit, l'objectif consiste notamment à « déculpabiliser » le peuple allemand de son passé nazi et à unifier les générations actuelles du continent à travers un rituel commémoratif basé sur le consensus autour de l'idée d'une Europe solidaire résolument tournée vers l'avenir et la paix.

12. Du côté canadien, mentionnons Roger Sarty, *Le Canada et la bataille de l'Atlantique*, Montréal, Art global, 1998 ; Bill McAndrew *et al.*, *Les Canadiens et la campagne d'Italie*, Montréal, Art global, 1996 ; *Normandie 1944. L'été canadien*, Montréal, Art global, 1996 ; *La libération. Les Canadiens en Europe*, Montréal, Art global, 1995 et Brereton Greenhous, *Dieppe, Dieppe*, Montréal, Art global, 1992.

13. Voir notamment Éric Amyot, « Vichy, la France libre et le Canada français : bilan historiographique », *Bulletin d'histoire politique*, vol. 7, n° 2, hiver 1999, p. 8-17. Ces dernières années ont vu l'éclosion de l'étude de la Grande Guerre. Lire entre autres : Mourad Djebabla Brun, *Se souvenir de la Grande Guerre. La mémoire plurielle de 14-18 au Québec*, Montréal, VLB éditeur, 2004 et Flavien Hérault, « La perception de la Première Guerre mondiale au Québec de 1914 à aujourd'hui », *Bulletin d'histoire politique*, vol. 11, n° 2, hiver 2003, AQHP/Lux éditeur, p. 129-133.

14. Jean-Pierre Gagnon, « Dix ans de recherche, dix ans de travail en histoire militaire ! Que peut-on dire de ces dix ans ? », dans Robert Comeau, Serge Bernier *et al.* (textes réunis par), *Dix ans d'histoire militaire en français au Québec. Actes du 10e colloque annuel en histoire militaire*, Montréal, Lux éditeur, 2005, p. 7-20. Voir aussi la synthèse judicieuse, mais partielle d'Yves Tremblay, « Entre l'arbre et l'écorce : douze ans d'histoire militaire au Québec », *Bulletin d'histoire politique*, vol. 15, n° 3, printemps 2007, p. 63-80, ainsi que le complément que je propose au texte de Tremblay, « Réplique au texte "Entre l'arbre et l'écorce" », *Bulletin d'histoire politique*, vol. 16, n° 1, automne 2007, p. 313-318.

15. Pour un survol de l'historiographie militaire canadienne francophone entre 1994 et 2004, voir Jean-Pierre Gagnon, « Dix ans de recherche, dix ans de travail en histoire militaire ! Que peut-on dire de ces dix ans ? », dans Robert Comeau, Serge Bernier *et al.* (textes réunis par), *op. cit.*

16. *Face à l'ennemi* a été réédité dans une version revue et corrigée par l'auteur en 1995 pour la commémoration du cinquantième anniversaire de la bataille de la Côte 262. Les romans *Les Canadiens errants* de

Jean Vaillancourt et *Neuf jours de haine* de Jean-Jules Richard ont fait l'objet de rééditions respectivement en 1995 et 1999.

17. En fait, on compte 18 ouvrages en incluant Stevens Leblanc, *Mon plus beau souhait. Revenir sur les îles de mon enfance*, Québec, Y. Le Blanc, 2003 ; Charles Laforce, *Un soldat de cœur. Mémoires de la guerre 1939-1945*, Montréal, MFR éditeur, 2003 et *Retour à la vie civile*, Montréal, MFR éditeur, 2004. Tel que mentionné dans l'avant-propos, ces trois ouvrages n'ont pas été retenus dans le cadre de cette étude.

18. En ce qui a trait à la Seconde Guerre mondiale, la maison Athéna a publié ces dernières années : Yves Tremblay, *Instruire une armée. Les officiers canadiens et la guerre moderne (1919-1944)* et *Volontaires. Des Québécois en guerre (1939-1945)*. Athéna est particulièrement active dans l'édition de livres portant sur la Grande Guerre : Marcelle Cinq-Mars, *L'écho du front. Journaux de tranchées (1915-1919)*, 2008 ; Mélanie Morin-Pelletier, *Briser les ailes de l'ange. Des infirmières militaires canadiennes (1914-1918)*, 2006 ; Bill Rawling, *Une façon de faire la guerre. La prise de Cambrai (octobre 1918)*, 2006 ; Jonathan F. Vance, *Mourir en héros. Mémoire et mythe de la Première Guerre mondiale*, 2006 ; Desmond Morton, *Billet pour le front. Histoire sociale des volontaires canadiens (1914-1919)*, 2005 ; Michel Litalien et Stéphane Thibault, *Tranchées. Le quotidien de la guerre 1914-1918*, 2004 ; Bill Rawling, *Survivre aux tranchées. L'armée canadienne et la technologie (1914-1918)*, 2004 et Michel Litalien, *Dans la tourmente. Deux hôpitaux militaires canadiens-français dans la France en guerre (1915-1919)*, 2003. Un ouvrage traite de la médecine militaire au cours des deux conflits : Bill Rawling, *La mort pour ennemi. La médecine militaire canadienne*, 2008. La maison publie également des témoignages de combattants : Martin Chaput, *Dieppe, ma prison. Récit de guerre de Jacques Nadeau*, 2008 ; Thomas-Louis Tremblay, *Journal de guerre (1915-1918)*, texte inédit, établi et annoté par Marcelle Cinq-Mars, 2006 et Jean Lemblé, *Incorporé de force dans la Wehrmacht*, 2002.

19. Alain M. Bergeron, *Capitaine-abbé Rosaire Crochetière. Un vicaire dans les tranchées*, 2002 ; Claude Beauregard, *Guerre et censure au Canada. L'expérience canadienne durant la Seconde Guerre mondiale*, 1998 ; Caroline Bergeron et Yves Bernard, *Trop loin de Berlin. Des prisonniers allemands au Canada (1939-1946)*, 1995 ; Jacques Castonguay, *Le Collège militaire royal de Saint-Jean. Une université à caractère différent*, 1992 et Desmond Morton, *Une histoire militaire du Canada (1608-1991)*, 1992. Les éditions du Septentrion ont également publié en 1993 et 1994 les ouvrages de Charly Forbes, de Gabriel Taschereau et de Georges Verreault dont il sera amplement question dans cet essai.

20. Denys Lessard, *Ton kaki qui t'adore. Lettres d'amour en temps de guerre*, 2008 et Julie Hubert, *La peur au ventre*, 2006. Septentrion fait aussi paraître des ouvrages portant sur l'histoire militaire de la Nouvelle-France.

21. La collection « Études québécoises » regroupe plusieurs ouvrages traitant des Canadiens français face aux deux guerres mondiales : Aimé-Jules Bizimana, *De Marcel Ouimet à René Lévesque. Les correspondants de*

guerre canadiens-français durant la Deuxième Guerre mondiale, 2007; Mourad Djebabla-Brun, *Se souvenir de la Grande Guerre. La mémoire plurielle de 14-18 au Québec*, 2004; Sébastien Vincent, *Laissés dans l'ombre. Les Québécois engagés volontaires de la guerre 39-45*, 2004; Béatrice Richard, *La mémoire de Dieppe. Radioscopie d'un mythe*, 2002; Élizabeth H. Armstrong, *Le Québec et la crise de la conscription (1917-1918)*, 1998 [c1937] et Louis Brosseau, *Le cinéma d'une guerre oubliée*, 1998. Dans un registre plus polémique, la maison a publié en 2007 le témoignage d'un militaire québécois ayant participé à diverses missions au sein de l'armée canadienne durant les années 1990 : Martin Petit, *Quand les cons sont braves. Mon parcours dans l'armée canadienne*, 2007.

22. Jean Pariseau et Serge Bernier, *Les Canadiens français et le bilinguisme dans les Forces armées canadiennes*, t. I, *1763-1969*, Ottawa, Service historique de la Défense nationale, 1987, p. 117.

23. David Bercuson et J. L. Granatstein, « Black Watch of Canada », *Dictionary of Canadian Military History*, Toronto, Oxford University Press, 1992, p. 19.

24. Terry Copp, *Fields of Fire, The Canadians in Normandy*, Toronto, University of Toronto Press, 2003, p. 15-16. La citation précédente est tirée de Jean-Yves Gravel, *loc. cit.*, p. 87.

25. Yves Tremblay, *Volontaires. Des Québécois en guerre (1939-1945)*, Outremont, Athéna, 2006, p. 21-37. Voir aussi Sébastien Vincent, *Laissés dans l'ombre. Les Québécois engagés volontaires de la guerre 39-45*, Montréal, VLB éditeur, 2004. Une partie du questionnaire utilisé pour encadrer les entrevues avec 14 anciens combattants sur lesquelles porte l'ouvrage insistait sur les raisons justifiant l'engagement volontaire de chacun.

26. J.-L.-G. Poulin, *696 heures d'enfer avec le Royal 22ᵉ Régiment. Récit vécu et inspiré d'un journal tenu tant bien que mal au front*, Québec, Éditions A. B., 1946, p. 12.

27. Émilien Dufresne, *Calepin d'espoir*, Sillery, Septentrion, 2003, p. 24.

28. Gérard Marchand, *Le Régiment Maisonneuve vers la victoire 1944-45*, Montréal, Les Presses libres, 1980, p. 17.

29. A.-C. Laboissière, *Journal d'un aumônier militaire canadien 1939-1945*, Montréal, Éditions franciscaines, 1948, p. 21.

30. *Ibid.*, p. 320.

31. André J. Duchesnay, *Les anges de la guerre. Mémoires d'un vétéran de la Seconde Guerre mondiale*, Outremont, Carte Blanche, 2007, p. 27.

32. Béatrice Richard, *op. cit.*, p. 83-84.

33. Pierre Sévigny, *Face à l'ennemi*, Saint-Lambert, Sedes, 1995 [c1946], p. 30.

34. *Ibid.*, p. 45.

35. Jacques Gouin, *Lettres de guerre d'un Québécois 1942-1945*, Montréal, Éditions du Jour, 1975, p. 11 et 13.

36. Claude Châtillon, *Carnets de guerre. Ottawa-Casa Berardi 1941-1944*, Ottawa, Éditions du Vermillon, 1987, p. 14.

37. J. S. Benoît Cadieux, *Mémoires de campagne d'un officier d'artillerie. Ma guerre 1944-1945*, Montréal, Coups de plume, 1994, p. 8. La représentation du dictateur nazi est étudiée au chapitre VII.

38. Leonard V. Smith, « Le récit du témoin. Formes et pratiques d'écriture dans les témoignages de la Grande Guerre », dans Christophe Prochasson et Anne Rasmussen (dir.), *Vrai et faux dans la Grande Guerre*, Paris, La Découverte, 2004, p. 293. Voir aussi Jonathan Vance, *Mourir en héros. Mémoire et mythe de la Première Guerre mondiale*, Montréal, Athéna, 2006, p. 196-198.

39. Dwight Eisenhower, *Croisade en Europe. Mémoires sur la Deuxième Guerre mondiale*, Paris, Robert Laffont, 1949.

40. George L. Mosse, *op. cit.*, p. 10.

41. Gilbert Boulanger, *L'alouette affolée. Un adolescent à la guerre*, Sherbrooke, G. Boulanger, 2006, p. 248.

42. J.-L.-G. Poulin, *op. cit.*, p. 10.

43. Pierre Vallée, *Prisonnier à l'oflag 79*, Montréal, Éditions de l'Homme, 1964, p. 14.

44. *Ibid.*, p. 23.

45. J.-L.-G. Poulin, *op. cit.*, p. 121.

46. *Ibid.*, p. 103.

47. Pierre Vallée, *op. cit.*, p. 31.

48. Pierre Sévigny, *op. cit.*, p. 40.

49. *Ibid.*, p. 67.

50. Ludger Houde, *1939-45. Ma guerre, mon implication personnelle et générale. Récit anecdotique*, Boucherville, Éditions Sans Âge, 1997, p. 65-66.

51. John Keegan, *Anatomie de la bataille*, Paris, Presses Pocket, 1993, p. 39.

52. J.-L.-G. Poulin, *op. cit.*, p. 123, 128, 136, 138, 167.

53. Lucien Dumais, *Un Canadien français à Dieppe*, Paris, Éditions France-Empire, 1968, p. 124.

54. Charly Forbes, *Fantassin. Pour mon pays, la gloire et… des prunes*, Sillery, Septentrion, 1994, p. 184-185.

55. Roland Bernier, *Carnet de guerre*, Cap-Saint-Ignace, Amicale des vétérans et des marins de l'Islet, 1992, p. 2.

56. « J'ai toujours été assez volontaire pour des actions téméraires. Je suis jeune, en santé, avec toujours le goût d'être en avant et de bouger. Je me dis que j'irai combattre les Allemands puisque, si on les laisse faire, allons savoir ce qu'il adviendra de nous autres. Hitler est ambitieux. Sa soif de puissance semble sans limites. Les dégâts qu'il provoque me donnent le sentiment que je dois m'en mêler. » Émilien Dufresne, *op. cit.*, p. 40.

57. Gilbert Boulanger écrit : « Les exploits héroïques des aviateurs français et britanniques [de la Grande Guerre] occupent toutes mes pensées. Je veux aller à la guerre, mais comme aviateur seulement. […] La presse nous raconte sans cesse les exploits des aviateurs français et britanniques avec leurs chasseurs *Morane* et *Hurricane*. Je veux me rendre le plus tôt possible avant que tout soit fini. Il ne reste presque plus de Messerschmitt et de Junker à détruire. » Gilbert Boulanger, *op. cit.*, p. 44 et 52.

58. *Ibid.*, p. 121-122.
59. Ce personnage dit : « La ville est pleine de manchettes, d'enthousiastes en uniforme, de revues, de fanfares, de propagande, quoi ! On s'engageait à droite et à gauche. Quand tu étais garçon, sans racines… cela paraissait anormal d'être en civil… Un jour, tu t'éveilles dans un train, bourré d'imbéciles de ton acabit, noyant dans les cris et l'alcool leur inquiétude… » Maurice Gagnon, *Les chasseurs d'ombres*, Montréal, Cercle du livre de France, 1959, p. 152.
60. Dans ses souvenirs de guerre, Lucien A. Côté écrit : « Avant notre libération du CABTC 55 de Rimouski, le 21 décembre 1940, on nous avait fait miroiter un très bel avenir dans les Forces armées, si l'on signait comme "volontaire". Nous pourrions monter en grade donc toucher une meilleure paye, devenir instructeur et rester peinard au même camp pour la durée de la guerre. Moi, on me promettait un grade, du travail au bureau d'administration, plus une commission d'officier et un avenir grandiose. Comme j'avais confiance en mes capacités et en mes chances d'avenir dans le civil, j'avais refusé toutes ces belles promesses pour retourner chez moi et continuer dans le commerce de mon père. » Lucien A. Côté, *Je les ai vus mourir*, Montréal, Éditions Macadam, 1995, p. 19.
61. Gérard Genette, *Seuils*, Paris, Seuil, 1987, p. 110.
62. *Ibid.*, p. 126.
63. Ludger Houde, *op. cit.*, p. 11.
64. Émilien Dufresne, *op. cit.*, p. 63.
65. Pierre Vallée, *op. cit.*, p. 9. La citation suivante est de Charly Forbes, *op. cit.*, p. 9.
66. Ludger Houde, *op. cit.*, p. 12.
67. Claude Châtillon, *op. cit.*, p. 122. La Casa Berardi est le pivot du réseau de défense qui protège la voie de communication entre Ortona et Rome. C'est au cours de cette bataille que le capitaine Paul Triquet a reçu la croix Victoria.
68. J.-L.-G. Poulin, *op. cit.*, p. 178-180.
69. Lucien A. Côté, *op. cit.*, p. 9.
70. Émilien Dufresne, *op. cit.*, p. 136.

Notes du chapitre II

1. C. P. Stacey, *Introduction à l'étude de l'histoire militaire à l'intention des étudiants canadiens*, Ottawa, Direction de l'instruction militaire, 1964, p. 133.
2. Odile Roynette, *Les mots des soldats*, Paris, Belin, 2004, p. 110.
3. E. C. Russell, *Coutumes et traditions militaires des Forces armées canadiennes*, traduit de l'anglais par Jacques Gouin, Québec, Éditions du Pélican, 1980, p. 87.
4. David Bercuson et J. L. Granatstein, « Battalion organization, World War II » et « Platoon organization », dans *Dictionary of Canadian Military History*, Toronto, Oxford University Press, 1992, respectivement p. 13 et 163.

5. La ligne Gothique est le principal dispositif de défense allemand dans le nord de l'Italie. Elle est située dans les Apennins, sur la route de Rimini et de la Romagne. Le R22eR, alors commandé par le lieutenant-colonel Jean V. Allard, jour un rôle déterminant dans sa percée.

6. Sur les détails de l'opération Bluebird, voir Serge Bernier, *Le Royal 22e Régiment (1914-1999)*, Montréal, Art global, 1999, p. 148-149 et Comité d'officiers du Royal 22e Régiment, *Histoire du Royal 22e Régiment*, Québec, Éditions du Pélican, 1964, p. 230-232. Dans son histoire officielle de la campagne d'Italie, G. W. L. Nicholson ne fait aucune mention de l'opération.

7. Le lieutenant Châtillon décrit le journal dans lequel il consignait son parcours et ses impressions : « C'était un cahier chipé dans un magasin militaire d'Angleterre. La couverture brune porte en noir la référence "S. O. Book 135, Code 28-72-0. Supplied for the Public Service". Il demeure caché dans le fond de mon sac [...]. C'est un ami fidèle, ce cahier, toujours à mes côtés. À nous deux, nous avons le temps de récapituler, de prendre une vue d'ensemble de ce qui se passe en ce coin d'Italie » (p. 73).

8. Lucien A. Côté, *Je les ai vus mourir*, Montréal, Éditions Macadam, 1995, p. 9.

9. Georges-Henri Daigneault, *Culture*, 1948, p. 212-213, cité dans Béatrice Richard, « Grandeur et misère de la littérature de guerre québécoise : trois vétérans, leurs romans et la critique », *Cahier d'histoire politique*, n° 2, 1995, p. 64.

10. Jean-Pierre Houle, « Neuf jours de haine », *Le Devoir*, 14 février 1948, p. 6, cité dans Béatrice Richard, *loc. cit.*, p. 64.

11. Ludger Houde écrit à ce propos : « Impossible de me rappeler tous les endroits où nous avons livré bataille, comment le combat s'est déroulé, ni la chronologie dans laquelle les événements ont eu lieu. [...] Après cinquante ans, mes souvenirs se sont passablement émoussés. » Ludger Houde, *1939-45. Ma guerre, mon implication personnelle et générale. Récit anecdotique*, Boucherville, Éditions Sans Âge, 1997, p. 42 et 154.

12. E. C. Russell, *op. cit.*, p. 74.

13. David Bercuson et J. L. Granatstein, « Artillery regiment organization, World War II », dans *Dictionary of Canadian Military History*, *op. cit.*, p. 9.

14. J. S. Benoît Cadieux, *Mémoires de campagne d'un officier d'artillerie. Ma guerre 1944-1945*, Montréal, Coups de plume, 1994, p. 74.

15. L'objectif de la mission était de bloquer les deux routes de retraite à la 7e armée allemande afin de resserrer l'étau sur cette dernière dans ce qui allait devenir la « poche de Falaise ».

Notes du chapitre III

1. Voir particulièrement l'article de Stéphane Audoin-Rouzeau, « Massacres. Le corps et la guerre », dans Alain Corbin, Jean-Jacques Courtine et Georges Vigarello (dir.), *Histoire du corps*, t. III, Paris, Seuil, 2006, p. 281-320.

2. Stéphane Audoin-Rouzeau, Annette Becker, Christian Ingrao et Henry Rousso (dir.), *La violence de guerre 1914-1945. Approches comparées des deux conflits mondiaux*, Bruxelles et Paris, Éditions Complexe et IHTP-CNRS, 2003, p. 24. André Corvisier accorde un riche chapitre aux comportements des combattants dans *La guerre. Essais historiques*, Paris, Perrin, 2005 [c1995], p. 334-356.

3. Stéphane Audoin-Rouzeau, *Combattre. Une anthropologie de la guerre moderne (XIXᵉ-XXIᵉ siècle)*, Paris, Seuil, 2008, p. 259-260 et «Massacres. Le corps et la guerre», *loc. cit.*, p. 284-285.

4. Claude Châtillon, *Carnets de guerre. Ottawa-Casa Berardi 1941-1944*, Ottawa, Éditions du Vermillon, 1987, p. 58.

5. Jean Vaillancourt, *Les Canadiens errants*, Saint-Laurent, Éditions Pierre Tisseyre, 1994 [c1954], p. 17.

6. Lucien A. Côté, *Je les ai vus mourir*, Montréal, Éditions Macadam, 1995, p. 118. Le PIAT est aussi mentionné dans Jean Vaillancourt, *op. cit.*, p. 166, ainsi que dans Claude Châtillon, *op. cit.*, p. 115.

7. Paul Fussell, *À la guerre. Psychologie et comportements pendant la Seconde Guerre mondiale*, Paris, Seuil, 1992, p. 318-329.

8. Lucien A. Côté, *op. cit.*, p. 131.

9. Jean-Jules Richard, *Neuf jours de haine*, Montréal, Éditions de l'Arbre, rééd. Bibliothèque Québécoise, 1999 [c1948], p. 30.

10. Claude Châtillon, *op. cit.*, p. 117.

11. < www.junobeach.org/f/4/can-tac-inf-kit-f.htm> (vérification: 30 novembre 2006).

12. Maurice Juteau, *Ma drôle de guerre*, Farnham, Formulaires Ducharme Inc., 1980, p. 26.

13. Stéphane Audoin-Rouzeau, «Massacres. Le corps et la guerre», *loc. cit.*, p. 284-288.

14. J.-L.-G. Poulin, *696 heures d'enfer avec le Royal 22ᵉ Régiment. Récit vécu et inspiré d'un journal tenu tant bien que mal au front*, Québec, Éditions A. B., 1946, p. 64.

15. Jean Vaillancourt, *op. cit.*, p. 17.

16. *Ibid.*, p. 22.

17. Lucien Dumais, *Un Canadien français à Dieppe*, Paris, Éditions France-Empire, 1968, p. 128.

18. Lucien A. Côté, *op. cit.*, p. 213. L'assimilation de l'arme individuelle à la femme ne date pas de la Seconde Guerre mondiale. On apprenait aux recrues des casernes françaises durant la Grande Guerre que l'arme incarnait une femme. En bivouac ou en manœuvre, on dormait justement avec elle. Stéphane Audoin-Rouzeau, *op. cit.*, p. 257, note 558.

19. Voir le bref, mais intéressant développement sur le rapport entre la puissance de l'arme individuelle du fantassin et la puissance sexuelle que celle-ci représente dans Odile Roynette, *Les mots des soldats*, Paris, Belin, 2004, p. 17.

20. Émilien Dufresne, *Calepin d'espoir*, Sillery, Septentrion, 2003, p. 60.

21. Jean-Jules Richard, *op. cit.*, p. 126.

22. Stéphane Audoin-Rouzeau, *op. cit.*, p. 253.

23. Lucien Dumais, *op. cit.*, p. 163-164.
24. Jean Vaillancourt, *op. cit.*, p. 102.
25. J.-L.-G. Poulin, *op. cit.*, p. 29.
26. Lucien Dumais, *op. cit.*, p. 143.
27. Claude Châtillon, *op. cit.*, p. 89.
28. J.-L.-G. Poulin, *op. cit.*, p. 104.
29. Lucien Dumais, *op. cit.*, p. 156.
30. *Ibid.*, p. 157.
31. J. S. Benoît Cadieux, *Mémoires de campagne d'un officier d'artillerie. Ma guerre 1944-1945*, Montréal, Coups de plume, 1994, p. 21.
32. *Ibid.*, p. 36.
33. Maurice Juteau, *op. cit.*, p. 30.
34. Stéphane Audoin-Rouzeau, *op. cit.*, p. 269-270.
35. Claude Châtillon, *op. cit.*, p. 117.
36. J. S. Benoît Cadieux, *op. cit.*, p. 39.
37. Ludger Houde, *1939-45. Ma guerre, mon implication personnelle et générale. Récit anecdotique*, Boucherville, Éditions Sans Âge, 1997, p. 117.
38. Jean Vaillancourt, *op. cit.*, p. 147.
39. Charly Forbes, *Fantassin. Pour mon pays, la gloire et... des prunes*, Sillery, Septentrion, 1994, p. 167.
40. Jean Vaillancourt, *op. cit.*, p. 148.
41. Maurice Juteau, *op. cit.*, p. 30.
42. J. S. Benoît Cadieux, *op. cit.*, p. 122.
43. « Mines terrestres », dans Philippe Masson (dir.), *Dictionnaire de la Seconde Guerre mondiale*, Paris, Larousse, 1980, p. 1268.
44. J. S. Benoît Cadieux, *op. cit.*, p. 67.
45. Claude Châtillon, *op. cit.*, p. 87.
46. J.-L.-G. Poulin, *op. cit.*, p. 23.
47. *Ibid.*, p. 40.
48. Jean Vaillancourt, *op. cit.*, p. 162.
49. Gérard Marchand, *Le Régiment Maisonneuve vers la victoire 1944-45*, Montréal, Les Presses Libres, 1980, p. 227.
50. « Un soldat était couché, immobile sur le sol; un autre à genoux à ses côtés pleurait en lui demandant pardon, en disant qu'il n'avait pas fait exprès, que sa mitraillette avait fait feu d'elle-même [...] En nettoyant sa mitraillette, comme tout bon soldat doit le faire, son arme avait laissé échapper une rafale de dix ou douze balles et son ami, qui était devant lui, avait reçu la décharge dans l'abdomen. [...] J'appris qu'à l'attaque sur la ligne Hitler, deux jours plus tard, [le soldat qui avait tiré par accident] s'était fait tuer. Des témoins ont affirmé qu'il l'avait fait exprès. » Lucien A. Côté, *op. cit.*, p. 286.
51. Claude Châtillon, *op. cit.*, p. 43.
52. Ludger Houde, *op. cit.*, p. 105-106.
53. Lucien A. Côté, *op. cit.*, p. 199.
54. Charly Forbes, *op. cit.*, p. 182.
55. Cet incident serait survenu dans la nuit du 4 au 5 avril 1945. Gérard Marchand, *op. cit.*, p. 218.

56. Paul Brisson, *Coq-à-l'âne de mes souvenirs*, Beloeil, P. Brisson, 2000, p. 35. L'auteur fait état d'individus mobilisés à Valcartier qui s'étaient mutilés avec des haches pour éviter la conscription pour le service outre-mer sur le point de devenir obligatoire.

57. Claude Châtillon, *op. cit.*, p. 138.

58. Stéphane Audoin-Rouzeau, « Au cœur de la guerre : la violence du champ de bataille pendant les deux conflits mondiaux », dans Stéphane Audoin-Rouzeau, Annette Becker, Christian Ingrao et Henry Rousso (dir.), *op. cit.*, p. 82.

59. Thierry Hardier et Jean-François Jagielski, *Combattre et mourir pendant la Grande Guerre (1914-1925)*, préface de Guy Pédroncini, Paris, Imago, 2001, p. 42.

60. C. P. Stacey, *La campagne de la victoire. Les opérations dans le nord-ouest de l'Europe (1944-1945)*, Ottawa, Imprimeur de la Reine, 1960, p. 290.

61. J. S. Benoît Cadieux, *op. cit.*, p. 124.

62. Lucien A. Côté, *op. cit.*, p. 115.

63. Gérard Marchand, *op. cit.*, p. 47.

64. Stéphane Audoin-Rouzeau, « Au cœur de la guerre : la violence du champ de bataille pendant les deux conflits mondiaux », *loc. cit.*, p. 81.

65. J.-L.-G. Poulin, *op. cit.*, p. 99.

66. Gérard Marchand, *op. cit.*, p. 100.

67. J. S. Benoît Cadieux, *op. cit.*, p. 9.

68. Paul Fussell, *op. cit.*, p. 340.

69. Jacques Legrand et Catherine Legrand (dir.), *Chronique de la Seconde Guerre mondiale*, Bruxelles, Éditions Chronique et Dargaud, 2000, p. 701. Aussi <www.junobeach.org/f/4/can-tac-art-ger-f.htm> et <www.dday-overlord.com/canon_88.htm>.

70. Émilien Dufresne, *op. cit.*, p. 56.

71. J.-L.-G. Poulin, *op. cit.*, p. 29, 132 et 146.

72. Charly Forbes, *op. cit.*, p. 143.

73. Pierre Sévigny, *Face à l'ennemi*, Saint-Lambert, Sedes, 1995 [c1946], p. 55.

74. Charly Forbes, *op. cit.*, p. 143.

75. J. S. Benoît Cadieux, *op. cit.*, p. 73.

76. « Nebelwerfer », dans Philippe Masson (dir.), *Dictionnaire de la Seconde Guerre mondiale*, *op. cit.*, p. 1328.

77. Gérard Marchand, *op. cit.*, p. 71. Le caporal Côté évoque le son de ce mortier utilisé également en Italie par les troupes allemandes. Lucien A. Côté, *op. cit.*, p. 118.

78. Jean Vaillancourt, *op. cit.*, p. 21-22.

79. *Ibid.*, p. 24.

80. Jean-Jules Richard, *op. cit.*, p. 29.

81. *Ibid.*, p. 33.

82. J.-L.-G. Poulin, *op. cit.*, p. 19.

83. Jean-Jules Richard, *op. cit.*, p. 8-10.

84. Charly Forbes, *op. cit.*, p. 180.

85. Jean Vaillancourt, *op. cit.*, p. 29.

86. Charly Forbes, *op. cit.*, p. 180.
87. J. S. Benoît Cadieux, *op. cit.*, p. 51.
88. J.-L.-G. Poulin, *op. cit.*, p. 157.
89. Jean-Jules Richard, *op. cit.*, p. 82.
90. Charly Forbes, *op. cit.*, p. 140.
91. Jean Vaillancourt, *op. cit.*, p. 11.
92. J.-L.-G. Poulin, *op. cit.*, p. 105.
93. J. S. Benoît Cadieux, *op. cit.*, p. 81.
94. Charly Forbes, *op. cit.*, p. 149.
95. Claude Châtillon, *op. cit.*, p. 49.
96. A.-C. Laboissière, *Journal d'un aumônier militaire canadien 1939-1945*, Montréal, Éditions franciscaines, 1948, p. 218.
97. *Ibid.*, p. 260.
98. Serge Laroche, « Les Français et les soldats canadiens en France, 1944 », dans Serge Bernier, Robert Comeau, Béatrice Richard, Claude Beauregard et Marcel Bellavance (dir.), « La participation des Canadiens français à la Deuxième Guerre mondiale : mythes et réalités », *Bulletin d'histoire politique*, vol. 3, n°s 3-4, printemps-été 1995, p. 83.
99. Jean-Jules Richard, *op. cit.*, p. 47.
100. Jacques Gouin, *Lettres de guerre d'un Québécois 1942-1945*, Montréal, Éditions du Jour, 1975, p. 228 (lettre du 05/09/44).
101. Pierre Vallée, *Prisonnier à l'oflag 79*, Montréal, Éditions de l'Homme, 1964, p. 51.
102. Serge Laroche, *loc. cit.*, p. 80.
103. Pierre Sévigny, *op. cit.*, p. 37.
104. J. S. Benoît Cadieux, *op. cit.*, p. 27.
105. *Ibid.*, p. 41.
106. *Ibid.*, p. 51.
107. Pierre Sévigny, *op. cit.*, p. 44.
108. J. S. Benoît Cadieux, *op. cit.*, p. 63.
109. *Ibid.*, p. 73.
110. Jacques Gouin, *op. cit.*, p. 201 et 205 (lettres du 16/07/44 et du 20/07/44).
111. *Ibid.*, p. 256 (lettre du 30/10/44).
112. *Ibid.*, p. 281-282 (lettre du 18/02/45). Le sergent Juteau décrit également le niveau de destruction de l'Allemagne. Voir Maurice Juteau, *op. cit.*, p. 52-53.
113. J. S. Benoît Cadieux, *op. cit.*, p. 258.
114. Roland Bernier, *Carnet de guerre*, Cap-St-Ignace, Amicale des vétérans et des marins de l'Islet, 1992, p. 60.
115. Stéphane Audoin-Rouzeau, *op. cit.*, p. 287.

Notes du chapitre IV

1. Louis Crocq, *Les traumatismes psychiques de guerre*, Paris, Odile Jacob, 1999, p. 197.
2. Le caporal Huard « reçut un éclat d'obus à la tête qui le tua net ». Lucien A. Côté, *Je les ai vus mourir*, Montréal, Éditions Macadam, 1995, p. 255.

3. «Chose affreuse, écrit le sergent-major Dumais relatant le raid de Dieppe, personne ne peut s'occuper des blessés. Ils sont laissés là où ils tombent. Beaucoup meurent sans soins.» Lucien Dumais, *Un Canadien français à Dieppe*, Paris, Éditions France-Empire, 1968, p. 162.

4. *Ibid.*, p. 147.

5. J.-L.-G. Poulin, *696 heures d'enfer avec le Royal 22ᵉ Régiment. Récit vécu et inspiré d'un journal tenu tant bien que mal au front*, Québec, Éditions A. B., 1946, p. 42-43.

6. Charly Forbes, *Fantassin. Pour mon pays, la gloire et… des prunes*, Sillery, Septentrion, 1994, p. 181.

7. *Ibid.*, p. 183.

8. Pour un survol des institutions de bienfaisance fréquentées notamment par les aviateurs stationnés en Angleterre, voir Gabriel Taschereau, *Du salpêtre dans le gruau. Souvenirs d'escadrille 1939-1945*, Sillery, Septentrion, 1993, p. 275-278.

9. Lucien A. Côté, *op. cit.*, p. 179-180.

10. *Ibid.*, p. 290.

11. «Combien de fois m'est-il arrivé d'héberger des malades souffrant de la grippe ou du rhume, et pour qui le seul fait d'éternuer ou de tousser en première ligne aurait pu signifier l'arrêt de mort, et même celui de leurs compagnons? Combien de fois ai-je hébergé des soldats légèrement blessés qui, après un bon pansement, s'endormaient comme des bienheureux sur mon matelas, me forçant à remettre leur transport au matin? J'étais très content de pouvoir leur procurer une bonne nuit de sommeil, à eux qui, parfois, n'avaient pas connu ce bonheur depuis plusieurs nuits.» *Ibid.*, p. 244.

12. *Ibid.*, p. 258.

13. J.-L.-G. Poulin, *op. cit.*, p. 56.

14. Gérard Marchand, *Le Régiment Maisonneuve vers la victoire 1944-45*, Montréal, Les Presses Libres, 1980, p. 101.

15. Lucien Dumais, *op. cit.*, p. 138-139. Pour en savoir plus sur le lieutenant-colonel Ménard, notamment sur ces cinq blessures, voir Pierre Vennat, *Général Dollard Ménard. De Dieppe au référendum*, Montréal, Art global, 2004. Le chapitre v est consacré au raid de Dieppe.

16. Dans son histoire de la médecine militaire canadienne, Bill Rawling consacre trois chapitres à la Seconde Guerre mondiale dans *La mort pour ennemi. La médecine militaire canadienne*, Outremont, Athéna, 2008, p. 141-257.

17. Roland Bernier, *Carnet de guerre*, Cap-Saint-Ignace, Amicale des vétérans et des marins de l'Islet, 1992, p. 33.

18. *Ibid.*, p. 41.

19. *Ibid.*

20. *Ibid.*, p. 61.

21. Maurice Juteau, *Ma drôle de guerre*, Farnham, Formulaires Ducharme Inc., 1980, p. 21.

22. Louis Crocq, *op. cit.*, p. 198.

23. Thierry Hardier et Jean-François Jagielski, *Combattre et mourir pendant la Grande Guerre (1914-1925)*, préface de Guy Pédroncini, Paris, Imago, 2001, p. 141.

24. Roland Bernier, *op. cit.*, p. 83.

25. «Arrivé dans un chemin creux, j'aperçus plusieurs cadavres des hommes du régiment qui nous avait précédés. Ils avaient été surpris par un barrage d'artillerie ennemie et avaient payé leur tribut à la guerre. Quel travail alors dans mon esprit! Je pensais aux instructions reçues avant le départ, aux ordres donnés par le commandant, je songeais aux plans de combat, aux préparatifs de bataille. Je vis même dans un éclair l'entraînement de plusieurs mois en Angleterre. Tout cela finissait ici pour ces pauvres gens qui gisaient là, tordus dans un spasme d'agonie, s'identifiant presque avec la terre sombre que rougissait leur sang encore chaud. Nous avions beaucoup appris, on nous avait entraînés à tout faire [dans] n'importe quelle circonstance, nous étions des soldats accomplis. Toutefois, personne ne nous avait jamais donné d'instructions sur la manière de mourir et pourtant, tôt ou tard, c'était pour nous arriver, à n'importe qui d'entre nous!» J.-L.-G. Poulin, *op. cit.*, p. 23-24.

26. Jean-Jules Richard, *Neuf jours de haine*, Montréal, Éditions de l'Arbre, rééd. Bibliothèque Québécoise, 1999 [c1948], p. 28.

27. J.-L.-G. Poulin, *op. cit.*, p. 32.

28. Paul Fussell, *À la guerre. Psychologie et comportements pendant la Seconde Guerre mondiale*, Paris, Seuil, 1992, p. 344.

29. Charly Forbes, *op. cit.*, p. 150.

30. J. S. Benoît Cadieux, *Mémoires de campagne d'un officier d'artillerie. Ma guerre 1944-1945*, Montréal, Coups de plume, 1994, p. 24.

31. J.-L.-G. Poulin, *op. cit.*, p. 43.

32. J. S. Benoît Cadieux, *Mémoires de campagne d'un officier d'artillerie. Ma guerre 1944-1945*, Montréal, Coups de plume, 1994, p. 29.

33. Lucien Dumais, *op. cit.*, p. 143.

34. J. S. Benoît Cadieux, *op. cit.*, p. 31.

35. Stéphane Audoin-Rouzeau, *Combattre. Une anthropologie de la guerre moderne (XIXᵉ-XXIᵉ siècle)*, Paris, Seuil, 2008, p. 291.

36. Claude Châtillon, *Carnets de guerre. Ottawa-Casa Berardi 1941-1944*, Ottawa, Éditions du Vermillon, 1987, p. 121.

37. *Ibid.*, p. 122 et A.-C. Laboissière, *Journal d'un aumônier militaire canadien 1939-1945*, Montréal, Éditions franciscaines, 1948, p. 250-251.

38. C'est notamment le cas en Normandie. J. S. Benoît Cadieux, *op. cit.*, p. 22.

39. Lucien A. Côté, *op. cit.*, p. 294.

40. *Ibid.*, p. 176.

41. Luc Capdevila et Danièle Voldman, *Nos morts. Les sociétés occidentales face aux tués de la guerre*, Paris, Plon, 2002, p. 32.

42. «C'était la même formule pour tout le monde; de cette façon, il n'y avait pas de jaloux.» Lucien A. Côté, *op. cit.*, p. 158.

43. J.-L.-G. Poulin, *op. cit.*, p. 121.

44. Omer Bartov, *L'armée d'Hitler. La Wehrmacht, les nazis et la guerre*, Paris, Hachette, 1999 et Paul Fussell, *op. cit.*

45. Stéphane Audoin-Rouzeau, «Au cœur de la guerre: la violence du champ de bataille pendant les deux conflits mondiaux», dans Stéphane Audoin-Rouzeau, Annette Becker, Christian Ingrao et Henry Rousso (dir.), *La violence de guerre 1914-1945. Approches comparées des deux conflits mondiaux*, Bruxelles et Paris, Éditions Complexe et IHTP-CNRS, 2003, p. 87.

46. *Ibid.*, p. 91.

47. Gilbert Drolet, *The National Identities in Canada's English and French War Novels (1935-1965)*, thèse de doctorat en lettres, Université de Montréal, 1970, p. 192.

48. Pierre Sévigny, *Face à l'ennemi*, Saint-Lambert, Sedes, 1995 [c1946], p. 45.

49. Marie Michaud, «Le récit de guerre. Éclipse progressive de Mars en enfer», dans Pierre Rajotte (dir.), *Le voyage et ses récits au XXᵉ siècle*, Québec, Éditions Nota Bene, 2005, p. 182.

50. «[...] je me trouvai soudain face à face avec quatre Allemands qui sortaient d'une tranchée. J'étais sur le point de les abattre à coup de pistolet, quand Laflèche me saisit le bras et me fit remarquer que deux d'entre eux étaient blessés. Heureusement que le bon Fritz était là, car je ne m'en étais pas aperçu, et j'aurais certainement violé les conventions de Genève.» J.-L.-G. Poulin, *op. cit.*, p. 65.

51. «Me toisant d'un regard dédaigneux et hautain, pour toute réponse, il me cracha au visage. Ça c'était trop fort. J'étais bien prêt à risquer les blessures, la mort même au combat, mais jamais je ne pourrais subir un tel affront sans broncher même si les conventions de Genève me le recommandaient. Hors de moi-même et en moins de temps qu'il ne faut pour l'écrire, je lâchai mon revolver et lui tombai dessus avec les deux armes que la nature avait mises à ma disposition.» *Ibid.*, p. 98.

52. Paul Brisson, *Coq-à-l'âne de mes souvenirs*, Beloeil, P. Brisson, 2000, p. 72.

53. Georges Verreault, *Journal d'un prisonnier de guerre au Japon 1941-1945*, Sillery, Septentrion, 1993, p. 102.

54. Jean Vaillancourt, *Les Canadiens errants*, Montréal, Cercle du livre de France, 1954, p. 76.

55. J.-L.-G. Poulin, *op. cit.*, p. 171.

Notes du CHAPITRE V

1. Paul Fussell, *À la guerre. Psychologie et comportements pendant la Seconde Guerre mondiale*, Paris, Seuil, 1992, p. 350.

2. Frédéric Rousseau, *La guerre censurée. Une histoire des combattants européens de 14-18*, Paris, Seuil, 1999, p. 163.

3. Maurice Juteau, *Ma drôle de guerre*, Farnham, Formulaires Ducharme Inc., 1980, p. 25.

4. Bernard Horn, «Le monstre vu de près. La peur et le courage au combat», *Revue militaire canadienne*, vol. 5, nº 2, été 2004.

5. Gérard Marchand, *Le Régiment Maisonneuve vers la victoire 1944-45*, Montréal, Les Presses Libres, 1980, p. 41.

6. Pierre Sévigny, *Face à l'ennemi*, Saint-Lambert, Sedes, 1995 [c1946], p. 166.

7. Charly Forbes, *Fantassin. Pour mon pays, la gloire et... des prunes*, Sillery, Septentrion, 1994, p. 163.

8. Lucien A. Côté, *Je les ai vus mourir*, Montréal, Éditions Macadam, 1995, p. 119.

9. A.-C. Laboissière, *Journal d'un aumônier militaire canadien 1939-1945*, Montréal, Éditions franciscaines, 1948, p. 225.

10. J.-L.-G. Poulin, *696 heures d'enfer avec le Royal 22ᵉ Régiment. Récit vécu et inspiré d'un journal tenu tant bien que mal au front*, Québec, Éditions A. B., 1946, p. 20.

11. Charly Forbes, *op. cit.*, p. 157-161.

12. J.-L.-G. Poulin, *op. cit.*, p. 89-90.

13. Émilien Dufresne, *Calepin d'espoir*, Sillery, Septentrion, 2003, p. 56-57.

14. Maurice Juteau, *op. cit.*, p. 24.

15. Odile Roynette, *Les mots des soldats*, Paris, Belin, 2004, p. 27-28.

16. Jean Vaillancourt, *Les Canadiens errants*, Montréal, Cercle du livre de France, 1954, p. 69.

17. Paul Brisson, *Coq-à-l'âne de mes souvenirs*, Beloeil, P. Brisson, 2000, p. 73.

18. J.-L.-G. Poulin, *op. cit.*, p. 92.

19. *Ibid.*, p. 49.

20. Jean-Jules Richard, *Neuf jours de haine*, Saint-Laurent, Éditions Bibliothèque Québécoise, 1999 [c1948], p. 26.

21. Lucien A. Côté, *op. cit.*, p. 290.

22. J.-L.-G. Poulin, *op. cit.*, p. 100.

23. Pierre Sévigny, *op. cit.*, p. 171-172.

24. Gérard Marchand, *op. cit.*, p. 106.

25. *Ibid.*, p. 85.

26. Lucien A. Côté, *op. cit.*, p. 159.

27. Jean-Jules Richard, *op. cit.*, p. 14.

28. Pierre Sévigny, *op. cit.*, p. 56 et 176.

29. Georges Verreault, *Journal d'un prisonnier de guerre au Japon 1941-1945*, Sillery, Septentrion, 1993, p. 35.

30. Pierre Sévigny, *op. cit.*, p. 165.

31. Gérard Marchand, *op. cit.*, p. 197.

32. Charles Ardant du Picq, *Études sur le combat*, Paris, Éditions Ivréa, 1999 [c1880], p. 74.

33. J.-L.-G. Poulin, *op. cit.*, p. 30.

34. Lucien A. Côté, *op. cit.*, p. 109.

35. A.-C. Laboissière, *op. cit.*, p. 213.

36. Lucien A. Côté, *op. cit.*, p. 231.

37. Claude Châtillon, *Carnets de guerre. Ottawa-Casa Berardi 1941-1944*, Ottawa, Éditions du Vermillon, 1987, p. 60.

38. Lucien A. Côté, *op. cit.*, p. 199.

39. J. S. Benoît Cadieux, *Mémoires de campagne d'un officier d'artillerie. Ma guerre 1944-1945*, Montréal, Coups de plume, 1994, p. 57.

40. J.-L.-G. Poulin, *op. cit.*, p. 145.

41. Lucien A. Côté, *op. cit.*, p. 131.

42. Claude Châtillon, *op. cit.*, p. 79.

43. Lucien A. Côté, *op. cit.*, p. 168.

44. Charly Forbes, *op. cit.*, p. 168.

45. J. S. Benoît Cadieux, *op. cit.*, p. 43.

46. Roland Bernier, *Carnet de guerre*, Cap-Saint-Ignace, Amicale des vétérans et des marins de l'Islet, 1992, p. 44-45.

47. A.-C. Laboissière, *op. cit.*, p. 239.

48. J. S. Benoît Cadieux, *op. cit.*, p. 66.

49. Jacques Gouin, *Lettres de guerre d'un Québécois*, Montréal, Éditions du Jour, 1975, p. 268 (lettre du 07/12/44).

50. J. S. Benoît Cadieux, *op. cit.*, p. 44.

51. Jacques Gouin, *op. cit.*, p. 271 (lettre du 15/12/44).

52. Georges Verreault, *op. cit.*, p. 39.

53. *Ibid.*, p. 49.

54. Brereton Greenhous, *"C" Force to Hong Kong. A Canadian Catastrophe (1941-1945)*, Toronto, Dundurn Press, 1997, p. 118.

55. Ludger Houde, *1939-45. Ma guerre, mon implication personnelle et générale. Récit anecdotique*, Boucherville, Éditions Sans Âge, 1997, p. 32-33.

56. A.-C. Laboissière, *op. cit.*, p. 86.

57. *Ibid.*, p. 193-194.

58. « Nous attendons en vain depuis 19 jours, à ne rien faire, au milieu de toutes sortes de tracas, sans compter que ça coûte cher au gouvernement, c'est-à-dire au peuple qui est fortement taxé. [...] Dans toute cette affaire, j'ai remarqué un manque déplorable d'organisation : plusieurs officiers n'étaient nullement au courant de leur travail. La plupart de ces soldats qui partent ce soir sont à bord des navires depuis huit jours. Ils étaient fort démoralisés à ne rien faire. » *Ibid.*, p. 37.

59. « Il y a conférence sur les gaz, cet avant-midi à Aboyne. On se demande pourquoi on choisit le dimanche matin pour ces cours. Le samedi après-midi irait aussi bien. On se soucie très peu de Dieu. » *Ibid.*, p. 133-134.

60. « Je n'ai pas pu m'endormir avant 2 h ce matin. Plusieurs officiers ivres ont fait un bruit infernal. Que d'officiers indisciplinés et sans éducation nous avons ! Il ne faut pas s'étonner ensuite de voir les soldats n'avoir aucun respect pour ces gens-là. L'ivrognerie est une plaie de notre armée canadienne. Quand j'étais en Algérie, je n'ai jamais rencontré un seul soldat ou officier français ivre sur la rue. Depuis 9 mois que je suis en Italie, je n'ai rencontré qu'un seul civil ivre et aucun soldat italien. Mes amis italiens me disent que, durant l'occupation allemande, les autorités ne laissaient jamais un soldat ivre sur la rue. Chaque soir les rues d'Avellino en sont remplies. C'est une honte pour notre armée. » *Ibid.*, p. 280.

61. Le 30 mars 1943, il écrit : « Je viens d'avoir une vive discussion avec le commandant du district 2 des Forestiers, qui m'a dit que le moral des troupes ne le préoccupait nullement. Il ne demande qu'une chose, que les soldats lui donnent une bonne production de bois. Quel fat et pédant. Il ne connaît qu'une chose, la bouteille et la femme de vie. Et dire

que nos soldats sont conduits par de telles brutes!» Et en mai: «On transfère plusieurs soldats canadiens-français de la compagnie 3 à la 22ᵉ. Ces jeunes gens sont avec notre compagnie depuis deux ans et demi et ne parlent presque pas anglais. On les envoie dans une compagnie de langue anglaise du Nouveau-Brunswick. On veut noyer l'élément français dans l'anglais.» *Ibid.*, p. 161 et 164.

62. *Ibid.*, p. 256.

63. «Depuis 15 jours, il y a à Avellino une vraie épidémie de meurtres et de suicides. Durant ce temps, trois soldats ivres se sont tués en tombant en bas des casernes; un autre a été tué par un soldat fou; un autre s'est tiré une balle en plein cœur. Un sergent dentaire s'est cassé les deux jambes, en sautant par la fenêtre. Hier, un type est venu me voir tout découragé à cause des mauvaises nouvelles reçues de sa femme. Il a éclaté en sanglots et m'a déclaré qu'il allait se suicider. Hier soir, j'ai trouvé un soldat gisant inconscient dans le parc public. Je l'ai examiné avec un sergent médical et nous avons découvert que le type avait bu de l'iode. [...] Je crois que certains médecins ne font pas assez de cas de l'état mental de nos soldats qui arrivent du front.» *Ibid.*, p. 273-274.

64. Terry Copp et Bill McAndrew, *Battle Exhaustion. Soldiers and Psychiatrists in the Canadian Army (1939-45)*, Montréal et Kingston, McGill-Queen's University Press, 1990. Les chapitres III à V abordent spécifiquement la psychiatrie canadienne sur les fronts méditerranéen et italien.

65. Claude Châtillon, *op. cit.*, p. 12.

66. *Ibid.*, p. 137.

67. Maurice Juteau, *op. cit.*, p. 19.

68. Lucien A. Côté, *op. cit.*, p. 169.

69. *Ibid.*, p. 151.

70. *Ibid.*, p. 130.

71. JeanVictor Allard, *Mémoires*, Boucherville, Éditions de Mortagne, 1985, p. 120.

72. Claude Châtillon, *op. cit.*, p. 159.

73. A.-C. Laboissière, *op. cit.*, p. 259.

74. «Le peloton 16 n'était plus constitué que d'un officier, le lieutenant Châtillon, du sergent Roméo Bélanger et de onze hommes, au lieu de trente-trois comme il l'était au départ. Il en était de même pour les autres pelotons et du régiment en général.» Lucien A. Côté, *op. cit.*, p. 143.

75. *Ibid.*, p. 168.

76. J.-L.-G. Poulin, *op. cit.*, p. 103-104.

77. Charly Forbes, *op. cit.*, p. 148.

78. Jean-Yves Gravel, «Le Québec militaire (1939-1945)», dans *Le Québec et la guerre*, Montréal, Boréal Express, 1974, p. 100 et 101-102.

79. C. P. Stacey, *La campagne de la victoire. Les opérations dans le nord-ouest de l'Europe (1944-1945)*, Ottawa, Imprimeur de la Reine, 1960, p. 652.

80. «On organisait des tournois de volley-ball entre les régiments, et toutes sortes d'autres activités pour éviter la lassitude causée par l'ennui.» Paul Brisson, *Coq-à-l'âne de mes souvenirs*, Beloeil, P. Brisson, 2000, p. 84.

81. *Ibid.*, p. 87.

82. Jacques Gouin, *op. cit.*, p. 314 (lettre du 17/05/45).

83. *Ibid.*, p. 198 (lettre du 12/07/44).

84. *Ibid.*, p. 210, 221, 226, 235, 289 et 301.

85. Lucien A. Côté, *op. cit.*, p. 95.

86. *Ibid.*, p. 106.

87. Le caporal Côté dépeint le lieutenant Châtillon en ces termes : « J'avais remarqué ce jeune officier au tempérament calme, pondéré et aux manières de vieil aristocrate. Malgré son évidente jeunesse, il nous en imposait par son sens du devoir et de la justice. Tout cela pour dire qu'il était respecté et aimé de ses hommes. » *Ibid.*, p. 160.

88. Claude Châtillon, *op. cit.*, p. 48.

89. *Ibid.*, p. 94 et 79.

90. *Ibid.*, p. 126.

91. Ludger Houde, *op. cit.*, p. 94-95 et J. S. Benoît Cadieux, *op. cit.*, p. 66.

92. Lucien A. Côté, *op. cit.*, p. 136.

93. *Ibid.*, p. 119.

94. « J'en profitai pour m'emparer de ses rations, car nous savions tous que les francs-tireurs allemands avaient de meilleures rations que les autres soldats. En effet, je trouvai dans sa gamelle un beau morceau de porc frais et des tranches de pain brun. Dans son "plat à barbe", il y avait de la cassonade. Sa gourde était pleine de café [...]. » *Ibid.*, p. 256.

95. J. S. Benoît Cadieux, *op. cit.*, p. 17.

96. J.-L.-G. Poulin, *op. cit.*, p. 70.

97. Lucien A. Côté, *op. cit.*, p. 169.

98. Jean Vaillancourt, *op. cit.*, p. 82.

99. Jean-Jules Richard, *op. cit.*, p. 74.

100. Charly Forbes, *op. cit.*, p. 147.

101. J.-L.-G. Poulin, *op. cit.*, p. 116.

102. Jean-Jules Richard, *op. cit.*, p. 33-34.

103. J. S. Benoît Cadieux, *op. cit.*, p. 16, 24, 38 et 186.

104. Jean Vaillancourt, *op. cit.*, p. 82-83.

105. Paul Fussell, *The Boys' Crusade. The American Infantry In Northwestern Europe (1944-1945)*, New York, Modern Library, 2003, p. 96.

106. Lucien A. Côté, *op. cit.*, p. 150. Côté ne mentionne cependant pas si le pauvre Dubé était gaucher ou droitier...

Notes du chapitre VI

1. Jean-Yves Gravel, « Le Québec militaire (1939-1945) », dans *Le Québec et la guerre*, Montréal, Boréal Express, 1974, p. 98.

2. Serge Bernier et Jean Pariseau, « La Deuxième Guerre mondiale : la diversité du service repose sur le bilinguisme à sens unique », dans *Les Canadiens français et le bilinguisme dans les Forces armées canadiennes*, 2 vol., Ottawa, Service historique de la Défense nationale, 1987, p. 143.

3. Ce rapide historique de l'escadron est tiré de Brereton, Greenhous, J. Harris *et al.*, *Le creuset de la guerre. Histoire officielle de l'Aviation royale canadienne (1939-1945)*, t. III, Toronto, University of Toronto Press, 1994, p. 564, 565, 678 et 698 et de Serge Bernier et Jean Pariseau, *loc. cit.*, p. 141-143. Voir aussi Marco Machabée, « Les origines et l'historique du premier escadron canadien-français (le 425ᵉ) de l'Aviation royale du Canada 1942-1945 », mémoire de maîtrise en histoire, Montréal, Université du Québec à Montréal, 1996.

4. Gabriel Taschereau, *Du salpêtre dans le gruau. Souvenirs d'escadrille 1939-1945*, Sillery, Septentrion, 1993, p. 139 et Gilbert Boulanger, *L'alouette affolée. Un adolescent à la guerre*, Sherbrooke, G. Boulanger, 2006, p. 108.

5. Gabriel Taschereau, *op. cit.*, p. 108-109.

6. Gilbert Boulanger, *op. cit.*, p. 13 et André J. Duchesnay, *Les anges de la guerre. Mémoires d'un vétéran de la Seconde Guerre mondiale*, Outremont, Carte Blanche, 2007, p. 155.

7. Gabriel Taschereau, *op. cit.*, p. 197.

8. Le navigateur décrit succinctement le fonctionnement des systèmes suivants : OBOE, GEE, MANDREL, TINSEL et le H2S. Voir André J. Duchesnay, *op. cit.*, p. 112-115.

9. Gilbert Boulanger, *op. cit.*, p. 118.

10. Gabriel Taschereau, *op. cit.*, p. 247-248.

11. Gilbert Boulanger, *op. cit.*, p. 13.

12. Gabriel Taschereau, *op. cit.*, p. 195-196.

13. *Ibid.*, p. 195.

14. Gilbert Boulanger, *op. cit.*, p. 170.

15. Lucien Dumais, *Un Canadien français à Dieppe*, Paris, Éditions France-Empire, 1968, p. 139.

16. Gabriel Taschereau, *op. cit.*, p. 153.

17. Stéphane Audoin-Rouzeau, *Combattre. Une anthropologie de la guerre moderne (XIXᵉ-XXIᵉ siècle)*, Paris, Seuil, 2008, p. 267.

18. *Ibid.*, p. 268.

19. Gilbert Boulanger, *op. cit.*, p. 187.

20. « J'ai réalisé que ces bombardements ont facilité la victoire éventuelle des Alliés en réduisant la capacité des Allemands à produire des obus, des avions et des chars d'assaut. D'autre part, ça leur permettait de leur remettre la monnaie de leur pièce pour tous les bombardements de nos villes et les centaines de torpillages effectués par leurs sous-marins qui ont coulé nos bateaux de ravitaillement et de transport de troupes, causant la mort de milliers de soldats et de marins. » André J. Duchesnay, *op. cit.*, p. 129. L'auteur pense certainement aux villes britanniques lorsqu'il écrit « nos villes ». Par ailleurs, l'appréciation globale de l'efficacité des bombardements sur l'Allemagne qu'il fournit dans cet extrait s'avère contestable, au regard des percées de l'historiographie récente sur la question. Voir Jörg Friedrich, *L'incendie. L'Allemagne sous les bombes (1940-1945)*, Paris, Éditions de Fallois, 2004.

21. André J. Duchesnay, *op. cit.*, p. 120.

22. *Ibid.*, p. 192.

23. Gilbert Boulanger, *op. cit.*, p. 191 et 193.

24. *Ibid.*, p. 207.

25. Philippe Masson, *La Seconde Guerre mondiale. Stratégies, moyens, contro-verses*, 2ᵉ éd. rev. et augm., Paris, Tallandier, 2003, p. 281.

26. Émilien Dufresne, *Calepin d'espoir*, avec la collaboration de Danielle Dufresne, Sillery, Septentrion, 2003, p. 91-92.

27. Paul Brisson, *Coq-à-l'âne de mes souvenirs*, Beloeil, P. Brisson, 2000, p. 87.

28. Jörg Friedrich, *L'incendie. L'Allemagne sous les bombes (1940-1945)*, Paris, Éditions de Fallois, 2004.

29. Philippe Masson, *op. cit.*, p. 282.

30. *Ibid.*, p. 281.

31. *Ibid.*, p. 283.

32. Lucien A. Côté, *Je les ai vus mourir*, Montréal, Éditions Macadam, 1995, p. 268.

33. Charly Forbes, *Fantassin. Pour mon pays, la gloire et... des prunes*, Sillery, Septentrion, 1994, p. 141-142.

34. *Ibid.*, p. 144.

35. *Ibid.*, p. 146.

36. Jörg Friedrich, *op. cit.*, p. 453-464.

37. J.-L.-G. Poulin, *696 heures d'enfer avec le Royal 22ᵉ Régiment. Récit vécu et inspiré d'un journal tenu tant bien que mal au front*, Québec, Éditions A. B., 1946, p. 61.

38. Lucien A. Côté, *op. cit.*, p. 112.

39. J. S. Benoît Cadieux, *Mémoires de campagne d'un officier d'artillerie. Ma guerre 1944-1945*, Montréal, Coups de plume, 1994, p. 52.

40. Jacques Gouin, *Lettres de guerre d'un Québécois 1942-1945*, Montréal, Éditions du Jour, 1975, p. 246 (lettre du 14/10/44).

41. Claude Châtillon, *Carnets de guerre. Ottawa-Casa Berardi 1941-1944*, Ottawa, Éditions du Vermillon, 1987, p. 76.

42. J. S. Benoît Cadieux, *op. cit.*, p. 23.

43. «Je m'étais probablement endormi et un bombardement terrible était survenu dans notre secteur (et ce, sans me réveiller). Un obus ennemi avait probablement atteint mes trois bombes de PIAT au pied de mon trou, car à cet endroit un immense cratère s'était creusé et il était trop grand pour un obus de 88 mm.» Côté en a été quitte pour une bonne frousse et doit son «sauvetage» à son frère, combattant du même peloton. Lucien A. Côté, *op. cit.*, p. 169-171.

44. Jean-Jules Richard, *Neuf jours de haine*, Saint-Laurent, Éditions Bibliothèque Québécoise, 1999 [c1948], p. 82.

45. Stéphane Audoin-Rouzeau, *op. cit.*, p. 247.

46. Jean Vaillancourt, *Les Canadiens errants*, Montréal, Cercle du livre de France, 1954, p. 23.

47. *Ibid.*, p. 22.

48. Frédéric Rousseau, *La guerre censurée. Une histoire des combattants européens de 14-18*, Paris, Seuil, 1999, p. 158.

49. Jean Vaillancourt, *op. cit.*, p. 28.

50. Gabriel Taschereau, *op. cit.*, p. 76. Le chapitre VI décrit en détail la vie à Dishforth.
51. Gilbert Boulanger, *op. cit.*, p. 144.
52. *Ibid.*
53. André J. Duchesnay, *op. cit.*, p. 124-125.
54. *Ibid.*, p. 127.
55. Philippe Masson, *op. cit.*, p. 271.
56. Gilbert Boulanger, *op. cit.*, p. 219.
57. André J. Duchesnay, *op. cit.*, p. 127.
58. Gilbert Boulanger, *op. cit.*, p. 20.
59. Gabriel Taschereau, *op. cit.*, p. 112.
60. Philippe Masson, *op. cit.*, p. 428-429.
61. Brereton Greenhous, S. J. Harris *et al.*, *Le creuset de la guerre. Histoire officielle de l'Aviation royale canadienne (1939-1945)*, t. III, Toronto, University of Toronto Press, 1994, p. 982 (Appendice A).
62. Gabriel Taschereau, *op. cit.*, p. 89-90.
63. Chiffres obtenus sur le site du ministère des Anciens Combattants du Canada : <www.vac-acc.gc.ca/remembers_f/sub.cfm?source=history/secondwar/atlantic/atlfact>.
64. Léon Balcer, *Léon Balcer raconte*, Sillery, Septentrion, 1988, p. 42.
65. *Ibid.*, p. 30.
66. Maurice Gagnon, *Les chasseurs d'ombre*, Montréal, Cercle du livre de France, 1959, p. 125.
67. *Ibid.*, p. 156.
68. *Ibid.*, p. 125.
69. *Ibid.*, p. 19, 73, 125, 148, 149, 187, 211, 216 et 240.
70. Léon Balcer, *op. cit.*, p. 26.
71. Maurice Gagnon, *op. cit.*, p. 242.
72. *Ibid.*, p. 124-125.
73. *Ibid.*, p. 122-123.
74. *Ibid.*, p. 140-141.
75. *Ibid.*, p. 115, 168 et 208.
76. *Ibid.*, p. 243.
77. *Ibid.*, p. 101-102.
78. Léon Balcer, *op. cit.*, p. 31.

Notes du chapitre VII

1. André Corvisier, *La guerre. Essais historiques*, Paris, Perrin, 2005, [1995], p. 130-146.
2. « La poussière crayeuse semble s'épaissir au fur et à mesure que nous marchons. Les deux hommes qui portent le mortier et les obus commencent à traîner le pas. À la halte suivante, près du hameau, un Italien tirant un âne approche. Je l'arrête et lui propose d'acheter la bête. » Claude Châtillon, *Carnets de guerre. Ottawa-Casa Berardi 1941-1944*, Ottawa, Éditions du Vermillon, 1987, p. 57.

3. « Sachant fort bien que la chaleur torride nous forcerait tôt ou tard à aller nous abreuver et nous rafraîchir, ils nous harcelaient à intervalles irréguliers, espérant tuer ou blesser l'imprudent ou l'inexpérimenté qui se laisserait conduire par la soif. » J.-L.-G. Poulin, *696 heures d'enfer avec le Royal 22ᵉ Régiment. Récit vécu et inspiré d'un journal tenu tant bien que mal au front*, Québec, Éditions A. B., 1946, p. 33.

4. Claude Châtillon, *op. cit.*, p. 73.

5. *Ibid.*, p. 128.

6. *Ibid.*, p. 79.

7. Stéphane Audoin-Rouzeau, *Combattre. Une anthropologie de la guerre moderne (XIXᵉ-XXIᵉ siècle)*, Paris, Seuil, 2008, p. 251.

8. Lucien A. Côté, *Je les ai vus mourir*, Montréal, Éditions Macadam, 1995, p. 107-108.

9. Claude Châtillon, *op. cit.*, p. 93.

10. *Ibid.*, p. 124-125.

11. *Ibid.*, p. 124.

12. Lucien A. Côté, *op. cit.*, p. 187.

13. A.-C. Laboissière, *Journal d'un aumônier militaire canadien 1939-1945*, Montréal, Éditions franciscaines, 1948, p. 218.

14. J.-L.-G. Poulin, *op. cit.*, p. 14.

15. *Ibid.*, p. 44.

16. *Ibid.*, p. 91.

17. *Ibid.*, p. 160.

18. *Ibid.*, p. 163-164.

19. *Ibid.*, p. 148.

20. Jean-Jules Richard, *Neuf jours de haine*, Saint-Laurent, Éditions Bibliothèque Québécoise, 1999 [c1948], p. 7.

21. Roland Bernier, *Carnet de guerre*, Cap-Saint-Ignace, Amicale des vétérans et des marins de l'Islet, 1992, p. 39.

22. Jacques Gouin, *Lettres de guerre d'un Québécois 1942-1945*, Montréal, Éditions du Jour, 1975, p. 201.

23. Jean Vaillancourt, *Les Canadiens errants*, Montréal, Cercle du livre de France, 1954, p. 15.

24. J. S. Benoît Cadieux, *Mémoires de campagne d'un officier d'artillerie. Ma guerre 1944-1945*, Montréal, Coups de plume, 1994, p. 96.

25. Jacques Gouin, *op. cit.*, p. 230 (lettre du 08/09/44).

26. *Ibid.*, p. 252 (lettre du 22/10/44).

27. Charly Forbes, *Fantassin. Pour mon pays, la gloire et… des prunes*, Sillery, Septentrion, 1994, p. 168.

28. Ludger Houde, *1939-45. Ma guerre, mon implication personnelle et générale. Récit anecdotique*, Boucherville, Éditions Sans Âge, 1997, p. 92.

29. J. S. Benoît Cadieux, *op. cit.*, p. 93.

30. Charly Forbes, *op. cit.*, p. 155.

31. Serge Jaumain, « La présence des soldats canadiens en Belgique (1944-1945) », dans Serge Bernier, Robert Comeau, Béatrice Richard, Claude Beauregard et Marcel Bellavance (dir.), « La participation des Cana-

diens français à la Deuxième Guerre mondiale: mythes et réalités»,
Bulletin d'histoire politique, vol. 3, n°ˢ 3-4, printemps-été 1995, p. 89.

32. J. S. Benoît Cadieux, *op. cit.*, p. 121.

33. Charly Forbes, *op. cit.*, p. 169.

34. Serge Jaumain, *loc. cit.*, p. 90.

35. Jacques Gouin, *op. cit.*, p. 253 (lettre du 26/10/44).

36. J. S. Benoît Cadieux, *op. cit.*, p. 181.

37. *Ibid.*, p. 190.

38. Jacques Gouin, *op. cit.*, p. 258 (lettre du 17/11/44).

39. Le bophors est une arme légère antiaérienne développée en Suède.

40. J. S. Benoît Cadieux, *op. cit.*, p. 292.

41. Paul Fussell, *À la guerre. Psychologie et comportements pendant la Seconde Guerre mondiale*, Paris, Seuil, 1992, p. 146.

42. *Ibid.*, p. 151-152.

43. *Ibid.*, p. 149-151.

44. Claude Châtillon, *op. cit.*, p. 55.

45. *Ibid.*, p. 56.

46. *Ibid.*, p. 60.

47. Lucien A. Côté, *op. cit.*, p. 89.

48. Claude Châtillon, *op. cit.*, p. 145.

49. Gilbert Boulanger, *L'alouette affolée. Un adolescent à la guerre*, Sherbrooke, G. Boulanger, 2006, p. 124.

50. C. P. Stacey, *La campagne de la victoire. Les opérations dans le nord-ouest de l'Europe (1944-1945)*, Ottawa, Imprimeur de la Reine, 1960, p. 289; R. H. Roy, *Débarquement et offensive des Canadiens en Normandie*, Saint-Laurent, Éditions du Trécarré, 1986, p. 426-427 et Terry Copp, *Fields of Fire. The Canadians in Normandy*, Toronto, University of Toronto Press, 2003, p. 255-267.

51. Maurice Gagnon, *Les chasseurs d'ombre*, Montréal, Cercle du livre de France, 1959, p. 121.

52. Philippe Masson, *La Seconde Guerre mondiale. Stratégies, moyens, controverses*, 2ᵉ éd. rev. et augm., Paris, Tallandier, 2003, p. 407-408.

53. J.-L.-G. Poulin, *op. cit.*, p. 164.

54. Jacques Gouin, *op. cit.*, p. 253 (lettre du 26/10/44).

55. Jean Vaillancourt, *op. cit.*, p. 102.

56. Pierre Sévigny, *Face à l'ennemi*, Saint-Lambert, Sedes, 1995 [c1946], p. 97.

57. Jean-Jules Richard, *op. cit.*, p. 25.

58. Pierre Vallée, *Prisonnier à l'oflag 79*, Montréal, Éditions de l'Homme, 1964, p. 79.

59. Lucien A. Côté, *op. cit.*, p. 123 et 129.

60. J.-L.-G. Poulin, *op. cit.*, p. 76.

61. Jean Vaillancourt, *op. cit.*, p. 74.

62. Pierre Sévigny, *op. cit.*, p. 77.

63. Lucien Dumais, *Un Canadien français à Dieppe*, Paris, Éditions France-Empire, 1968, p. 188.

64. Charly Forbes, *op. cit.*, p. 143.

65. Jacques Gouin, *op. cit.*, p. 218-219 (lettre du 20/08/44).

66. Gérard Marchand, *Le Régiment Maisonneuve vers la victoire 1944-45*, Montréal, Les Presses Libres, 1980, p. 50-51.

67. Pierre Sévigny, *op. cit.*, p. 85.

68. Philippe Masson, *op. cit.*, p. 406.

69. Charly Forbes, *op. cit.*, p. 140.

70. Pierre Sévigny, *op. cit.*, p. 53-54.

71. J.-L.-G. Poulin, *op. cit.*, p. 84-85, 105-106.

72. Pierre Sévigny, *op. cit.*, p. 107.

73. *Ibid.*, p. 110.

74. Voir par exemple Pierre Vallée, *op. cit.*, p. 68.

75. Charly Forbes, *op. cit.*, p. 181.

76. Maurice Gagnon, *op. cit.*, p. 134-135.

77. J.-L.-G. Poulin, *op. cit.*, p. 59.

78. [...] normalement, les *Jerries* étaient assez respectueux de la Croix-Rouge [...]. Il est vrai que nos troupes n'étaient pas très aimables non plus ! Il y avait plusieurs patrouilles de notre régiment qui n'avaient pas amélioré notre popularité, surtout celles qui s'étaient soldées par le massacre de ces pauvres *Jerries*. » Lucien A. Côté, *op. cit.*, p. 156 et 207.

79. *Ibid.*, p. 166. De telles manifestations de fraternité ont aussi eu lieu au cours de la Grande Guerre. Le film *Joyeux Noël* (2005) de Christian Carrion présente une trêve déclarée par les soldats allemands, français et anglais survenue sur les lignes du front, la veille de Noël 1914. Le long métrage, inspiré d'une histoire vraie, raconte que les soldats abandonnent leurs armes et quittent leur tranchée pour aller saluer celui d'en face, lui serrer la main et échanger des cigarettes en lui souhaitant un joyeux Noël. L'événement décrit par le caporal Côté ne va cependant pas aussi loin dans la fraternisation.

80. Roland Bernier, *op. cit.*, p. 43.

81. Pierre Vallée, *op. cit.*, p. 43.

82. Maurice Gagnon, *op. cit.*, p. 104.

83. Lucien Dumais, *op. cit.*, p. 194-195.

84. Jean Vaillancourt, *op. cit.*, p. 148.

85. Gérard Marchand, *op. cit.*, p. 22.

86. Ludger Houde, *op. cit.*, p. 20.

87. Pierre Sévigny, *op. cit.*, p. 17.

88. *Ibid.*, p. 53-54.

89. *Ibid.*, p. 157.

90. *Ibid.*, p. 156-157.

91. Jacques Gouin, *op. cit.*, p. 290 (lettre du 10/04/45).

92. Gérard Marchand, *op. cit.*, p. 229.

93. Pierre Sévigny, *op. cit.*, p. 162.

94. Pierre Vallée, *op. cit.*, p. 111-112.

95. Jacques Gouin, *op. cit.*, p. 219 et 281 (lettres du 20/08/44 et du 18/02/45).

Notes du chapitre VIII

1. Site du ministère des Anciens Combattants du Canada: <www.vac-acc.gc.ca/remembers_f/sub.cfm?source=history/secondwar/fact_sheets/pow>.

2. À ces cinq ouvrages, il convient d'ajouter les témoignages d'un prisonnier de guerre au Japon, d'un officier dans un oflag et celui d'un marin présentés dans Sébastien Vincent, *Laissés dans l'ombre. Les Québécois engagés volontaires de la guerre 39-45*, Montréal, VLB éditeur, 2004. Voir aussi Ronald Cormier, *Entre bombes et barbelés. Témoignages d'aviateurs et de prisonniers de guerre acadiens (1939-1945)*, Moncton, Éditions d'Acadie, 1990.

3. La convention de La Haye de 1899 établit les lois et coutumes de la guerre sur terre et adapte à la guerre sur mer les principes de la convention de Genève de 1864. «Une des raisons pour lesquelles la première Conférence internationale de la Paix de La Haye de 1899 fut convoquée était "la révision de la Déclaration concernant les lois et coutumes de la guerre, élaborée en 1874 par la Conférence de Bruxelles et restée non ratifiée jusqu'à ce jour" (Seconde circulaire russe du 30 décembre 1898/11 janvier 1899). La Conférence de 1899 réussit à adopter la Convention concernant la guerre sur terre, à laquelle le Règlement concernant les lois et coutumes de la guerre sur terre fut annexé. La Convention et le Règlement furent révisés lors la Deuxième Conférence internationale de la Paix de 1907. Les deux versions de la Convention et du Règlement ne comportent que de légères différences. Parmi les États qui ratifièrent la Convention de 1899, dix-huit ne ratifièrent pas celle de 1907 (il s'agit de l'Argentine, de la Bulgarie, du Chili, de la Colombie, de la Corée, de l'Équateur, de l'Espagne, de la Grèce, du Honduras, de l'Italie, du Monténégro, du Paraguay, du Pérou, de la Perse, de la Serbie, de la Turquie, de l'Uruguay et du Venezuela). Ces États et les États successeurs restent formellement liés par la Convention de 1899 dans leurs relations avec les autres États parties à la Convention. Dans les relations entre les Puissances contractantes de la Convention de 1907, cette Convention a remplacé celle de 1899 (voir l'article 4 de la Convention de 1907). Les dispositions des deux Conventions, ainsi que les dispositions matérielles des Règlements annexés, sont considérées comme faisant partie du droit international coutumier. De ce fait, elles lient également les États qui ne sont pas formellement parties à ces conventions.» Source: Site Comité international de la Croix-Rouge: <www.icrc.org/DIH.nsf/INTRO/150?OpenDocument>.

4. Denis Vaugeois des Éditions du Septentrion raconte l'origine du manuscrit: «D'après mes souvenirs, Michel Verreault m'a expliqué que ce manuscrit avait été retrouvé après la mort de sa mère. C'est un oncle qui aurait appris à Michel et à sa sœur (ou ses sœurs) le secret de son père qui n'évoquait jamais ses souvenirs de captivité. À son retour, il avait fait dactylographier, par une de ses blondes, le journal qu'il avait tenu sur des bouts de papier. Un brin de jalousie ou tout simplement le désir d'oublier avait amené l'épouse de Georges dit Blackie à ignorer

ce manuscrit. Il venait de refaire surface. […] Tout fut mené rondement en collaboration avec Michel Verreault. […] À l'époque, le Septentrion avait plusieurs projets sur l'histoire militaire. Nous savions que ce genre était peu populaire chez les Canadiens français. Nous étions fiers du livre sans en attendre toutefois des ventes mirobolantes.» Denis Vaugeois, *L'amour du livre. L'édition au Québec, ses petits secrets et ses mystères*, Sillery, Septentrion, 2005, p. 86. La publication du journal tourne mal, selon Denis Vaugeois. L'éditeur finit par céder à Michel Verreault tous les droits et les exemplaires restant chez Septentrion. Le livre est aujourd'hui disponible avec la même couverture, mais le logo "Vero" remplace celui du Septentrion (voir <www.blackyvero.com>). Un nouveau texte de remerciements signé par Michel Verreault se trouve en début d'ouvrage. La préface de Serge Bernier et la chronologie de l'édition originale sont reproduites intégralement. Par contre, la "Note de l'Éditeur" a été légèrement modifiée et signée par Michel Verreault. Ce dernier a aussi ajouté un hommage et un commentaire pour William Allister, un ami proche de Georges Verreault pendant leur internement. Jean Verreault, traducteur du journal en langue anglaise, adresse aussi un hommage à l'auteur, son «grand frère».

5. Bernard Castonguay, *Prisonnier de guerre au Japon (1941-1945)*, avec la collaboration de Renée Giard, Longueuil, R. Giard Impression, 2005, p. 79-80.

6. *Ibid.*, p. 114. Si on fait le calcul, une population de 2200 prisonniers dans 16 huttes, cela donne en moyenne 137 hommes par abri, ce qui correspond presque au double des 70 personnes originellement prévues. Brereton Greenhous, *"C" Force to Hong Kong. A Canadian Catastrophe (1941-1945)*, Toronto, Dundurn Press, 1997, p. 118.

7. Bernard Castonguay, *op. cit.*, p. 100.

8. Georges Verreault, *Journal d'un prisonnier de guerre au Japon 1941-1945*, Sillery, Septentrion, 1993, p. 57.

9. *Ibid.*, p. 87.

10. *Ibid.*, p. 84.

11. Bernard Castonguay, *op. cit.*, p. 119.

12. *Ibid.*, p. 148.

13. Georges Verreault, *op. cit.*, p. 78.

14. *Ibid.*, p. 45.

15. *Ibid.*, p. 86.

16. *Ibid.*, p. 93.

17. Brereton Greenhous, *op. cit.*, p. 119.

18. *Ibid.*, p. 120-121.

19. Georges Verreault, *op. cit.* p. 44.

20. «Nous crevons de faim. Déjeuner: un très petit peu de riz et une bun. Dîner: une petite bun et de l'eau. Souper: herbages et il y a un peu de viande quelquefois, pas souvent. J'ai mal à l'estomac par rapport aux herbages […] Nous sommes si faibles que les sports sont cancellés.» *Ibid.*, p. 123.

21. *Ibid.*, p. 48.

22. Brereton Greenhous, *op. cit.*, p. 122.

23. Georges Verreault, *op. cit.*, p. 88.

24. *Ibid.*

25. Brereton Greenhous, *op. cit.*, p. 117.

26. Georges Verreault, *op. cit.*, p. 93.

27. Bernard Castonguay, *op. cit.*, p. 129.

28. Georges Verreault, *op. cit.*, p. 92.

29. *Ibid.*, p. 85.

30. Bernard Castonguay, *op. cit.*, p. 136.

31. Georges Verreault, *op. cit.*, p. 100.

32. *Ibid.*, p. 97.

33. Bernard Castonguay, *op. cit.*, p. 133.

34. *Ibid.*, p. 144.

35. « Les Japs durant la nuit ont réveillé tout le monde et donné la volée à plusieurs gars. Caboche [le surnom d'un garde] [a sorti] son sabre et le mettait sur le cou des gars et riait avec les deux gardes. » *Ibid.*, p. 145.

36. *Ibid.*, p. 169.

37. Philippe Masson, *L'homme en guerre. De la Marne à Sarajevo*, Monaco, Éditions du Rocher, 1997, p. 303.

38. Philippe Masson, *La Seconde Guerre mondiale. Stratégies, moyens, controverses*, 2ᵉ éd. rev. et augm., Paris, Tallandier, 2003, p. 439.

39. Stéphane Audoin-Rouzeau, *Combattre. Une anthropologie de la guerre moderne (XIXᵉ-XXIᵉ siècle)*, Paris, Seuil, 2008, p. 295.

40. Georges Verreault, *op. cit.*, p. 43.

41. Brereton Greenhous, *op. cit.*, p. 117.

42. Bernard Castonguay, *op. cit.*, p. 131.

43. *Ibid.*, p. 81 et Georges Verreault, *op. cit.*, p. 49.

44. Bernard Castonguay, *op. cit.*, p. 100.

45. Georges Verreault, *op. cit.*, p. 98.

46. Philippe Masson, *op. cit.*, p. 285. La Wehrmacht a capturé entre le 6 juin 1944 et le 8 mai 1945 plus de 95 000 Américains. On peut dire que le nombre de prisonniers de guerre canadiens constitue une infime portion des militaires ayant combattu sur les théâtres d'opérations de la Seconde Guerre mondiale.

47. Lucien Dumais, *Un Canadien français à Dieppe*, Paris, Éditions France-Empire, 1968, p. 181.

48. *Ibid.*, p. 202.

49. Paul Fussell, *À la guerre. Psychologie et comportements pendant la Seconde Guerre mondiale*, Paris, Seuil, 1992, p. 368.

50. Lucien Dumais, *op. cit.*, p. 126.

51. *Ibid.*, p. 124.

52. L'épisode est raconté succinctement dans Jacques Castonguay, Armand Ross et Michel Litalien, *Le régiment de la Chaudière (1869-2004)*, Lévis, Le Régiment de la Chaudière, 2005, p. 247-248.

53. Le lecteur trouvera un autre témoignage d'un officier canadien-français ayant été détenu dans un *oflag* dans Sébastien Vincent, *op. cit.*,

p. 75-93. Il s'agit du témoignage du capitaine Rolland Gravel, commandant en second de la compagnie B des FMR lors du raid de Dieppe.

54. Pierre Vallée, *Prisonnier à l'oflag 79*, Montréal, Éditions de l'Homme, 1964, p. 43.

55. *Ibid.*, p. 56.

56. Philippe Masson, *op. cit.*, p. 281.

57. Pierre Vallée, *op. cit.*, p. 76.

58. *Ibid.*

59. *Ibid.*, p. 43.

60. *Ibid.*, p. 78-79.

61. *Ibid.*, p. 78.

62. *Ibid.*, p. 79.

63. *Ibid.*, p. 80.

64. *Ibid.*, p. 81.

65. *Ibid.*, p. 85.

66. *Ibid.*, p. 87.

67. *Ibid.*, p. 85-86.

68. *Ibid.*, p. 87.

69. *Ibid.*, p. 88.

70. *Ibid.*, p. 102.

71. *Ibid.*, p. 103.

72. Émilien Dufresne, *Calepin d'espoir*, Sillery, Septentrion, 2003, p. 69-70.

73. *Ibid.*, p. 73-74.

74. *Ibid.*, p. 75.

75. *Ibid.*, p. 77.

76. Yves Durand, *Prisonniers de guerre dans les Stalags, les Oflags et les Kommandos (1939-1945)*, Paris, Hachette, 1987, p. 80.

77. Émilien Dufresne, *op. cit.*, p. 87.

78. *Ibid.*, p. 94.

79. *Ibid.*, p. 99.

80. *Ibid.*, p. 102.

Notes du chapitre IX

1. Charly Forbes, *Fantassin. Pour mon pays, la gloire et… des prunes*, Sillery, Septentrion, 1994, p. 168.

2. Patrick Facon, «Moral», dans Philippe Masson, *Dictionnaire de la Seconde Guerre mondiale*, Paris, Larousse, 1980, p. 1283.

3. Jean Vaillancourt, *Les Canadiens errants*, Saint-Laurent, Éditions Pierre Tisseyre, 1994 [c1954], p. 36.

4. Philippe Masson, *La Seconde Guerre mondiale. Stratégies, moyens, controverses*, 2ᵉ éd. rev. et augm., Paris, Tallandier, 2003, p. 401-402.

5. Charles Ardant du Picq, *Études sur le combat*, Paris, Éditions Ivréa, 1999 [1880c], p. 67.

6. Charly Forbes, *op. cit.*, p. 168.

7. *Ibid.*

8. A.-C. Laboissière, *Journal d'un aumônier militaire canadien 1939-1945*, Montréal, Éditions franciscaines, 1948, p. 194-195.

9. Claude Châtillon, *Carnets de guerre. Ottawa-Casa Berardi 1941-1944*, Ottawa, Éditions du Vermillon, 1987, p. 135.

10. A.-C. Laboissière, *op. cit.*, p. 147.

11. Claude Beauregard, *Guerre et censure au Canada (1939-1945)*, Sillery, Septentrion, 1998, p. 118.

12. J.-L.-G. Poulin, *696 heures d'enfer avec le Royal 22ᵉ Régiment. Récit vécu et inspiré d'un journal tenu tant bien que mal au front*, Québec, Éditions A. B., 1946, p. 134.

13. Gilbert Boulanger, *L'alouette affolée. Un adolescent à la guerre*, Sherbrooke, G. Boulanger, 2006, p. 151.

14. Jacques Gouin, *Lettres de guerre d'un Québécois 1942-1945*, Montréal, Éditions du Jour, 1975, p. 198 (lettre du 12/07/44).

15. Jean-Jules Richard, *Neuf jours de haine*, Montréal, Éditions de l'Arbre, rééd. Bibliothèque Québécoise, 1999 [1948c], p. 89.

16. «Mon frère et moi étions très heureux de recevoir plusieurs lettres de notre parenté. Je l'étais doublement car j'avais un colis de mille cigarettes que ma sœur m'avait envoyé. Imaginez, ouvrir un colis de mille cigarettes canadiennes, des Player's d'Imperial Tobacco en plus, devant une dizaine d'hommes qui n'en avaient plus ou qui en avaient de très mauvaise qualité.» Lucien A. Côté, *Je les ai vus mourir*, Montréal, Éditions Macadam, 1995, p. 163.

17. En moyenne, les détenus recevront entre octobre 1942 et la fin de la guerre sept colis individuels de la Croix-Rouge, desquels les autorités japonaises retireront certains items. Brereton Greenhous, *"C" Force to Hong Kong. A Canadian Catastrophe (1941-1945)*, Toronto, Dundurn Press, 1997, p. 129-130.

18. Georges Verreault, *Journal d'un prisonnier de guerre au Japon 1941-1945*, Sillery, Septentrion, 1993, p. 94.

19. Brereton Greenhous, *op. cit.*, p. 123.

20. Gilbert Boulanger, *op. cit.*, p. 150.

21. Le lieutenant Cadieux écrit le 15 juillet 1944: «Pour la première fois depuis mon arrivée en France, j'ai reçu ce soir deux lettres; ce fut tout un événement parce que la situation de la malle semblait désespérée; nous espérons tous qu'elle se rétablira sous peu.» J. S. Benoît Cadieux, *Mémoires de campagne d'un officier d'artillerie. Ma guerre 1944-1945*, Montréal, Coups de plume, 1994, p. 46.

22. J.-L.-G. Poulin, *op. cit.*, p. 81.

23. Claude Châtillon, *op. cit.*, p. 135.

24. Jacques Gouin, *op. cit.*, p. 262 (lettre du 22/11/44).

25. J. S. Benoît Cadieux, *op. cit.*, p. 179.

26. Gabriel Taschereau, *Du salpêtre dans le gruau. Souvenirs d'escadrille 1939-1945*, Sillery, Septentrion, 1993, p. 121.

27. Ludger Houde, *1939-45. Ma guerre, mon implication personnelle et générale. Récit anecdotique*, Boucherville, Éditions Sans Âge, 1997, p. 102-104.

28. « Anvers est une belle grande ville, très différente de Bruges. Anvers est un port de mer et par conséquent une ville où il y a beaucoup de cafés, de vaudevilles, d'hôtels et de grands magasins, sans compter les autres endroits que je ne nomme pas et que tu devines… Je me suis promené dans une grande rue qui me rappelait à la fois Regent Street à Londres et notre bonne Ste-Catherine à Montréal. […] J'ai oublié la guerre pendant quelques heures ; quel bien ça fait, tu ne sais pas ! » Jacques Gouin, *op. cit.*, p. 249 (lettre du 19/10/44).

29. Ludger Houde, *op. cit.*, p. 140. Gilbert Boulanger, *op. cit.*, p. 116.

30. Roland Bernier, *Carnet de guerre*, Cap-St-Ignace, Amicale des vétérans et des marins de l'Islet, 1992, p. 36.

31. *Ibid.*, p. 47.

32. Gérard Marchand, *Le Régiment Maisonneuve vers la victoire 1944-45*, Montréal, Les Presses Libres, 1980, p. 33, 139, 165.

33. Jacques Gouin, *op. cit.*, p. 259 (lettre du 17/11/44).

34. Jean Vaillancourt, *op. cit.*, p. 165.

35. Ludger Houde, *op. cit.*, p. 47.

36. Claude Châtillon, *op. cit.*, p. 184.

37. L'article « L'esprit de corps » est paru initialement dans la *Revue philosophique* en 1899. Il a été repris en 1904 dans *Combat pour l'individu*, Paris, Alcan, 1904. On trouve l'intégralité de l'article à l'adresse suivante : <www.catallaxia.org/wiki/Georges_Palante:_L'esprit_de_corps>. Je remercie le professeur Pierre Schoentjes de m'avoir fourni cette référence.

38. Jean Vaillancourt, *op. cit.*, p. 192.

39. Gilbert Boulanger, *op. cit.*, p. 96.

40. André J. Duchesnay, *Les anges de la guerre. Mémoires d'un vétéran de la Seconde Guerre mondiale*, Montréal, Carte Blanche, 2007, p. 119.

41. Gabriel Taschereau, *op. cit.*, p. 150-151.

42. Bernard Horn, « Le monstre vu de près. La peur et le courage au combat », *Revue militaire canadienne*, vol. 5, n° 2, été 2004.

43. Jean Vaillancourt, *op. cit.*, p. 71.

44. J.-L.-G. Poulin, *op. cit.*, p. 79.

45. Lucien A. Côté, *op. cit.*, p. 200.

46. Charly Forbes, *op. cit.*, p. 163-164.

47. Charles Ardant du Picq, *op. cit.*, p. 67.

48. Maurice Juteau, *Ma drôle de guerre*, Farnham, Formulaires Ducharme inc., 1980, p. 24.

49. Ludger Houde, *op. cit.*, p. 48.

50. Claude Châtillon, *op. cit.*, p. 47. Le sergent Juteau se questionne aussi sur sa capacité de commander lorsqu'il se trouve incapable de contrôler les hommes placés sous son commandement dans le train devant mener les troupes à Halifax. Voir Maurice Juteau, *op. cit.*, p. 2-3.

51. J.-L.-G. Poulin, *op. cit.*, p. 31.

52. E. C. Russell, *Coutumes et traditions militaires dans les Forces armées canadiennes*, Québec, Éditions du Pélican, 1980, p. 101.

53. Jean V. Allard, *Mémoires*, Boucherville, Éditions de Mortagne, 1985, p. 114.

54. A.-C. Laboissière, *op. cit.*, p. 222.

55. Lucien-A. Côté, *op. cit.*, p. 205. La petite histoire atteste que le lieutenant-colonel Allard n'a pas hésité à secourir lui-même ses hommes blessés ou en danger. Il a sauvé, non sans risque, le caporal Armand Hébert qui, revenant d'une mission à l'avant-poste Bluebird en Italie en février 1944, avait perdu les deux jambes et le bras gauche après l'explosion d'une mine. On peut lire l'histoire du caporal Hébert dans Denise Chantal et Louis Rasmussen, *Armand Hébert. Le plus grand mutilé du Royal 22ᵉ Régiment de la guerre 1939-1945*, Québec, Arion, 1997. En mai 1944, le lieutenant-colonel a tiré le caporal Côté d'une meule de foin en flammes pendant un pilonnage de l'artillerie allemande. L'anecdote se trouve mentionnée dans Lucien-A. Côté, *op. cit.*, p. 288 et dans Jean V. Allard, *op. cit.*, p. 121.

56. Lucien-A. Côté, *op. cit.*, p. 105.

57. « [Les hommes du R22ᵉR] agissaient tous comme s'ils étaient frères les uns des autres. [...] L'esprit du 22ᵉ était né, pendant la Première Guerre mondiale, dans les atrocités et le sang versé. La solidarité et la bravoure de 14-18 avaient fait naître la fierté. [...] Pour la première fois, en trois siècles de domination française ou britannique, les Canadiens avaient pu se battre sous des officiers de leurs pays : des hommes comme Tremblay, Dubuc, Chassé, Archambault et bien d'autres. Cette graine semée par ces braves avait grandi. Nous en avions mangé le fruit, nous, les jeunes, et c'est ainsi que nous avions reçu "l'esprit du 22ᵉ". [...] En 39-45, c'était la force de l'ancien 22ᵉ bataillon qui se manifestait. » Jean V. Allard, *op. cit.*, p. 113.

58. Lucien A. Côté, *op. cit.*, p. 220.

59. Jacques Gouin, *op. cit.*, p. 221 et 223 (lettre du 24/08/44). La petite histoire retiendra que Gouin recevait les ordres du capitaine Sévigny lors de la bataille de la côte 262 (Maczuga) à Coudehard-Mont-Ormel, en Normandie, pour laquelle ce dernier a reçu la croix d'Argent de l'Ordre militaire polonais *Virtuti Militari*.

60. Gilbert Boulanger, *op. cit.*, p. 230.

61. Patrick Facon, *loc. cit.*, p. 1285.

62. Frédéric Rousseau, *La guerre censurée. Une histoire des combattants européens de 14-18*, Paris, Seuil, 1999, p. 139.

63. *Ibid.*, p. 117.

64. Gabriel Taschereau, *op. cit.*, p. 232-233.

65. Gérard Marchand, *op. cit.*, p. 196.

66. Annette Becker, « Les dévotions des soldats catholiques pendant la Grande Guerre », dans Nadine-Josette Chaline (dir.), *Chrétiens dans la Première Guerre mondiale*, Paris, Cerf, 1993, p. 16, cité dans Frédéric Rousseau, *op. cit.*, p. 218.

67. Frédéric Rousseau, *op. cit.*, p. 214.

68. Gérard Marchand, *op. cit.*, p. 170-172.

69. *Ibid.*, p. 36.

70. Jacques Gouin, *op. cit.*, p. 218 (lettre du 19/08/44).

71. Roland Bernier, *op. cit.*, p. 18.

72. A.-C. Laboissière, *op. cit.*, p. 227.

73. Roland Bernier, *op. cit.*, p. 5.

74. Gérard Marchand, *op. cit.*, p. 47.

75. «Nous montons la garde sur notre canon, écrit le caporal Ludger Houde, et devons subir le bombardement dans notre tranchée personnelle, creusée à la hâte. Nous n'avons pas l'impression d'assister à une noce! Nous prions ardemment le Seigneur de faire en sorte que l'enfer que nous vivons, momentanément, ne dure pas plus qu'une éternité.» Ludger Houde, *op. cit.*, p. 58-59. « J'avais perdu mon appareil de sans-fil et ne pouvais communiquer avec l'artillerie pour demander du support. Je ne pouvais non plus communiquer avec le commandant. La situation était critique et je demandai à Dieu de m'aider, de me donner un moyen de sortir mes hommes de cette impasse. » J.-L.-G. Poulin, *op. cit.*, p. 53.

76. «Pour la première fois depuis le matin, j'eus réellement conscience de ma veine et je réalisai combien je devais à la Providence. Une prière muette s'éleva vers Dieu.» J.-L.-G. Poulin, *op. cit.*, p. 79.

77. Joanna Bourke consacre un passionnant chapitre à la relation entre guerre et christianisme, ainsi qu'aux aumôniers militaires sur les champs de bataille, dans *An Intimate History of Killing. Face-to-Face Killing in Twentieth-Century Warfare*, Londres, Granta Publications, 1999, p. 268-305.

78. A.-C. Laboissière, *op. cit.*, p. 39-40.

79. «Vraiment j'y ai trouvé beaucoup de consolations spirituelles. On m'avait dit qu'il n'y avait rien à faire dans cette galère. Lors de ma première visite, je fus un peu sur le qui-vive. Le sergent-major m'introduisit aux patients étendus çà et là sur leurs lits dans d'immenses salles, puis il me conduisit à mon confessionnal: une chambre malpropre, jonchée de matelas et de vieux meubles.» *Ibid.*, p. 48-49.

80. *Ibid.*, p. 103-104.

81. Gérard Marchand, *op. cit.*, p. 80.

82. J. S. Benoît Cadieux, *op. cit.*, p. 21.

83. Gérard Marchand, *op. cit.*, p. 121 et Claude Châtillon, *op. cit.*, p. 96. L'aumônier Laboissière décrit celui qu'on lui a remis au début de la guerre: «Cet autel portatif est très compact. C'est une espèce de valise en cuir recouvert d'une couverture de toile grise, à l'épreuve de l'eau. Cette valise contient tout ce qui est nécessaire pour la messe.» A.-C. Laboissière, *op. cit.*, p. 29.

84. Gabriel Taschereau, *op. cit.*, p. 113.

85. Roland Bernier, *op. cit.*, p. 38.

86. A.-C. Laboissière, *op. cit.*, p. 215.

87. *Ibid.*, p. 87.

88. *Ibid.*, p. 191.

89. Gérard Marchand, *op. cit.*, p. 71.

90. Gabriel Taschereau, *op. cit.*, p. 174.

91. Gérard Marchand, *op. cit.*, p. 92.

92. Paul Brisson, *Coq-à-l'âne de mes souvenirs*, Beloeil, P. Brisson, 2000, p. 73.

Notes du chapitre x

1. Luc Capdevila, François Rouquet, Fabrice Virgili et Danièle Voldman, *Hommes et femmes dans la France en guerre (1914-1945)*, Paris, Payot, 2003, p. 256.

2. Stéphane Audoin-Rouzeau, «Massacres. Le corps et la guerre», dans Alain Corbin, Jean-Jacques Courtine et Georges Vigarello (dir.), *Histoire du corps*, t. III, Paris, Seuil, 2006, p. 299 et Louis Crocq, *Les traumatismes psychiques de guerre*, Paris, Odile Jacob, 1999, p. 195.

3. Stéphane Audoin-Rouzeau, *Combattre. Une anthropologie de la guerre moderne (XIXᵉ-XXIᵉ siècle)*, Paris, Seuil, 2008, p. 290.

4. Paul Fussell, *À la guerre. Psychologie et comportements pendant la Seconde Guerre mondiale*, Paris, Seuil, 1992, p. 356 et Bernard Horn, «Le monstre vu de près. La peur et le courage au combat», *Revue militaire canadienne*, vol. 5, nᵒ 2, été 2004.

5. Luc Capdevila, François Rouquet, Fabrice Virgili et Danièle Voldman, *op. cit.*, p. 258.

6. Richard Holmes, *Firing Lines*, Londres, Pimlico, 1985, p. 218.

7. Jean Vaillancourt, *Les Canadiens errants*, Saint-Laurent, Éditions Pierre Tisseyre, 1994 [1954c], p. 210-211.

8. Charly Forbes, *Fantassin. Pour mon pays, la gloire et… des prunes*, Sillery, Septentrion, 1994, p. 168.

9. Frédéric Rousseau, *La guerre censurée. Une histoire des combattants européens de 14-18*, Paris, Seuil, 1999, p. 164.

10. «Je ne peux m'arracher à l'esprit la vision de ce blessé allemand qui me tend le bras, enseveli dans la boue. Fortier, abandonné, que les Anglais retrouveront plus tard et qui mourra de ses blessures en Angleterre.» Charly Forbes, *op. cit.*, p. 184.

11. Lucien Dumais, *Un Canadien français à Dieppe*, Paris, Éditions France-Empire, 1968, p. 143-144.

12. Claude Châtillon, *Carnets de guerre. Ottawa-Casa Berardi 1941-1944*, Ottawa, Éditions du Vermillon, 1987, p. 155.

13. A.-C. Laboissière, *Journal d'un aumônier militaire canadien 1939-1945*, Montréal, Éditions franciscaines, 1948, p. 320.

14. Léon Balcer, *Léon Balcer raconte*, Sillery, Septentrion, 1988, p. 33.

15. Maurice Gagnon, *Les chasseurs d'ombre*, Montréal, Cercle du livre de France, 1959, p. 19.

16. Charly Forbes, *op. cit.*, p. 183-184.

17. *Ibid.*, p. 168.

18. Lucien A. Côté, *Je les ai vus mourir*, Montréal, Éditions Macadam, 1995, p. 175.

19. Claude Châtillon, *op. cit.*, p. 150.

20. A. -C. Laboissière, *op. cit.*, p. 320.

21. Charly Forbes, *op. cit.*, p. 204.

22. *Ibid.*, p. 195.

23. Luc Capdevila, François Rouquet, Fabrice Virgili et Danièle Voldman, *op. cit.*, p. 257.

24. Frédéric Rousseau, *op. cit.*, p. 175.

25. Philippe Masson, *La Seconde Guerre mondiale. Stratégies, moyens, controverses*, 2ᵉ éd. rev. et augm., Paris, Tallandier, 2003, p. 402.

26. J.-L.-G. Poulin, *696 heures d'enfer avec le Royal 22ᵉ Régiment. Récit vécu et inspiré d'un journal tenu tant bien que mal au front*, Québec, Éditions A. B., 1946, p. 66.

27. Le sergent-major écrit : « J'ai une sorte de vengeance à accomplir, il faut absolument que j'équilibre un peu les pertes. » Lucien Dumais, *op. cit.*, p. 165.

28. Gérard Marchand, *Le Régiment Maisonneuve vers la victoire 1944-45*, Montréal, Les Presses Libres, 1980, p. 178.

29. *Ibid.*, p. 197.

30. *Ibid.*, p. 206.

31. Jean Vaillancourt, *op. cit.*, p. 105.

32. Lucien Dumais, *op. cit.*, p. 160.

33. J.-L.-G. Poulin, *op. cit.*, p. 66.

34. Lucien A. Côté, *op. cit.*, p. 127-128.

35. *Ibid.*, p. 154.

36. J.-L.-G. Poulin, *op. cit.*, p. 46-47.

37. *Ibid.*, p. 130.

38. Lucien Dumais, *op. cit.*, p. 151-152.

39. Pierre Sévigny, *Face à l'ennemi*, Saint-Lambert, Sedes, 1995 [c1946], p. 46.

40. Charly Forbes, *op. cit.*, p. 145.

41. Frédéric Rousseau, *op. cit.*, p. 168.

42. Le concept de « brutalisation » fait référence « à la manière dont une guerre d'un type nouveau, d'une violence encore inconnue en Occident [lire la Grande Guerre] a "rendu brutaux" ceux qui y ont participé, ou tout au moins une partie d'entre eux. » Stéphane Audoin-Rouzeau, « Préface » dans George L. Mosse, *De la Grande Guerre au totalitarisme. La brutalisation des sociétés européennes*, Paris, Hachette, 1999, p. xiv.

43. Lucien A. Côté, *op. cit.*, p. 125.

44. Stéphane Audoin-Rouzeau et Annette Becker, *14-18. Retrouver la guerre*, Paris, Gallimard, 2000, p. 53.

45. Frédéric Rousseau, *op. cit.*, p. 160.

46. Luc Capdevila, François Rouquet, Fabrice Virgili et Danièle Voldman, *op. cit.*, p. 195.

47. *Cyberpresse*, 8 novembre 2006, texte de François Trépanier : <www.cyberpresse.ca/article/20061108/CPACTUEL/611080932/1015/CPACTUEL>.

48. Roland Bernier, *Carnet de guerre*, Cap-Saint-Ignace, Amicale des vétérans et des marins de l'Islet, 1992, p. 81.

49. « Pauvre p'tit Blais ; il était exténué par ces batailles interminables et sans issue possible, et c'est probablement le découragement et la peur qui le firent sortir de son trou pour se sauver. » Lucien A. Côté, *op. cit.*, p. 167.

50. *Ibid.*, p. 56.

51. A.-C. Laboissière, *op. cit.*, p. 210.

52. Maurice Juteau, *Ma drôle de guerre*, Farnham, Formulaires Ducharme inc., 1980, p. 45-46.

53. J. S. Benoît Cadieux, *Mémoires de campagne d'un officier d'artillerie. Ma guerre 1944-1945*, Montréal, Coups de plume, 1994, p. 179.

54. *Ibid.*, p. 112. Au Café Black Panther à Anvers, « certains soirs, les noires d'ébène abondent tandis que d'autres soirs ce sont les blondes en majorité. Ce sont toutes des jolies filles que la direction de l'établissement paie pour faire boire les gens en les prenant par les sentiments. » *Ibid.*, p. 115.

55. Alice Kaplan, *L'interprète. Dans les traces d'une cour martiale américaine (Bretagne 1944)*, [2005], Paris, Gallimard, 2007 et Robert Lilly, *La face cachée des GI's. Les viols commis par les soldats américains au Royaume-Uni, en France et en Allemagne pendant la Seconde Guerre mondiale (1942-1945)*, Paris, Payot, 2003.

56. Paul Fussell, *op. cit.*, p. 136.

57. Jean Vaillancourt, *op. cit.*, p. 47, 49, 84, ainsi que Maurice Gagnon, *op. cit.*, p. 89-90.

58. Georges Verreault, *Journal d'un prisonnier de guerre au Japon 1941-1945*, Sillery, Septentrion, 1993, p. 30.

59. *Ibid.*, p. 31.

60. J. S. Benoît Cadieux, *op. cit.*, p. 49.

61. Maurice Juteau, *op. cit.*, p. 36-37.

62. André J. Duchesnay, *Les anges de la guerre. Mémoires d'un vétéran de la Seconde Guerre mondiale*, Montréal, Carte Blanche, 2007, p. 123.

63. Gilbert Boulanger, *L'alouette affolée. Un adolescent à la guerre*, Sherbrooke, G. Boulanger, 2006, p. 163.

64. *Ibid.*, p. 90-91.

65. Site du ministère des Anciens Combattants du Canada : <www.acc-vac.gc.ca/print.cfm?lang=french&layout=remembers_f&source=history/secondwar/warbrides>.

66. C. P. Stacey, *La campagne de la victoire. Les opérations dans le nord-ouest de l'Europe (1944-1945)*, Ottawa, Imprimeur de la Reine, 1960, p. 653.

67. David Bercuson et J. L. Granatstein, « Demobilization, World War II », dans *Dictionary of Canadian Military History*, Toronto, Oxford University Press, 1992, p. 62.

68. Jacques Gouin, *Lettres de guerre d'un Québécois 1942-1945*, Montréal, Éditions du Jour, 1975, p. 272 (lettre du 18/12/44).

69. Gilbert Boulanger, *op. cit.*, p. 253.

70. Roland Bernier, *op. cit.*, p. 80.

71. Claude Châtillon, *op. cit.*, p. 152.

72. Georges Verreault, *op. cit.*, p. 99.

73. Jean Vaillancourt, *op. cit.*, p. 90.

74. Béatrice Richard, *La mémoire de Dieppe. Radioscopie d'un mythe*, Montréal, VLB éditeur, 2002, p. 90-91.

75. Lucien A. Côté, *op. cit.*, p. 296.

76. A.-C. Laboissière, *op. cit.*, p. 327-328.

77. *Ibid.*, p. 325-326.

78. *Ibid.*, p. 326.
79. Pierre Vallée, *Prisonnier à l'oflag 79*, Montréal, Éditions de l'Homme, 1964, p. 122.

Notes de la conclusion

1. Maurice Juteau, *Ma drôle de guerre*, Farnham, Formulaires Ducharme Inc., 1980, p. 23.
2. Claude Châtillon, *Carnets de guerre. Ottawa-Casa Berardi 1941-1944*, Ottawa, Éditions du Vermillon, 1987, p. 136.
3. Jacques Gouin, *Lettres de guerre d'un Québécois*, Montréal, Éditions du Jour, 1975, p. 283 (lettre du 23/03/45).
4. André J. Duchesnay, *Les anges de la guerre. Mémoires d'un vétéran de la Seconde Guerre mondiale*, Outremont, Carte Blanche, 2007, p. 9.
5. Gilbert Boulanger, *L'alouette affolée. Un adolescent à la guerre*, Sherbrooke, G. Boulanger, 2006, p. 104.
6. «Quelle révélation pour moi! Allah est le seul Dieu! Le Christ pour eux n'est qu'un vénéré prophète, mais non un dieu. Quel sacrilège! Mahomet est le plus grand et le dernier des prophètes. Mon ignorance est tellement évidente que j'ai honte.» *Ibid.*, p. 117.
7. Gilbert Drolet constatait en 1970 que la thématique de la guerre a peu inspiré les romanciers canadiens en général. Drolet croit que les romanciers québécois francophones se sont davantage penchés sur la question de l'engagement que les anglophones. Enfin, il montre combien les romanciers tant anglophones que francophones ont mis en avant le côté aventureux des personnages, soulignant le caractère résolument volontaire de l'engagement des combattants partis outre-mer. Gilbert Drolet, «*The National Identities in Canada's English and French War Novels. 1935-1965*» thèse de doctorat, Études françaises, Université de Montréal, 1970. Voir également Robert Viau, «Le "courage sans gloire" du retour au foyer ou "la réadaptation, c'est la régression"», dans Roch Legault et Magali Deleuze, *Lendemains de guerre*, s.l., s.é., 2006, p. 75-88 et Robert Viau, *Le mal d'Europe. La littérature québécoise et la Seconde Guerre mondiale*, Beauport, MNH, 2002.
8. Béatrice Richard, «Grandeur et misère de la littérature de guerre québécoise. Trois vétérans, leurs romans et la critique», dans Robert Comeau (dir.), *Le Canada français et les conflits contemporains, Actes du colloque tenu le 27 août 1995 à l'UQAM, Cahiers d'histoire politique*, n° 2, 1995, p. 61-70.
9. En voici une liste non exhaustive établie à partir du catalogue de la BAnQ: Émélie Cheff-Paquette, *Mon journal-souvenir dédié à mon fils outre-mer. Guerre 1939-45*, Ripon, Éditions Les Écrits d'or, 2005; Antoine Lavallée, *Hublots et miradors. Récit de voyage et de captivité (1941-1945)*, Outremont, Carte Blanche, 2002; Ernest Bourgault, *Ma guerre buissonnière*, Montréal, Boréal, 2000; Louis A. Sirois, *Un Canadien derrière les lignes ennemies*, Régina, Éditions Louis Riel, 1991; Florent Labonté, *Derrière les barbelés des nazis. Souvenirs d'un séminariste canadien (1940-1944)*,

Saint-Boniface (Manitoba), Éditions du Blé, 1982; Georges Savaria, *Hors de portée. Un récit d'exode, de captivité et d'évasion*, Mandeville, Le Citoyen éditeur, 1980; Paul-Aimé Lemoine de Martigny, *L'envers de la guerre*, Ottawa et Montréal, Éditions du Lévrier, 1964; Camille Lessard, *Le pèlerinage de la grande misère. Souvenirs vécus (1940-1944)*, Montréal, s.é., 1954; Marcel Cadieux, *Premières armes*, Montréal, Le Cercle du livre de France, 1951; Eugène Nadeau, *La perle au fond du gouffre. Zam-Zam et barbelés*, Montréal, Fides, 1950; Félix Prieur, *Matricule 68.881 VII A. Mémorial de guerre et de captivité*, Montréal, Fides, 1948; Adrien Brault, *De Rome à Montréal par le chemin le plus long*, Montréal, Fides, 1948; Édouard Gilbert, P. M. É., *Entre quatr'murailles. Quatre ans d'internement en Mandchourie*, Montréal, Éditions des Missions étrangères, 1946; Alfred Tremblay, *Traqués dans la jungle. Guerre et guérilla à Mindanao (1941-1945)*, Montréal, Éditions des Missions étrangères, 1946; Joseph Bonhomme, *Odyssée missionnaire. 42 jours en mer malgré les sous-marins ennemis. Journal de voyage de Son Excellence Monseigneur J.-C. Bonhomme O.M.I. en route pour Basutoland du 20 décembre 1944 au 31 janvier 1945*, Maseru (Basutoland), Mazenod Institute, 1945; Fernand Ouellet, *Un Acadien errant. Journal de route*, Nouveau-Brunswick, s.é., 1945; Mario Duliani, *La ville sans femmes*, Montréal, Les Éditions Pascal, 1945; Paul H. Péladeau, *On disait la France*, Montréal, Éditions Variétés, 1941; Simone Routier (Marie de Villiers), *Adieu Paris! Journal d'une évacuée canadienne (10 mai-17 juin 1940)*, Montréal, Beauchemin, 1941, ainsi que Pierre E. Théoret, *Mes aventures à travers la France meurtrie. Six semaines de voyage, six semaines de misère*, Montréal, Éditions du Devoir, 1941.

10. Par exemple, André Malavoy, *La mort attendra. Souvenirs de guerre*, Montréal, Éditions de l'Homme, 1961 [Typo, 2009] et Pierre Tisseyre, *55 heures de guerre*, Montréal, Le Cercle du livre de France, 1947.

11. On ne peut que saluer l'initiative de Denys Lessard qui a publié des lettres d'amour écrites par ses parents sous le titre de *Ton kaki qui t'adore. Lettres d'amour en temps de guerre*, Sillery, Septentrion, 2008. Ces lettres mettent surtout l'accent sur une relation amoureuse passionnée entre un conscrit pour la défense du territoire national et une femme qui deviendra son épouse en 1945.

12. À titre d'exemples, mentionnons pour la France *Lettres du front et de l'arrière (1914-1918)*, Paris, Perrin, 2005 et Jean Nicot, *Les poilus ont la parole*, Paris, Éditions Complexe, 2003. Et pour la Seconde Guerre mondiale, Jean-Pierre Guéno et Jérôme Pecnard, *Paroles du Jour J. Lettres et carnets du débarquement. Été 44*, (s. l.), Éditions des Arènes et Mémorial de Caen, 2004.

13. On trouvera quelques témoignages oraux dans Louise Bannister (dir.), *À la hauteur du défi. Un recueil d'expériences vécues par les femmes au cours de la Deuxième Guerre mondiale*, Ottawa, ministère de la Défense nationale, 2001.

14. Au moment d'écrire ces lignes en juillet 2008, Athéna annonce la publication du livre de Martin Chaput, *Dieppe, ma prison. Récit de guerre de*

Jacques Nadeau. Il s'agit des souvenirs d'un militaire des FMR fait prisonnier de guerre à la suite du raid de Dieppe. Il est à espérer que d'autres ouvrages du genre voient le jour. Je n'ai pu consulter Louise Gauthier, *Mon cher Clément, ma chère Margot*, Québec, Éditions GID, 1998. Il s'agit d'un recueil de lettres.

Bibliographie

Ouvrages de référence

BERCUSON, David et J. L. GRANATSTEIN, *Dictionary of Canadian Military History*, Toronto, Oxford University Press, 1992.

COOKE, O. A., *Bibliographie de la vie militaire au Canada (1867-1995)*, 3ᵉ éd., Ottawa, Direction – Histoire et patrimoine, ministère de la Défense nationale, 1997.

DROLET, Gilbert, « La littérature de guerre du Canada français », dans Serge BERNIER, Robert COMEAU, Béatrice RICHARD, Claude BEAUREGARD et Marcel BELLAVANCE (dir.), « La participation des Canadiens français à la Deuxième Guerre mondiale, mythes et réalités », *Bulletin d'histoire politique*, vol. 3, nᵒˢ 3-4 (printemps/été 1995), p. 334-340.

GAGNON, Jean-Pierre, « Les historiens canadiens-français et la participation canadienne-française à la Deuxième Guerre mondiale », dans Serge BERNIER, Robert COMEAU, Béatrice RICHARD, Claude BEAUREGARD et Marcel BELLAVANCE (dir.), « La participation des Canadiens français à la Deuxième Guerre mondiale, mythes et réalités », *Bulletin d'histoire politique*, vol. 3, nᵒˢ 3-4 (printemps/été 1995), p. 25-42.

LAMONDE, Yvan, *Je me souviens, La littérature personnelle au Québec (1860-1980)*, Québec, IQRC, 1983, coll. « Instrument de travail », nᵒ 9.

Sources

ALLARD, Jean Victor, *Mémoires*, Boucherville, Éditions de Mortagne, 1985.

BALCER, Léon, *Léon Balcer raconte*, Sillery, Septentrion, 1988.

BERNIER, Roland, *Carnet de guerre*, Cap-Saint-Ignace, Amicale des vétérans et des marins de l'Islet, 1992.

BOULANGER, Gilbert, *L'alouette affolée. Un adolescent à la guerre*, Sherbrooke, G. Boulanger, 2006.

BRISSON, Paul, *Coq-à-l'âne de mes souvenirs*, Belœil, P. Brisson, 2000.

CADIEUX, J. S. Benoît, *Mémoires de campagne d'un officier d'artillerie. Ma guerre 1944-1945*, Montréal, Coups de plume, 1994.

CASTONGUAY, Bernard, *Prisonnier de guerre au Japon (1941-1945)* avec la collaboration de Renée Giard, Longueuil, R. Giard Impression, 2005.

CHÂTILLON, Claude, *Carnets de guerre. Ottawa-Casa Berardi 1941-1944*, Ottawa, Éditions du Vermillon, 1987.

CÔTÉ, Lucien A., *Je les ai vus mourir*, Montréal, Éditions Macadam, 1995.

DUCHESNAY, André J., *Les anges de la guerre. Mémoires d'un vétéran de la Seconde Guerre mondiale*, Montréal, Carte Blanche, 2007.

DUFRESNE, Émilien, avec la collaboration de Danielle DUFRESNE, *Calepin d'espoir*, Sillery, Septentrion, 2003.

DUMAIS, Lucien, *Un Canadien français à Dieppe*, Paris, Éditions France-Empire, 1968.

FORBES, Charly, *Fantassin. Pour mon pays, la gloire et... des prunes*, Sillery, Septentrion, 1994.

GAGNON, Maurice, *Les chasseurs d'ombres*, Montréal, Cercle du livre de France, 1959.

GOUIN, Jacques, *Lettres de guerre d'un Québécois 1942-1945*, Montréal, Éditions du Jour, 1975.

HOUDE, Ludger, *1939-45 Ma guerre, mon implication personnelle et générale. Récit anecdotique*, Boucherville, Éditions Sans Âge, 1997.

JUTEAU, Maurice, *Ma drôle de guerre*, Farnham, Formulaires Ducharme inc., 1980.

LABOISSIÈRE, A.-C., *Journal d'un aumônier militaire canadien 1939-1945*, Montréal, Éditions franciscaines, 1948.

MARCHAND, Gérard, *Le Régiment Maisonneuve vers la victoire 1944-45*, Montréal, Les Presses libres, 1980.

POULIN, J.-L.-G., *696 heures d'enfer avec le Royal 22e régiment. Récit vécu et inspiré d'un journal tenu tant bien que mal au front*, Québec, Éditions A. B., 1946.

RICHARD, Jean-Jules, *Neuf jours de haine*, Saint-Laurent, Éditions Bibliothèque Québécoise, 1999 [c1948].

SÉVIGNY, Pierre, *Face à l'ennemi*, Montréal, Saint-Lambert, Sedes, 1995 [c1946].

TASCHEREAU, Gabriel, *Du salpêtre dans le gruau. Souvenirs d'escadrille 1939-1945*, Sillery, Septentrion, 1993.

VAILLANCOURT, Jean, *Les Canadiens errants*, Saint-Laurent, Éditions Pierre Tisseyre, 1994 [c1954].

VALLÉE, Pierre, *Prisonnier à l'oflag 79*, Montréal, Éditions de l'Homme, 1964.

VERREAULT, Georges, *Journal d'un prisonnier de guerre au Japon 1941-1945*, Sillery, Septentrion, 1993.

Études sur les sources

BOIVIN, Aurélien, « Prisonnier à l'oflag 79 », dans Maurice LEMIRE *et al.*, *Dictionnaire des œuvres littéraires du Québec*, t. IV, Montréal, Fides, 1983, p. 789-790.

BOURQUE, P.-A., « Neuf jours de haine », dans Maurice LEMIRE *et al.*, *Dictionnaire des œuvres littéraires du Québec*, t. III, Montréal, Fides, 1983, p. 671-672.

DROLET, Gilbert, « The National Identities in Canada's English and French War Novels (1935-1965) », thèse de doctorat en lettres, Université de Montréal, 1970.

GAGNON, Jean-Pierre, « Dix ans de recherche, dix ans de travail en histoire militaire ! Que peut-on dire de ces dix ans ? », dans Robert COMEAU, Serge

BERNIER *et al.* (dir.), *Dix ans d'histoire militaire en français au Québec. Actes du 10ᵉ colloque annuel en histoire militaire*, Montréal, Lux éditeur, 2005, p. 7-20.

GOUIN, Jacques, « 696 heures d'enfer avec le Royal 22ᵉ Régiment », dans Maurice LEMIRE *et al.*, *Dictionnaire des œuvres littéraires du Québec*, t. III, Montréal, Fides, 1983, p. 917-918.

—, « Journal d'un aumônier militaire », dans Maurice LEMIRE *et al.*, *Dictionnaire des Œuvres littéraires du Québec*, t. III, Montréal, Fides, 1983, p. 553-554.

LAFRENIÈRE, Suzanne, « Les chasseurs d'ombres », dans Maurice LEMIRE *et al.*, *Dictionnaire des œuvres littéraires du Québec*, t. III, Montréal, Fides, 1983, p. 183-184.

LORD, Michel, « Les Canadiens errants », dans Maurice LEMIRE *et al.*, *Dictionnaire des œuvres littéraires du Québec*, t. III, Montréal, Fides, 1983, p. 175.

MICHAUD, Marie, « Le récit de guerre. Éclipse progressive de Mars en enfer », dans Pierre RAJOTTE (dir.), *Le voyage et ses récits au XXᵉ siècle*, Québec, Nota Bene, 2005, p. 165-201.

NARDOUT-LAFARGE, Élisabeth, « Mal d'Europe, mauvais règne et cratères de l'histoire », dans Paul BLETON (dir.), *Hostilités. Guerre, mémoire, fiction et culture médiatique*, Québec, Nota Bene, 2001, p. 261-277.

—, « Stratégies d'une mise à distance. La Deuxième Guerre mondiale dans les textes québécois », *Études françaises*, vol. 27, nº 2, 1991, p. 43-60.

RICHARD, Béatrice, *La mémoire de Dieppe, Radioscopie d'un mythe*, Montréal, VLB éditeur, « coll. Études québécoises », 2002.

—, « Grandeur et misère de la littérature de guerre québécoise. Trois vétérans, leurs romans et la critique », dans Robert COMEAU (dir.), *Le Canada français et les conflits contemporains, Actes du colloque tenu le 27 août 1995 à l'UQAM, Cahiers d'Histoire Politique*, nº 2, 1995, p. 61-70.

VAUGEOIS, Denis, *L'amour du livre, L'édition au Québec, ses petits secrets et ses mystères*, Québec, Septentrion, 2005.

VIAU, Robert, « Le "courage sans gloire" du retour au foyer ou "la réadaptation, c'est la régression" », dans Roch LEGAULT et Magali DELEUZE, *Lendemains de guerre*, s. l., s. é., 2006, p. 75-88.

—, *Le mal d'Europe. La littérature québécoise et la Seconde Guerre mondiale*, Beauport, MNH, 2002.

VINCENT, Sébastien, « Les frères d'armes, le Royal 22ᵉ Régiment et l'Armée canadienne dans les témoignages publiés par des militaires québécois francophones ayant participé à la campagne d'Italie (1943-45) », *Bulletin d'histoire politique*, vol. 16, nº 2, hiver 2008, p. 179-196.

—, « Les témoignages publiés par les anciens combattants : une source pour l'historien » dans Robert COMEAU, Serge BERNIER *et al.* (dir.), *Dix ans d'histoire militaire en français au Québec. Actes du 10ᵉ colloque annuel en histoire militaire*, Montréal, Lux éditeur, 2005, p. 119-130.

Ouvrages portant sur le témoignage, l'histoire et la mémoire

AMOSSY, Ruth, Jean-Michel ADAM *et al.* (dir.), *Images de soi dans le discours. La construction de l'éthos*, Lausanne, Delachaux et Niestlé, 1999, 215 p.

AMOSSY, Ruth et Anne HERSCHBERG PIERROT, *Stéréotypes et clichés. Langue, discours et société*, Paris, Armand Colin, 2007 [c1997].

COMBE, Sonia, «Témoins et historiens. Pour une réconciliation», dans Jean-François CHIANTARETTO et Régine ROBIN (dir.), *Témoignage et écriture de l'histoire, Décade de Cerisy*, Paris, L'Harmattan, 2001, p. 19-31.

GENETTE, Gérard, *Seuils*, Paris, Seuil, 1987.

KAEMPFER, Jean, *Poétique du récit de guerre*, Paris, José Corti, 1998.

LEJEUNE, Philippe, *Le pacte autobiographique*, nouv. éd. augm., Paris, Seuil, coll. «Point Seuil Essais», 1996.

NORA, Pierre, «Entre Mémoire et histoire. La problématique des lieux», dans *Les lieux de mémoire*, Paris, Gallimard, coll. «Quarto», n° 2, 1997, p. 40-63.

NORTON CRU, Jean, *Témoins. Essai d'analyse et de critique des souvenirs de combattants édités en français de 1915 à 1928*, Nancy, Presses universitaires de Nancy, 1993 [c1929].

OLIVER, Annie, *Le biographique*, Paris, Hatier, coll. «Profil Histoire littéraire», 2001.

PROST, Antoine, *Les anciens combattants et la société française (1914-1939)*, Paris, Presses de la FNSP, 3 vol., 1977.

PROST, Antoine, et Jay WINTER, *Penser la Grande Guerre. Un essai d'historiographie*, Paris, Seuil, 2004.

RICOEUR, Paul, *La mémoire, l'histoire, l'oubli*, Paris, Seuil, 2000.

ROUSSEAU, Frédéric, *Le procès des témoins de la Grande Guerre. L'affaire Norton Cru*, Paris, Seuil, 2003.

SCHOENTJES, Pierre, *Fictions de la Grande Guerre. Variations littéraires sur 14-18*, Paris, Classiques Garnier, 2009.

SMITH, Leonard V., *The Embattled Self. French Soldiers' Testimony of the Great War*, Ithaca et Londres, Cornell University Press, 2007.

—, « Le récit du témoin. Formes et pratiques d'écriture dans les témoignages de la Grande Guerre», dans Christophe PROCHASSON et Anne RASMUSSEN (dir.), *Vrai et faux dans la Grande Guerre*, Paris, La Découverte, 2004, p. 277-301.

TADIÉ, Jean-Yves, et Marc TADIÉ, *Le sens de la mémoire*, Paris, Gallimard, 1999.

TREVISAN, Carine, «Jean Norton Cru. Anatomie du témoignage», dans Jean-François CHIANTARETTO et Régine ROBIN (dir.), *Témoignage et écriture de l'histoire, Décade de Cerisy*, Paris, L'Harmattan, 2001, p. 47-65.

Le combattant : objet d'histoire

ARDANT DU PICQ, Charles, *Études sur le combat*, [1880], Paris, Éditions Ivréa, 1999.

AUDOIN-ROUZEAU, Stéphane, *Combattre. Une anthropologie de la guerre moderne (XIXᵉ –XXIᵉ siècle)*, Paris, Seuil, 2008.

—, «Massacres. Le corps et la guerre», dans Alain CORBIN, Jean-Jacques COURTINE et Georges VIGARELLO (dir.), *Histoire du corps*, t. III, Paris, Seuil, 2006, p. 281-320.

AUDOIN-ROUZEAU, Stéphane et Jean-Jacques BECKER (dir.), *Encyclopédie de la Grande Guerre 1914-1918, Histoire et culture*, Paris, Bayard, 2004.

AUDOIN-ROUZEAU, Stéphane, «Au cœur de la guerre: la violence du champ de bataille pendant les deux conflits mondiaux», dans Stéphane AUDOIN-ROUZEAU, Annette BECKER, Christian INGRAO et Henry ROUSSO (dir.), *La violence de guerre 1914-1945. Approches comparées des deux conflits mondiaux*, Bruxelles/Paris, Éditions Complexe/IHTP-CNRS, 2003, p. 73-97.

AUDOIN-ROUZEAU, Stéphane, et Annette BECKER, *14-18. Retrouver la guerre*, Paris, Gallimard, 2000, 272 p.

BARTOV, Omer, *L'armée d'Hitler. La Wehrmacht, les nazis et la guerre*, Paris, Hachette, 1999, 317 p.

BECKER, Annette, et Henry ROUSSO, «D'une guerre l'autre», dans Stéphane AUDOIN-ROUZEAU, Annette BECKER, Christian INGRAO et Henry ROUSSO (dir.), *La violence de guerre 1914-1945. Approches comparées des deux conflits mondiaux*, Bruxelles et Paris, Éditions Complexe et IHTP-CNRS, 2003, p. 11-25.

BOURKE, Joanna, *An Intimate History of Killing. Face-to-Face Killing in Twentieth-Century Warfare*, Londres, Granta Publications, 1999.

CAPDEVILA, Luc, François ROUQUET, Fabrice VIRGILI et Danièle VOLDMAN, *Hommes et femmes dans la France en guerre (1914-1945)*, Paris, Payot, 2003.

CAPDEVILA, Luc, et Danièle VOLDMAN, *Nos morts. Les sociétés occidentales face aux tués de la guerre*, Paris, Plon, 2002.

CONTAMINE, Philippe, «Mourir pour la patrie», dans Pierre NORA (dir.), *Les lieux de mémoire*, Paris, Gallimard, coll. «Quarto», 1997, p. 1673-1698.

CORVISIER, André, *La guerre. Essais historiques*, Paris, Perrin, 2005 [c1995].

CROCQ, Louis, «Et puis, c'est vous qui montez à l'assaut. Entretiens», propos recueillis par Bruno Cabanes, *L'Histoire*, n° 267, juillet-août 2002, p. 68-69.

—, *Les traumatismes psychiques de guerre*, Paris, Odile Jacob, 1999.

DAVIS HANSON, Victor, *Le modèle occidental de la guerre*, Paris, Tallandier, 2007 [c1989].

FUSSELL, Paul, *À la guerre. Psychologie et comportements pendant la Seconde Guerre mondiale*, Paris, Seuil, 1992.

HOLMES, Richard, *Acts of War. The Behavior of Men in Battle* [titre original: *Firing Line*, 1985], New York, The Free Press, 1989.

HORN, Bernard, «Le monstre vu de près. La peur et le courage au combat», *Revue militaire canadienne*, vol. 5, n° 2, été 2004.

KEEGAN, John, *Anatomie de la bataille*, Paris, Presses Pocket, 1993.

MARSHALL, S. L. A., *Men Against Fire, The Problem of Battle Command*, introduction de Russell W. GLENN, Norman (OK), University of Oklahoma Press, 2000 [c1947].

MOSSE, George L., *De la Grande Guerre au totalitarisme. La brutalisation des sociétés européennes*, Paris, Hachette, 1999.

ROUSSEAU, Frédéric, *La guerre censurée. Une histoire des combattants européens de 14-18*, Paris, Seuil, 1999.

Histoire militaire (généralités)

DELOUCHE, Danielle, «Camouflage», dans Stéphane AUDOIN-ROUZEAU et Jean-Jacques BECKER (dir.), *Encyclopédie de la Grande Guerre (1914-1918). Histoire et culture*, Paris, Bayard, 2004, p. 287-297.

DURAND, Yves, *Prisonniers de guerre dans les stalags, les oflags et les kommandos (1939-1945)*, Paris, Hachette, coll. «La vie quotidienne», 1987.

DUTAILLY, Henri (lieutenant-colonel), «Infanterie», dans Philippe MASSON, *Dictionnaire de la Seconde Guerre mondiale*, Paris, Larousse, 1980, p. 949-960.

FACON, Patrick, «Moral», dans Philippe MASSON, *Dictionnaire de la Seconde Guerre mondiale*, Paris, Larousse, 1980, p. 1283-1289.

FRIEDRICH, Jörg, *L'incendie. L'Allemagne sous les bombes (1940-1945)*, Paris, Éditions de Fallois, 2004.

FUSSELL, Paul, *The Boys' Crusade. The American Infantry in Northwestern Europe (1944-1945)*, New York, Modern Library, 2003.

HARDIER, Thierry et Jean-François JAGIELSKI, *Combattre et mourir pendant la Grande Guerre (1914-1925)*, préface de Guy PÉDRONCINI, Paris, Imago, 2001.

KAPLAN, Alice, *L'interprète. Dans les traces d'une cour martiale américaine (Bretagne 1944)*, Paris, Gallimard, 2007 [c2005].

LEGRAND, Jacques, et Catherine LEGRAND (dir.), *Chronique de la Seconde Guerre mondiale*, Bruxelles, Éditions Chronique-Dargaud, 2000.

LILLY, Robert, *La face cachée des GI's. Les viols commis par les soldats américains au Royaume-Uni, en France et en Allemagne pendant la Seconde Guerre mondiale (1942-1945)*, Payot, Paris, 2003.

MASSON, Philippe, *La Seconde Guerre mondiale. Stratégies, moyens, controverses*, 2ᵉ éd. rev. et augm., Paris, Tallandier, 2003.

—, *L'homme en guerre. De la Marne à Sarajevo*, Monaco, Éditions du Rocher, coll. «L'art de la guerre», 1997.

ROYNETTE, Odile, *Les mots des soldats*, Paris, Belin, 2004.

VERNET, Jacques, «Artillerie», dans Philippe MASSON (dir.), *Dictionnaire de la Seconde Guerre mondiale*, Paris, Larousse, 1980, p. 193-199.

Histoire militaire canadienne

BEAUREGARD, Claude, *Guerre et censure au Canada (1939-1945)*, Sillery, Septentrion, 1998.

BERNIER, Serge, *Le patrimoine militaire canadien. D'hier à aujourd'hui (1872-2000)*, Montréal, Art global, 2000.

—, «Se hâter lentement. L'historiographie militaire canadienne (1988-1999)», *Bulletin d'histoire politique*, vol. 8, nᵒˢ 2-3, hiver-printemps 2000, p. 11-24.

—, *Le Royal 22ᵉ régiment (1914-1999)*, Montréal, Art global, 1999, 455 p.

—, «Participation des Canadiens français aux combats: évaluation et tentative de quantification», dans Serge BERNIER, Robert COMEAU, Béatrice RICHARD, Claude BEAUREGARD et Marcel BELLAVANCE (dir.), «La participation des Canadiens français à la Deuxième Guerre mondiale, mythes et réalités», *Bulletin d'histoire politique*, vol. 3, nᵒˢ 3-4, printemps-été 1995, p. 15-24.

BERNIER, Serge, et Jean PARISEAU, «La Deuxième Guerre mondiale: la diversité du service repose sur le bilinguisme à sens unique», dans *Les Canadiens français et le bilinguisme dans les Forces armées canadiennes*, 2 vol., Ottawa, Service historique de la Défense nationale, 1987, p. 113-148.

CASTONGUAY, Jacques, Armand Ross et Michel LITALIEN, *Le régiment de la Chaudière (1869-2004)*, Lévis, Le Régiment de la Chaudière, 2005.

CHANTAL, Denise, et Louis RASMUSSEN, *Armand Hébert. Le plus grand mutilé du Royal 22ᵉ Régiment de la guerre 39-45*, Ottawa, Orion, 1997.

Comité d'officiers du Royal 22ᵉ Régiment, *Histoire du Royal 22ᵉ Régiment*, Québec, Éditions du Pélican, 1964, 414 p.

COPP, Terry, *Fields of Fire. The Canadians In Normandy*, Toronto, University of Toronto Press, 2003.

COPP, Terry, et Bill McANDREW, *Battle Exhaustion. Soldiers and Psychiatrists in the Canadian Army (1939-45)*, Montréal et Carleton, McGill-Queen's University Press, 1990.

CORMIER, Ronald, *Entre bombes et barbelés. Témoignages d'aviateurs et de prisonniers de guerre acadiens (1939-1945)*, Moncton, Éditions d'Acadie, 1990.

—, *J'ai vécu la guerre. Témoignages de soldats acadiens, 1939-1945*, Moncton, Éditions d'Acadie, 1988.

DOUGLAS, W. A. B., *La création d'une aviation militaire nationale. Histoire officielle de l'Aviation royale canadienne*, t. II, Ottawa, ministère de la Défense et Centre d'édition du gouvernement du Canada, ministère des Approvisionnements, 1987.

Fusiliers Mont-Royal, *Cent ans d'histoire d'un régiment canadien-français (1869-1969)*, Montréal, Éditions du Jour, 1971.

GAGNON, Jean-Pierre, « Dix ans de recherche, dix ans de travail en histoire militaire ! Que peut-on dire de ces dix ans ? », dans Robert COMEAU, Serge BERNIER *et al.* (dir.), *Dix ans d'histoire militaire en français au Québec. Actes du 10ᵉ colloque annuel en histoire militaire*, Montréal, Lux éditeur, coll. « Histoire politique », 2005.

GOUIN, Jacques, *Bon cœur et bons bras. Histoire du Régiment de Maisonneuve (1880-1980)*, Montréal, Cercle des officiers de Régiment de Maisonneuve, 1980.

—, *Par la bouche de nos canons. Histoire du 4ᵉ régiment d'artillerie moyenne/ 4ᵗʰ Canadian Medium Reg.t (1941-1945)*, Hull, Gasparo, 1970, 248 p.

GRAVEL, Jean-Yves, « Le Québec militaire (1939-1945) », dans *Le Québec et la guerre*, Montréal, Boréal, coll. « Études d'histoire du Québec », nᵒ 7, 1974, p. 78-108.

GREENHOUS, Brereton, *"C" Force To Hong Kong. A Canadian Catastrophe (1941-1945)*, Toronto, Dundurn Press, 1997.

—, *Dieppe, Dieppe*, Montréal, Art global, 1992.

GREENHOUS, Brereton, S. J. HARRIS *et al.*, *Le creuset de la guerre. Histoire officielle de l'Aviation royale canadienne (1939-1945)*, t. III, Toronto, University of Toronto Press, 1994.

HATCH, F. J., *Le Canada, aérodrome de la démocratie. Le plan d'entraînement aérien du Commonwealth britannique (1939-1945)*, Ottawa, Service historique, ministère de la Défense nationale, 1983, 247 p.

JAUMAIN, Serge, « La présence des soldats canadiens en Belgique », dans Serge BERNIER, Robert COMEAU, Béatrice RICHARD, Claude BEAUREGARD et Marcel BELLAVANCE (dir.), « La participation des Canadiens français à la Deuxième Guerre mondiale, mythes et réalités», *Bulletin d'histoire politique*, vol. 3, nᵒˢ 3-4, printemps-été 1995, p. 86-99.

LAROCHE, Serge, «Les Français et les soldats canadiens en France, 1944», dans Serge BERNIER, Robert COMEAU, Béatrice RICHARD, Claude BEAUREGARD et Marcel BELLAVANCE (dir.), «La participation des Canadiens français à la Deuxième Guerre mondiale: mythes et réalités», *Bulletin d'histoire politique*, vol. 3, nᵒˢ 3-4, printemps-été 1995, p. 73-85.

MACHABÉE, Marco, «Les origines et l'historique du premier excadron canadien-français (le 425ᵉ) de l'Aviation royale du Canada 1942-1945: étude politique, sociale et médiatique», mémoire de maîtrise en histoire, Montréal, Université du Québec à Montréal, 1996.

McANDREW, Bill *et al.*, *Les Canadiens et la campagne d'Italie*, Montréal, Art global, 1996.

McANDREW, Bill, Bill RAWLING et Michael J. WHITBY, *La libération. Les Canadiens en Europe*, Montréal, Art global, 1995.

McAndrew, Bill, Donald E. Graves et Michael Whitby, *Normandie 1944. L'été canadien*, Montréal, Art global, 1994, 162 p.

MORTON, Desmond, *Une histoire militaire du Canada (1608-1991)*, Sillery, Septentrion, 1992.

NICHOLSON, G. W. L., *L'histoire officielle de la participation de l'armée canadienne à la Seconde Guerre mondiale*, vol II, *Les Canadiens en Italie 1943-1945*, Ottawa, Imprimeur de la Reine, 1960.

RAWLING, Bill, *La mort pour ennemi. La médecine militaire canadienne*, Montréal, Athéna, 2008.

ROY, R. H., *Débarquement et offensive des Canadiens en Normandie*, Saint-Laurent, Éditions du Trécarré, 1986, 471 p.

RUSSELL, E. C., *Coutumes et traditions militaires des Forces armées canadiennes*, traduit de l'anglais par Jacques GOUIN, Québec, Éditions du Pélican, 1980.

SARTY, Roger, *Le Canada et la bataille de l'Atlantique*, Montréal, Art global, 1998.

STACEY, C. P., *Introduction à l'étude de l'histoire militaire à l'intention des étudiants canadiens*, Ottawa, Direction de l'instruction militaire, 1964.

—, *L'Histoire officielle de la participation de l'armée canadienne à la Seconde Guerre mondiale*, Vol. I: *Six années de guerre. L'armée au Canada, en Grande-Bretagne et dans le Pacifique*, Ottawa, Imprimeur de la Reine, 1960.

—, *La campagne de la victoire. Les opérations dans le nord-ouest de l'Europe (1944-1945)*, Ottawa, Imprimeur de la Reine, 1960.

STANLEY, F. G., *Nos soldats. L'histoire militaire du Canada de 1604 à nos jours*, Montréal, Éditions de l'Homme, 1980.

TREMBLAY, Yves, *Instruire une armée. Les officiers canadiens et la guerre moderne (1919-1944)*, Outremont, Athéna, 2008, 380 p.

—, «Entre l'arbre et l'écorce: douze ans d'histoire militaire au Québec», *Bulletin d'histoire politique*, vol. 15, nᵒ 3, printemps 2007, p. 63-80.

—, *Volontaires. Des Québécois en guerre (1939-1945)*, Montréal, Athéna, 2006.

VENNAT, Pierre, *Les héros oubliés. L'histoire inédite des militaires canadiens-français de la Deuxième Guerre mondiale*, t. III, *Du jour J à la démobilisation*, Montréal, Éditions du Méridien, 1999.

—, *Les héros oubliés. L'histoire inédite des militaires canadiens-français de la Deuxième Guerre mondiale*, t. II, *De septembre 1942 à la veille du « Jour J »*, Montréal, Éditions du Méridien, 1998.

—, *Les héros oubliés. L'histoire inédite des militaires canadiens-français de la Deuxième Guerre mondiale*, t. I, *De la mobilisation au raid de Dieppe*, Montréal, Éditions du Méridien, 1997.

VINCENT, Sébastien, *Laissés dans l'ombre. Les Québécois engagés volontaires de la guerre 39-45*, Montréal, VLB éditeur, 2004.

—, « Réplique au texte "Entre l'arbre et l'écorce" », *Bulletin d'histoire politique*, vol. 16, n° 1, automne 2007, p. 313-318.

Sites Internet consultés
Armes et armement de la campagne
<www.dday-overlord.com>
Centre Juno Beach
<www.junobeach.org>
Fonds Jacques Gouin
<www.uottawa.ca/academic/crccf/fonds/P26.html>
Historial de la Grande Guerre de Péronne
<www.historial.org/fr/home_b.htm>
Ministère des Anciens Combattants du Canada
<www.vac-acc.gc.ca/clients_f >
<www.vacacc.gc.ca/remembers_f>
Musée canadien de la Guerre
<www.museedelaguerre.ca>
Projet Mémoire
<www.leprojetmemoire.com>

Table

Cet ouvrage composé en Palatino corps 11 a été achevé d'imprimer au Québec
le quatre février deux mille dix sur papier Quebecor Enviro 100 % recyclé
pour le compte de VLB éditeur.